I0816431

NÉSTOR
EL HOMBRE QUE CAMBIÓ TODO

JORGE «TOPO» DEVOTO

NÉSTOR
EL HOMBRE QUE CAMBIÓ TODO

JORGE «TOPO» DEVOTO

Planeta

Devoto, Jorge "Topo"
Néstor. El hombre que cambio todo / Jorge "Topo" Devoto. - 5a ed. - Ciudad Autónoma de Buenos Aires : Planeta, 2020.
272 p. ; 23 x 15 cm.

ISBN 978-950-49-7169-6

1. Historia Argentina. I. Título.
CDD 982

Publicado bajo el sello Planeta®
Av. Independencia 1682, C1100ABQ, C.A.B.A.
www.editorialplaneta.com.ar

Edición a cargo de Luciana Escudero
Diseño de interior: Diego Martin
Corrección: Vanesa Fernández
Diseño de cubierta: Departamento de Arte de Grupo Editorial Planeta S.A.I.C.

5ª edición: octubre de 2020
10.000 ejemplares

ISBN 978-950-49-7169-6

Impreso en Gráfica Triñanes,
Charlone 971, Avellaneda, Pcia. de Buenos Aires,
en el mes de octubre de 2020

Hecho el depósito que prevé la ley 11.723
Impreso en la Argentina

A Néstor, siempre.
A Camila y Federico.
Y a todos los compañeros de militancia de mis años de juventud que ya no están y me ayudaron a construirme en este camino de vida.

I

JORGE «TOPO» DEVOTO

–¿Vos sos Néstor?
–Y vos sos el Topo.

«Sentate», me dijo, y me explicó sus planes mientras viajábamos en el avión que nos trasladaba desde Buenos Aires a Río Gallegos. Era 1987, y me habían pedido que viajara a ayudar a «un compañero que quiere ser intendente» en el sur. Trabajar con un candidato al que yo no conocía no me entusiasmaba. Pero la casualidad quiso que nos encontráramos en esa estrecha fila de asientos, y un par de horas después, cuando el avión tocó tierra, yo ya estaba convencido de seguirlo a donde fuera. De la misma manera, aquel flaco un poco desgarbado, sencillo y directo, pronto convenció golpeando la puerta de cada casa al pueblo de Río Gallegos de que lo consagrara intendente. Años después, ya transformado en gobernador de Santa Cruz, muchas veces lo acompañé en la recorrida permanente por el territorio provincial, que conocía como el interior de su casa. Paramos a cargar nafta y estirar las piernas en la YPF, y proseguir con la conversación recurrente, esa que para los militantes nunca termina: ¿es posible cambiar la realidad del país? Su respuesta era invariable: sin el poder ejecutivo nacional es imposible pensar cambios. Se necesita un plan, y una cantidad de tiempo mínimo para su aplicación.

«Un período de gobierno no alcanza para nada. Una vez que entrás a la Casa Rosada, perdés un montón de tiempo hasta que entendés cómo funciona todo, quién es quién, y cómo hacer para pedir el café y que te lo traigan caliente. Después comenzás a organizar algunas pocas cosas que pueden transformar en serio la realidad. Pero el tiempo vuela. Cuando te querés acordar, faltan seis meses para que termine el mandato, y el café te lo tenés que servir vos, porque estás de salida y ya ni en la cocina te atienden. Así no se puede. Para cambiar las estructuras sociales se necesitan veinte años de un plan continuo, cuatro o cinco mandatos, y eso son por lo menos dos presidentes diferentes. Tenés que gobernar, ser reemplazado, y volver después».

Esas primeras conversaciones me dejaban impactado. Sentía que muchos sueños truncos que nos habían arrebatado los militares y las políticas neoliberales podían dejar de ser una utopía lejana para transformarse en una nueva primavera para todos.

Néstor decidió saludar al país un 25 de mayo del 2003, irrumpiendo en el ámbito político argentino con un discurso que dejó a unos cuantos boquiabiertos: «Vengo a proponerles un sueño», fue casi una declaración de amor, y al mismo tiempo, una estrategia para volver a meter en la senda virtuosa a una sociedad que ya no creía en el regreso de la voluntad popular al poder ejecutivo. También sería una oportunidad para restaurar heridas del pasado: se declaró perteneciente a una generación diezmada, la de los 60 y 70, que puso el cuerpo y el alma en un proyecto truncado por el genocidio, y reivindicó su rol transformador.

Buena parte de aquellos militantes y dirigentes, a pesar de haber sobrevivido a la persecución, ya no estaban con nosotros. Néstor fue de los osados que se atrevieron a transgredir. En el pasado, con su pelo largo, su desfachatez y su entrega en el ámbito de la militancia en La Plata. Años después, le bastó con traer al presente las mismas convicciones que, como dijo ese primer día, no iba a dejar «en la puerta de la Casa Rosada». Y cumplió, desde la primera semana de gobierno, cuando personalmente viajó a Entre Ríos a convencer a los docentes de reanudar el ciclo escolar o en cualquiera de las siguientes etapas en las que le tocó hacerse cargo de los errores del pasado –el *default* heredado de los gobiernos neoliberales, la negociación con concesionarios energéticos, el no al ALCA o los juicios por «Memoria, Verdad y Justicia»–, Néstor trabajó sin descanso. Decía siempre que no había tiempo para eso. Tengo presente en mi memoria su rutina de trabajo desde hora temprana en Casa de Gobierno, y la extensa jornada nocturna en Olivos. Ningún secretario, durante su gestión, conoció las vacaciones.

Así tomó la vida, a todo o nada. Honrando el compromiso que el pueblo le otorgó. Así lo entendieron sus detractores, también, los poderosos que desde el primer momento cuestionaron su afán por renovar las estructuras del país. Al igual que Raúl Alfonsín antes, y Cristina Fernández después, Néstor Kirchner demostró que un gobierno que no se inclina ante el «círculo rojo» de los que se consideran dueños del país, es atacado en una guerra económica, política y mediática sin cuartel. Solo los que cuentan con el suficiente coraje y sostienen el compromiso con el pueblo, nos demuestran que no importa la edad. A los 20, a los 50 o a los 80, para darlo todo, hay que estar consustanciado con la necesidad de transformación de la Argentina.

No puedo evitar recordarlo en su función de estadista. Lo fue, a cada minuto. Pero al mismo tiempo, sin importar lo trascendente del momento, podía descolgarse con un chiste o una ocurrencia. Aprovechaba los pequeños momentos para sonreír. Una tarde, luego de hablar en un acto de promoción del turismo, con el salón lleno de representantes de agencias y compañías aéreas, al terminar su discurso y bajar del escenario, me tomó del brazo arrastrándome con él hacia la salida. Mientras saludaba con la mano a los asistentes, me decía, en voz baja: «Acompañame a la oficina, que si te ven conmigo, cuando vuelvas al salón, seguro ligás un pasaje gratis».

No importaba la hora o el día, en cualquier momento podía sonar el teléfono. Por ejemplo, en época de elecciones, después de un acto, era invariable la pregunta:

–¿Cómo estuvo? ¿Mucha gente?

–Sí, estaba lleno.

–Decime la verdad, para eso estás.

Siempre frontal. Habíamos jugado una apuesta al iniciarse la campaña presidencial del 2003. Yo insistía en que la victoria estaba lejana. Sería 2007. Néstor porfiaba que sería en el 2003. «Es ahora», me decía. El día de la asunción, cuando se bajó del auto, unos metros antes de ingresar a la explanada, muchos estábamos esperando. Fundido en los abrazos, de pronto me vio, yo no podía más de la emoción. Se acercó, me abrazó, me sacudió las lágrimas, y me dijo en la oreja: «¿Viste que te dije? Este es nuestro tiempo».

Hoy no lo tengo cerca, y como todo argentino de buen corazón, lo extraño. En el 2010, un nutrido grupo de compañeros compartimos una cena para festejar el primer aniversario de la AUH. Néstor era el de siempre, conversamos sobre proyectos, sobre la patria y el porvenir. Horas después, un llamado de un amigo en común me comunicaba que había partido. Como suele suceder, la sorpresa que me provocó la noticia tardó mucho en disiparse. Aún hoy, una década después, sigo recogiendo testimonios de esa condición de militante que marcó su paso por este mundo. Algunos de ellos integran este volumen.

Desde que lo acompañé en su campaña a intendente, luego a gobernador y posteriormente a presidente, tuve el privilegio de ser testigo de una parte de la vida de un tipo que lo cambió todo. Que cambió la manera de encarar la política cuando parecía que ya no habría nada nuevo, gané un amigo de esos que dejan una huella tan importante que aunque no estén físicamente, forman parte de tu historia para siempre, y por sobre todas las cosas, encontré un compañero que enalteció nuestra tarea militante y honró la vida de muchos que ya no estaban. Néstor Kirchner es para mí todo eso: el compromiso, los ideales, la esperanza, la chispa que enciende una luz que signa el rumbo por el cual seguir. Un maestro al que se lo escucha pero del que se aprende más por ver su accionar.

Haber militado en los años más duros de la historia de nuestro país, ver la muerte injusta de jóvenes compañeros de cerca y conocer el dolor del exilio, hace creer que uno ya no se sorprendería por nada, que ya está todo dicho y no queda mucho más por hacer. Néstor Kirchner sacudió toda esa pereza, ese dolor y esa frustración con los que nos golpearon los genocidas. Nos devolvió las ganas y la confianza de que la militancia es una manera de caminar esta vida que uno elige, y que una vez que la encaraste, no hay vuelta atrás. El compromiso con nuestros ideales se persigue y se milita hasta el último aliento.

He colaborado en homenajes múltiples desde su partida. Un libro, un documental, una campaña colaborativa por todo el país, una muestra en el CCK (que el macrismo decidió desmontar y borrar). Hoy nuevamente me encuentro encarando este nuevo libro. Una celebración coral, porque creo fervientemente que Néstor nos pertenece un poco a todos y que es de manera colectiva la mejor manera de honrarlo. He convocado a algunas personas para que me acompañen y le den voz a su recuerdo. Pero quiero que quede claro que no somos nosotros los únicos que podemos contar la vida de este grande. La vida de Néstor la cuenta el pueblo, la cantan las gargantas de esos pibes que entonan su nombre, la ilustran los brazos tatuados de quienes encontraron un líder, la escriben las paredes donde florecen murales con sus frases más célebres.

De su despedida en Río Gallegos, me queda un último recuerdo imborrable: cuando centenares de trabajadores mineros se hicieron presentes y pidieron que se les permitiera a ellos trasladar a pulso los restos de Néstor, para situarlo en el mausoleo donde descansaría, luego de una vida de lucha.

Lo de la despedida, claro, es una forma de decir, pues, como suelen decir los pibes, Néstor no se murió. Sigue vivo en nuestros corazones. Este es un homenaje más porque la celebración de su vida es inagotable. Es mucho, diría que eterno lo que se le debe agradecer a un hombre que lo cambió todo.

Gracias, Flaco, acá seguimos de pie tratando de cumplir con tu legado.

I

ALBERTO FERNÁNDEZ

Presidente de la Nación.

Historias de Néstor Kirchner, mi Presidente

«Kirchner te quiere conocer», me dijo Eduardo Valdés.

Era un día de invierno de 1996 y yo había publicado un artículo en *Clarín* que giraba en torno a la idea de que «la palabra desregular no existía». Empezaba señalando que al escribir esa palabra en la computadora, el Word (toda una novedad de Microsoft para la época) la subrayaba con una suerte de «viborita» roja que la señalaba como mal escrita. Ese error se marcaba, sencillamente, porque esa palabra no se reconocía en el idioma español. Ninguna sociedad vive sin regulaciones y «desregular» quería decir tanto como quitar las reglas. A partir de esa idea, el artículo criticaba las políticas que habían desregulado los mercados y planteaba la necesidad de que siempre existieran normativas capaces de proteger a los más débiles.

En ese entonces, yo era vicepresidente ejecutivo del Grupo Banco Provincia. Néstor había leído el artículo y expresó su deseo de conocerme. Entonces, Eduardo Valdés organizó una cena que se concretó en el restaurante Teatriz, que con el tiempo se convertiría en nuestro lugar de encuentro.

Esa primera reunión puso en evidencia nuestras muchas coincidencias. Sentí que Néstor era el político que yo buscaba y él sintió que yo podía ayudarlo. Hablamos de todos los temas hasta la una y media de la mañana. Él era crítico de las políticas excluyentes del menemismo.

Desde ese día, de allí en más, cada vez que viajaba a Buenos Aires siempre me llamaba para almorzar, cenar o tan solo para compartir un café y una charla.

Al poco tiempo de conocernos llegó la campaña presidencial de Duhalde para las elecciones de 1999. Los dos estábamos convencidos de la necesidad de acompañarlo. En los hechos, Néstor fue el único gobernador que explícitamente lo apoyó. Al mismo tiempo, Duhalde estaba preocupado por la cantidad de peronistas que dejaban nuestro espacio corriendo detrás de Chacho Álvarez. Entonces nos citó a una reunión a Julio Bárbaro, Alberto Iribarne, Jorge Argüello y a mí. Nos planteó ese problema. Me miró y me dijo: «Vos que sos amigo de todos los progres que tiene el peronismo, por qué no me ayudás a armar un grupo».

Así empezó a formarse el grupo que se reunía en el Banco Provincia y que después se convirtió en el Grupo Calafate. En un inicio sumamos a Norberto Ivancich, Miguel Talento e Ignacio Chojo Ortiz. Después el grupo fue creciendo. Entonces llegaron Mario Cámpora, Elvio Vitali y algunos otros. Los medios empezaban a decir que había una nueva usina de pensamiento, un poco parecido a lo que después fue el Grupo Callao, con más volumen en aquel momento.

Un día Néstor me dice: «Che, ¿por qué no la metés a la flaca en ese grupo?». Claro que las relaciones entre Cristina y Eduardo Duhalde no eran la armonía perfecta. Así que decidí informárselo a Duhalde como un hecho consumado.

El grupo almorzaba en el comedor del Grupo Banco Provincia. Cristina se sumó y estábamos discutiendo dónde y cómo realizar el primer encuentro. Yo proponía, como después lo hice con el Grupo Callao, que fuera cerrado, de reflexión, que no fuese fácil acceder, y quería que el primer encuentro fuera en un lugar alejado. Mi idea era que los periodistas pudieran estar presentes y escuchar los debates, pero que nosotros no hiciéramos declaraciones ni diéramos entrevistas. Cristina propuso hacer la primera reunión en Calafate. En ese momento, ninguno de nosotros sabía qué era Calafate. Pero nos convenció.

Cuando la reunión se concretó, éramos poco más de veinte personas. Se sumaron «el Bebe» Righi, Carlos Kunkel, Ana Jaramillo y Mari Feijoo, entre otros.

La segunda reunión del grupo fue en Tanti, Córdoba, y ahí se produjo una tensión entre Néstor y Eduardo. Porque el encuentro lo cerraba Duhalde, que llegó acompañado por «el Chiche» Aráoz, su jefe de campaña. Eso le molestó mucho a Néstor. La reunión era en una mesa cuadrada grande, yo estaba al lado de Duhalde, lo presenté y cuando empezó a hablar, Néstor se levantó y se fue. Todos los periodistas vieron la escena.

Con disimulo dejé mi lugar y me fui detrás de Néstor, que estaba furioso. Traté de calmarlo teniendo en cuenta que estábamos terminando una campaña que pronosticaba una derrota segura. Nos fuimos a caminar y lo convencí de que volviera antes de que terminara de hablar Duhalde. Al final, se sacaron una foto juntos.

Las características de esa relación obviamente fueron muy importantes años después, en la definición de la candidatura a presidente de Néstor. En el 2000, cuando había ganado la Alianza y había tanta expectativa, nosotros pensamos que era posible que ellos reeligieran. Por lo tanto, trabajamos con el objetivo de que Néstor fuera candidato en el 2007.

Un día me llama y me dice que viene al día siguiente a Buenos Aires, que quería hablar conmigo. Nos encontramos en un bar en la plaza Vicente López, que se llamaba Ópera Prima. La dueña del bar era la hija de un exmilitante montonero, Juan Añón. Íbamos siempre ahí, tenía libros y era un bar literario. Me acuerdo de que allí, Néstor volvió a repetirme algo que ya me había dicho mientras caminábamos en Tanti: «Nosotros tenemos que dejar de ser el ala progresista de un partido conservador». Así hablaba del peronismo. Y agregó: «Creo que ahora tenemos que empezar a ser nosotros mismos, tenemos que lanzarnos ya a construir nuestra fuerza. Al primero que se lo digo es a vos, porque no hay nadie más en Buenos Aires que me ayude. Si vos me decís que no, no puedo hacer nada».

Yo ya había sido electo legislador porteño y recuerdo que le dije: «Bueno, quedate tranquilo, hay un legislador kirchnerista en Buenos Aires». Y le comenté que le iba a avisar a Duhalde. Esa misma tarde fui a verlo a unas oficinas que tenía arriba del Café Tortoni. Le conté la conversación y le dije: «Quiero serle franco, a partir de este momento voy a trabajar con Néstor». Nos habíamos fijado dos propósitos: queríamos ser parte de la discusión del 2003 y que Néstor fuera candidato en el 2007. Duhalde me dispensó una mirada incrédula, como si Néstor y yo fuéramos dos quijotes que no entendían nada. Así, como queriendo salir rápidamente de la escena, me dijo: «Sí, metele». Me di cuenta de que me trataba como si fuera un delirante, pero sentí que me sacaba un peso de encima, porque yo le había dicho lo que tenía que decirle.

La candidatura

Cuando empezábamos a trabajar con Néstor, todo se precipitó. Se agudizó la crisis, la renuncia de De la Rúa, la semana de los cinco presidentes. Asumió Rodríguez Saá con el compromiso de llamar a elecciones en noventa días. Y ahí decidimos con Néstor que él debía ser candidato. Pero no se animaba a decirlo, porque éramos muy débiles. En ese momento, Rodríguez Saá le propuso ser el jefe de Gabinete y Néstor tenía que ir a la Casa Rosada. Entonces lo acompaño hasta la Plaza de Mayo y le digo: «Es muy importante que tengamos presente que cuando salgas, los periodistas te van a preguntar qué hablaste con Rodríguez Saá». Me dice que no iba a comentar nada de la oferta y que diría que habían hablado del futuro de la Argentina. Entonces le digo que después lo iban a interpelar sobre si en las próximas elecciones iba a ser candidato. Como tantas veces, tuvimos una discusión, él pensaba que no se lo iban a preguntar. A mí me parecía importante que cuando se lo consultaran, Néstor anunciara claramente su candidatura.

Me dijo que lo esperara en el café que está en diagonal al Cabildo, y se fue a verlo a Rodríguez Saá. Al terminar su reunión, los medios lo abordaron para hacerle un reportaje. En la segunda pregunta ocurrió lo esperado: «¿Usted va a ser candidato a presidente?», indagó el periodista.

Néstor tragó saliva y dijo lacónicamente: «Sí, yo voy a ser candidato». Al rato, llega al bar, me da una palmada en la espalda y dice: «¿Me viste?». Y justo en ese momento la placa roja de Crónica anunciaba: «Kirchner será candidato a presidente». Yo lo miré y le dije: «Muy bien, ahora sí podemos empezar a construir». Y me respondió: «Vamos a comer con la flaca, vamos a comer con la flaca».

Cuando llegamos, Cristina nos recibió de mal talante. Le dijo a Néstor que del ridículo no se volvía, en clara alusión al lanzamiento de su candidatura. A mí me responsabilizó porque le iba a hacer perder a Néstor la provincia y por haberlo metido en ese berenjenal. La señora que trabajaba en la casa había preparado milanesas con papas fritas. Cristina se levantó y nos dejó comiendo solos. Y allí quedamos, como dos pibes almorzando en penitencia.

Ahí empezamos. Asumió Duhalde. Al poco tiempo le ofreció ser jefe de Gabinete; yo quería que aceptara, porque estaba pensando en la elección y a Néstor no lo conocía nadie. Tenía un 23 % de conocimiento en todo el país. Cristina me decía que estaba loco, que era sacrificarlo, que iba a ser su final político. A la noche, Néstor me dijo que iba a decir que sí. Cuando se levantó, había decidido decir que no.

Las muertes de Kosteki y Santillán llevaron a Duhalde a adelantar el llamado a elecciones. Ahí empezamos a movernos y a hacer campaña. Logramos instalarnos y crecer un poco. Cuando se acerca el momento de definir cómo enfrentar la elección, Néstor estaba muy enfrentado con Eduardo. El gobierno había puesto retenciones a la exportación de petróleo y obviamente eso afectaba los ingresos fiscales de Santa Cruz. Con lo cual Néstor criticaba a Duhalde por las retenciones, mientras Duhalde lo acusaba de ser lobbista de Repsol. Estaba todo mal.

Mandé a hacer una serie de encuestas. Todas me indicaban que nosotros teníamos entre 9 y 12 puntos. Menem tenía 25, Carrió alrededor de 16, Rodríguez Saá tenía 13 o 14 puntos. Lo llamé a Néstor y le dije que necesitaba dos horas en la Casa de Santa Cruz, y que nadie nos interrumpiera. La reunión se concretó y duró una tarde entera. Le mostré todos los datos. Yo le decía que la única solución era que nos uniéramos a alguien. Obviamente, Menem o López Murphy estaban descartados. Nos quedaban Rodríguez Saá y Carrió. Pero las encuestas mostraban que si nos uníamos al puntano, solo funcionaría si Néstor era el candidato a presidente. Porque si era Rodríguez Saá, todos nuestros votos se irían con Carrió, que representaba un voto progresista en aquel momento. Entonces, Néstor me dice que la única opción era hablar con Carrió.

Ante tal planteo decidí mostrarle una carta que hasta entonces me había reservado. Recurrí a una encuesta de Analía del Franco que tenía un dato importante. El 26 % de los bonaerenses votaría a Duhalde si fuera candidato. Si el dato era correcto, teníamos que hacer un acuerdo con el entonces presidente para que ese 26 % lo votara a Néstor. Él no quería, decía que con Duhalde no se podía hablar. Yo le decía que si nos aliábamos con Carrió, nos íbamos a pelear a los diez minutos, y además estaba seguro de que no aceptaría. Entonces me dijo: «Probá lo de Carrió y solo si eso no sale, fijate lo de Duhalde, pero me tenés informado todo el tiempo».

Entonces lo llamé a Balito Romá y le expliqué. Me respondió en el momento que una alianza con Carrió era imposible. Le respondí: «Vos solo consultalo y mañana decime que no, es todo lo que necesito». Yo rogaba que me dijeran que no. Y efectivamente, al día siguiente me dijo que no, así que la diputada chaqueña estaba descartada. Lo llamé a Néstor, le conté que Carrió no quería saber nada con nosotros, así que teníamos que trabajar la posibilidad de hacer un acuerdo con Duhalde, que había empujado a Reutemann, quien no aceptó. En ese momento estaba empujando a De la Sota, que según la opinión de Duhalde, «no movía el amperímetro». Entonces lo fui a ver a la Casa Rosada y me dijo que quería hablar con Néstor, que le dé garantías de que iba a dejar de criticarlo. «Ya viste cómo es el Flaco... es un loco», sostuvo. Le dije que las garantías que pedía se las daba yo. Y me propone hacer una reunión con Néstor en Casa de Gobierno para poder conversar.

Cuando le conté a Néstor, no quiso saber nada: «¿Yo voy a ir a verlo? Ni loco». Y yo le decía: «Pero es el presidente ». Nada que hacer. Entonces vuelvo a verlo a Duhalde; le digo: «Mire, Néstor está encantado de hablar con usted, pero no en Casa de Gobierno porque están todos los periodistas». «¿Y a dónde quiere verme?», me pregunta. «Y bueno –le digo– podría ser en la casa de él o en la mía». «Pero querido –me dice Duhalde– soy el presidente, si me subo a un auto y voy a su casa, en cinco minutos está lleno de periodistas, es imposible; si le jode, que vaya a Olivos y que entre por Libertador».

Me fui preocupado, no sabía si Duhalde se había quedado molesto. Pero no, al día siguiente me pidió que fuera a verlo. Entré a su despacho y me senté en el escritorio frente a él mientras mandaba a llamar a Toledo, que era el responsable de Obras Públicas. Le preguntó en qué estado estaba el acuerdo para hacer obras en la Patagonia. «Está listo», dijo Toledo. Entonces, Duhalde anuncia: «Vamos a hacer un acto en el quincho de Olivos, con todos los gobernadores e intendentes de la Patagonia». La verdad era que no había nada para firmar, la Argentina estaba en una situación crítica, las obras eran un cordón acá y una cuneta allá.

Nos quedamos otra vez a solas y me dijo: «Decile al Flaco que no se tiene que preocupar, es un acto protocolar, van a estar todos los gobernadores, cuando termina, yo me voy por la puerta de atrás a la Jefatura, que él venga y conversamos». Y así fue. Lo acompañé a Néstor. Después del acto, ellos dos se reunieron a solas y yo me quedé afuera esperando.

Cuando terminó la reunión, nos subimos al auto con Néstor y le pregunté cómo le había ido. Él desconfiaba mucho de Duhalde, no salió conforme. Pero apenas estábamos saliendo por la calle Villate, sonó el teléfono y era el secretario del presidente: «¿Qué hacés, Betito? Dice el Negro que mañana vengas a desayunar con él». Entonces le dije a Néstor: «Menos mal que Duhalde no nos iba a tener en cuenta, me parece que está mal tu termómetro».

Al día siguiente fui al chalet presidencial y me recibió en el *living*. Estaba recostado en un sillón, con una corbata sin hacer y me contó que estaba por llegar Mariano Grondona a hacerle un reportaje. Entonces me dijo: «Estoy en el peor de todos los mundos. Hay dos candidatos que si ganan, me quieren matar». Se refería a Menem y a Rodríguez Saá. «El que más me gusta a mí no quiere aceptar». Ese era Reutemann. «El que me queda como opción no mueve el amperímetro», por De la Sota. «Y el quinto no para de criticarme».

Lo miré y le dije: «Entonces le queda un candidato». «Pero no para de criticarme», respondió. «Bueno, yo me comprometo a que deje de criticarlo». «Vos sos la garantía», me dijo. Se dio vuelta y sacó una carpeta. Era su proyecto para que se autorizara a que el PJ tuviera más de un candidato a la presidencia. Eso se iba a presentar en el congreso del PJ, porque él quería evitar la interna, ya que allí Menem tenía todas las posibilidades de ganar. «Estos son los neolemas –me dijo–, hay que llegar a la segunda vuelta porque Menem está primero».

El congreso se hizo en Lanús y se aprobó la autorización, siempre y cuando fueran candidatos en distintos frentes. Y así fuimos a la elección. El plan era salir segundos e ir al *ballottage*. Y así fue, salimos segundos.

Las encuestas decían que arrasábamos en el *ballottage*. El 14 de mayo teníamos una cena con periodistas. Cerca del mediodía me llama Claudio Escribano y me dice: «Lo llamo para liberarlo, no va a hacer falta que vengan». Yo no entendía, le respondí que sí iríamos. «No van a poder venir porque en unas horas Menem va a anunciar que se baja de la candidatura, así que van a estar ocupados con otros temas, lo haremos más adelante».

Me sentí muy desorientado. Estaba a pocas cuadras de la casa de Néstor, en un mercadito. Me pregunté si no sería una operación. Entonces lo llamé a Nicolás de Vedia, que era la mano derecha de Eduardo Menem, y me confirmó que era cierto, que Menem ya había firmado. «Se baja porque lo van a liquidar y él prefiere quedarse diciendo "nunca perdí", se va a anunciar a las 17 h».

Apenas corté lo llamé a Néstor y le dije: «Néstor, ya sos Presidente». «¿De qué hablás», me dice. Le conté y le expliqué que teníamos que cambiar todo lo que teníamos previsto. «Venite para acá», me dijo. Llegué a las corridas y le grité: «¡Presidente!». Néstor estaba serio, empezó a lanzar insultos contra Menem. Cristina también. «Nos privó de la victoria y nos obliga a asumir con el 22 % de los votos». Y yo les decía: «Ya está, ya llegamos, el resto lo tenemos que construir nosotros». Entonces le propuse que organizáramos un acto para las 18 h, que midamos bien las palabras, porque ya serían las palabras del Presidente electo.

Néstor propuso que almorcemos y que después Cristina y yo preparásemos el discurso. Le propuse a Cristina que fuéramos a mi estudio para usar la computadora y la impresora, porque en la casa de Néstor no había nada. Era un texto muy duro afirmando que Menem había roto las reglas de la democracia y la república. Recuerdo que Cristina quería ser más dura y yo trataba de aliviar un poco las palabras. Ella ponía fuego y yo intentaba bajar un poco los decibeles.

Al día siguiente, Escribano publicó un artículo diciendo que si fuera Kirchner, echaría a quien le hubiera escrito ese discurso. Y Néstor decía: «Los voy a echar a ustedes dos». Y se reía.

La presidencia

Néstor tenía sus convicciones y su trayectoria. Asumió en un momento complejo para la Argentina, en pleno *default*, con los porcentajes de desocupación más altos de la historia, con el aparato productivo y el tejido social muy dañados. Él entendía la política como herramienta de reparación de la injusticia y como motor del cambio social.

Fueron años de creciente sintonía política en la región. El modelo de especulación financiera no solo había estallado en Argentina, también había hecho eclosión en otros países.

Algunas empresas privatizadas habían tenido actuaciones más que cuestionables. La primera estatización de Kirchner fue el Correo Argentino, anulando la concesión a Socma, de la familia Macri. Eso fue parte de un Estado que recobraba una participación activa para impulsar la economía y regular los servicios públicos. Después se derogó la ley de flexibilización laboral, conocida como «Ley Banelco».

Su primer 24 de marzo como Presidente, Kirchner ordenó descolgar los cuadros de los dictadores Jorge Rafael Videla y Reynaldo Bignone que aún se exhibían en las paredes del Colegio Militar. Ese mismo día firmó el traspaso de la ESMA a los organismos de derechos humanos.

Néstor sabía que el 2005 era la posibilidad de consolidar su liderazgo político. Él estaba convencido de que iba a salir bien. Y tenía razón. Lo habían acusado hasta el cansancio de ser «el Chirolita de Duhalde». Todos sabemos que nunca fue eso, pero la elección donde Cristina le ganó por amplio margen a Chiche, abrió una nueva etapa. Otra vez era necesario dirimir en las urnas la situación del peronismo.

La Corte Suprema declaró inconstitucionales las leyes de Punto Final y Obediencia Debida, aprobadas en 1986 y 1987. También Néstor responsabilizó al propio Estado por su actuación ante el atentado a la AMIA. El decreto señalaba «la responsabilidad que le incumbe (al Estado argentino) por no haber adoptado medidas idóneas y eficaces».

También en el 2005 fue la Cuarta Cumbre de las Américas, donde planteó su rechazo al proyecto del Área de Libre Comercio de las Américas (ALCA) considerando que ayudaría muy poco a la convivencia democrática de los pueblos. Y se generó una enorme química con Lula, con Chávez y con otros presidentes.

Poco después anunció en la Casa Rosada que cancelaba de manera anticipada la deuda con el FMI, para «ganar grados de libertad para la decisión nacional». Otra decisión histórica.

El gobierno rescindió el contrato de concesión con Aguas Argentinas por diversos «incumplimientos en la prestación del servicio». Mediante un DNU creó la empresa estatal Aguas y Saneamiento Argentino (AySA).

Hubo momentos dramáticos. La desaparición de Julio López y el asesinato a quemarropa del docente Fuentealba estuvieron entre los que más estremecieron a Néstor.

A mediados del 2007, el Frente para la Victoria anunció que Cristina sería la candidata presidencial. Y junto a Néstor ampliamos el Frente para incluir a sectores del radicalismo. Se ganaron 19 de las 24 provincias, y se obtuvo mayoría en ambas cámaras. Además de ganar en primera vuelta.

Para mí, en el gobierno de Néstor hubo tres momentos decisivos. El primero fue terminar con la mayoría automática de la Corte Suprema. Al inicio del gobierno, el juez Nazareno dijo públicamente que si los jueces de la Corte lo querían, podían volver a dolarizar la economía. Néstor llegó furioso a la Casa Rosada. Al mediodía me dijo: «Vamos a almorzar a Olivos». Y me contó: «Nosotros tenemos que avanzar; cómo van a hacer esto, con esa amenaza no nos quieren dejar gobernar, son terribles. Hagamos ya un discurso, lo grabo y anuncio que voy a pedirles el juicio político a los que forman la mayoría automática». Por cadena nacional, el Presidente le pidió enérgicamente al Congreso Nacional que iniciara el juicio político contra algunos miembros de la Corte Suprema de Justicia.

Fue un discurso muy breve que armó un enorme revuelo y que terminó en uno de los cambios institucionales más importantes. No hubo sector político que pudiera cuestionar todo el proceso legal e institucional para tener la mejor Corte Suprema de Justicia. Al año siguiente se terminó de renovar la Corte con el ingreso de Carmen Argibay, que se sumaba a Ricardo Lorenzetti, Eugenio Zaffaroni y Elena Highton de Nolasco. Permanecieron Carlos Fayt, Augusto César Belluscio, Juan Carlos Maqueda y Enrique Petracchi.

El segundo momento determinante fue el Kirchner de los derechos humanos. Tuvo una enorme lucidez. Vio mejor que nadie que había una sola solución para ese reclamo de tantos años. La solución era que la justicia se hiciera cargo. Yo, como profesor de Derecho Penal, le planteaba los argumentos que podían usar en nuestra contra, la cuestión de la ley más benigna o la dificultad de anular la ley en el Congreso. Él me respondió uno a uno con argumentos políticos y resolvió el tema. Se pudo resolver el reclamo de justicia de tantos años. «Ya probamos con el perdón y con el olvido... ¿por qué no probamos con la justicia?», me dijo una noche en pleno vuelo de Washington a Buenos Aires.

El tercer momento clave fue la reestructuración de la deuda. Néstor tenía una posición inflexible, como mínimo quería una quita del 75 %. Y si no, no pagar. Lavagna planteaba que era imposible no pagar y pensaba que el tope era el 65 %. Un día nos dijo que debía hacer la propuesta en Dubái. Néstor le pidió que le presentara la propuesta en Olivos. Lavagna llegó con Nielsen, y estábamos Cristina, Carlos Zannini y yo. Carlos y yo teníamos que revisar además toda la parte contractual con el FMI.

Esas situaciones lo incomodaban a Roberto, porque con toda su trayectoria, sentía que tenía que rendir examen ante la política. Alguna vez sintió que Kirchner lo derivaba a hablar conmigo, como si no fuera tan importante. Pero eso en realidad se debía a que Néstor entendía de los temas fiscales y de microeconomía como nadie, y los seguía obsesivamente. Nadie manejó la hacienda como él. Pero a los temas macroeconómicos les prestaba menos atención. A veces, hasta sentía que esos temas lo torturaban y me los derivaba. Lavagna en aquel entonces llegó a pensar que yo era un filtro, pero la verdad es que todas sus ideas se condecían con la persona inteligente y capaz que es.

Por eso, aquel día, Lavagna estaba un poco molesto, sentía que estaba frente a la gente de confianza del presidente (Cristina, Zannini y yo) para explicarnos lo que había que hacer con la deuda. Pero el punto más tenso era la posición de Néstor sobre el 75 %. Detrás de mí estaba Nielsen. Se acercaba y me decía en voz baja: «Alberto, yo tengo que negociar eso, así es imposible». Finalmente, Néstor dio la orden de presentar el 75 %. Y salió. Salió porque Kirchner se puso duro y la verdad es que Nielsen soportó todo: lo insultaban, le tiraban piedras y huevos, le pasó de todo. Pero lo hizo.

Ese era otra vez Kirchner profundamente convencido de lo que hacía. Quería juntar reservas, pagar la deuda de ese modo e invertir para hacer obra pública. Y crecimos al ritmo del 7 % año tras año, un resultado claro y contundente.

Para mí, esos son los tres hitos que marcan a Kirchner. La reformulación de la Corte y la justicia, los derechos humanos, y el tema de la deuda vinculado a la producción y el empleo.

Néstor sostuvo muy bien la convivencia democrática. Esquivó muchas de las confrontaciones, buscó la máxima unidad posible entre quienes impulsan un país para que pueda crecer con inclusión. Pudo romper la barrera del peronismo con la transversalidad, durante toda su gestión pudo construir junto a gran parte del radicalismo. Y eso funcionó bien hasta la 125.

Fue un tipo de una capacidad política y de gestión excepcional.

Nunca olvidaré la última vez que hablamos. Néstor había participado en un acto en el Luna Park organizado por los jóvenes. Lo vi muy cansado, lo llamé y le dije que por favor se cuidara. Me respondió que no cayera en las operaciones de la prensa, que querían mostrarlo débil. Le dije que yo lo había visto y que sí era importante que se cuidara.

El 27 de octubre del 2010 me enteré temprano en la mañana que nos había dejado. Me invadió una enorme tristeza, una enorme desorientación. Recuerdo que salí de mi casa y conduje sin destino por el bajo, de ida y vuelta a ninguna parte. A la tarde fui a la Casa Rosada, solo quería rezarle un padrenuestro. Y esa fue mi despedida.

Para mí, Néstor fue el mejor Presidente que tuvo la democracia.

Cuando asumí la presidencia, muchos me preguntaron qué me gustaría decirle. Le diría: «Volvamos a hacerlo, pero ahora ayudame vos».

I
PAPA FRANCISCO

164. Morir es arrojarse en sus manos.

El libro de la Sabiduría que leímos en primer lugar sigue diciendo que las almas de los que mueren están en las manos de Dios. Una imagen que nos habla de la realidad de la muerte, pasar a las manos de Dios, y Jesús mismo, el Justo, en el momento de morir, quizás recordando esta frase del libro de la Sabiduría, reza: «Padre, en tus manos encomiendo mi espíritu».

Las manos de Dios son manos de Padre, manos de misericordia. Y cuando nos visita el acontecimiento de la muerte, cuando se instala en nuestra vida diaria, en nuestra familia, en nuestro corazón, se nos invita sabiamente a pensar en esas manos. Manos de padre, manos de misericordia o, si vemos las de Jesús, manos llagadas por amor. ¡Esas son las manos que nos reciben! Morir es precisamente arrojarse en esas manos. Es un empezar de nuevo... sí y no, porque esas manos nos acompañaron toda la vida aunque a veces no nos hemos dado cuenta, pero es la revelación de esas manos que iban acompañando, que nunca nos dejaron, las que ahora nos reciben. Eso es la muerte.

Y hoy, que venimos a rezar por un hermano nuestro que murió, pensemos en esas manos. Son las manos que lo acompañaron, son las manos que lo amaron, que acariciaron su vida y que lo recibieron. Si bien el momento de la muerte es de profunda soledad porque uno muere solo, están esas manos; pero también están junto a él hombres y mujeres que lo acompañaron en su vida: hay una familia, su mujer, sus hijos, hay amor de familia... y ellos quedan acongojados. Uno no puede olvidar a aquellos que más íntimamente lo acompañaron en su vida y, en este momento, pedir al Señor por su familia, por su mujer, sus hijos, por sus amigos y por sus compañeros de militancia que están doloridos... Veo aquí varios compañeros de militancia del Movimiento Justicialista, de la Confederación General del Trabajo... tantos otros y también aquellos que en el trabajo político (porque es un trabajo) fueron sus opositores. Porque es necesario ese trabajo de conjunto. Y todos ellos participan de alguna manera de esta muerte. Todos ellos son despojados. Los que más estuvieron cerca de él en su familia, en su militancia, en su trabajo.

Y este muerto no es solamente un hombre que se enfrenta a esas manos de Dios y se deja recibir, y que hasta ahí lo acompaña este entorno de amigos y de familia, sino que este hombre cargó sobre su corazón, sobre sus hombros y sobre su conciencia la unción de un pueblo. Un pueblo que le pidió que lo condujera. Sería una ingratitud muy grande que ese pueblo, esté de acuerdo o no con él, olvidara que este hombre fue ungido por la voluntad popular. Todo el pueblo, en este momento, tiene que unirse a la oración por quien asumió la responsabilidad de conducir. Las banderías claudican frente a la contundencia de la muerte y las banderías dejan su lugar a las manos misericordiosas del Padre. Los que lo acompañaron más de cerca como su familia, sus amigos y sus compañeros de militancia también sienten el desgarrón de su soledad y rezan por él; pero es precisamente el pueblo quien tiene que claudicar de todo tipo de postura antagónica para orar frente a la muerte de un ungido por la voluntad popular... Durante cuatro años fue ungido para conducir los destinos del país. Se claudica de todo y se reza. Y hoy estamos aquí para rezar por un hombre que se llama Néstor, que fue recibido por las manos de Dios y que en su momento fue ungido por su pueblo. Hagámoslo todos juntos.

Homilía, misa de sufragio por Néstor Kirchner,
Buenos Aires, 27 de octubre del 2010.

Sr. Jorge Devoto,

muchas gracias por su correo.

Me gusta la idea del libro. La gratitud de la memoria siempre ennoblece.

Quizá lo más sentido que dije sobre Néstor fue la homilía en la Catedral el mismo día del fallecimiento de Kirchner, por la tarde. Con gusto autorizo la publicación de esa homilía para el libro que Usted está planeando publicar.

La homilía fue espontánea, luego desgrabada y publicada en el libro «En tus ojos está mi palabra», pp. 988-989.

Gracias por su recuerdo de aquella entrevista con Emilio; y gracias por su cercanía a Cristina y a la familia "en las buenas y en las malas". Esto lo ennoblece.

Por favor, no se olvide de rezar por mí. Lo hago por Usted.

Que Jesús lo bendiga y la Virgen Santa lo cuide. Fraternalmente,

Francisco

Sr. Jorge Devoto,

Muchas gracias por su correo.

Me gusta la idea del libro, la gratitud de la memoria siempre ennoblece

Quizá, lo más sentido que dije sobre Néstor fue la homilía de la Catedral, el mismo día del fallecimiento de Kirchner, por la tarde. Con gusto autorizo la publicación de esta homilía para el libro que usted está planeando publicar.

La homilía fue espontánea, luego desgrabada y publicada en el libro En tus ojos está mi palabra, *pág. 988-989.*

Gracias por su recuerdo de aquella entrevista con Emilio; y gracias por su cercanía a Cristina y a la familia, «en la buenas y en las malas».

Por favor, no se olvide de rezar por mí, lo hago por Usted.

Que Jesús lo bendiga y la Virgen Santa lo cuide. Fraternalmente,

Francisco

OSCAR PARRILLI

Senador Nacional por la provincia de Neuquén. Exsecretario General de la Presidencia de la Nación (2003-2014).

Néstor: mi amigo, mi compañero, mi Presidente

¿Cómo recordar a un hombre que está presente todos los días?

¿Cómo hacer memoria sobre alguien que aún nos transita?

Es el mes de agosto del 2020, el año de la pandemia. Un año triste para la historia de nuestro país. El contexto mundial golpea con un virus desconocido y la oportunidad de poner a la Argentina de pie luego de la pesadilla macrista que padecimos por cuatro años tiene que postergarse un tiempo más. Hoy lo más importante es salvar vidas.

En esta situación me encuentra el llamado del «Topo» Devoto. Charlamos sobre activar la idea que teníamos desde el 2019 de hacer un libro en homenaje a Néstor ya que se van a cumplir diez años de su partida. Me cuenta en detalle el proyecto y me invita a participar. Aquí estoy, en mi provincia de Neuquén frente a la computadora pensando qué escribir sobre Néstor Carlos Kirchner. Mi amigo, mi compañero, mi presidente.

Pienso también en las otras personas que van a estar invitadas, qué contarán. Qué será lo que el lector querrá encontrar en las páginas de este libro. Quizás no haya nada nuevo para decir. Quizás a la gente nada la sorprenda, porque de Néstor está todo dicho. No por lo que se pueda agregar un poco más en un anecdotario lo conoceremos mejor. Fueron sus actos y su ejemplo en vida los que dejaron a las claras quién era este hombre que lo cambió todo.

Conocí a Néstor en 1986 siendo yo diputado provincial y él un militante en Río Gallegos que ya soñaba con ser intendente y gobernador de su provincia. Eso fue lo que me dijo el día que lo conocí, no me habló de la presidencia de la nación. Tenía yo en ese momento 35 años, y 36 él. Los peronistas veníamos de dos derrotas electorales con

Alfonsín en el 83 y 85, entonces Arturo Puricelli, gobernador de Santa Cruz, y Rubén Marín, gobernador de La Pampa, convocaron a un congreso del Peronismo Patagónico para el armado de lo que fue después la Renovación Peronista. Para esa reunión fui a Río Gallegos con dos compañeros neuquinos. Y así fue que por recomendación de un amigo en común, que me dijo: «Andá a verlo a Lupín», lo llamé a Néstor. Nos encontramos en un bar. Fumaba mucho y me impactó que demostró tener una fuerte personalidad e ideas muy contundentes. Recuerdo claramente que me contó que venía de perder una interna con Puricelli, pero que eso igual no lo detendría para seguir adelante con sus ideas y sus proyectos.

Un año después la conocí a Cristina en la imprenta que el Topo y Liliana Mazure tenían en el barrio de Boedo. Néstor era ya candidato a intendente de Río Gallegos y yo de Neuquén. Liliana y el Topo en su agencia de publicidad nos hacían los materiales gráficos para la campaña. Dípticos y trípticos a colores, muy lindos y novedosos, y casi con las mismas consignas. Cristina los corregía con mucho detalle y exigencia. La recuerdo como siempre muy elegante y mirando concentrada cada detalle de los volantes.

Cuántas cosas sucederían desde esos encuentros en un bar de Río Gallegos y una imprenta en Buenos Aires.

En los años de hegemonía menemista, en la dirigencia del peronismo estaban todos alineados con Menem, por ese entonces se realizó un congreso del PJ nacional en Parque Norte para apoyar la posibilidad de la «rereelección» del riojano. El presidente del congreso estaba por aprobar la moción por unanimidad, pero cuando del fondo, del grupo de congresales de Santa Cruz y Neuquén, Néstor pidió la palabra y en un encendido discurso manifestó que nos oponíamos. Obviamente éramos una ínfima minoría, una gota en el mar, no más de quince dirigentes entre otros mil. Pero así era Néstor, él estaba convencido de lo que creía y lo decía sin importar las conveniencias o las especulaciones.

En varias oportunidades vino a Neuquén a apoyarme en las internas en las que enfrentábamos al menemismo, y así se fue haciendo conocer en otras provincias patagónicas como Neuquén y Río Negro.

Fue en uno de esos viajes que se conoció con Felipe Sapag, gobernador de Neuquén, quien se entusiasmó con sus ideas y siempre nos apoyó en todas las campañas presidenciales. Néstor y Cristina ganaron todas las elecciones que participaron en la provincia de Neuquén. Está claro que al menos un sector del partido provincial y del sapagismo nos apoyaba. Luego de reunirse con Felipe, salimos de recorrida para apoyar a los candidatos de mi agrupación en tres localidades: Cutral Có, Zapala y San Martín de los Andes. Emprendimos el viaje en mi camioneta para recorrer los más de 400 km de Neuquén a San Martín de los Andes. Felipe nos puso una consigna policial con dos motos patrulleras para que nos acompañen. Pero Néstor no quería esa ostentación y me pidió que les dijera que no era necesario. Les agradecí y les dije que iríamos solos, pero la respuesta fue muy policial: «Tenemos órdenes del gobernador de acompañarlos».

Arrancamos y como iban delante de nosotros, a las dos o tres cuadras me da Néstor la indicación de que salgamos de la ruta, y nos metimos en un barrio para despistarlos y perderlos. Y así fue. Cuando estábamos ingresando a Cutral Có nos para un retén policial para pedirnos los documentos. Néstor, que iba sentado adelante en el lugar del acompañante, me da su documento, que le entrego al policía que me pregunta: «¿Quién es el señor?». Le contesto: «El gobernador de Santa Cruz». El policía me miró fijo y me dijo: «Hay un alerta policial porque toda la policía de la provincia lo está buscando». Después de las aclaraciones, seguimos el viaje. Nos reímos mucho y creo que esa fue la primera vez de muchas tantas donde lo vi reacio a los protocolos.

Luego de varios años y la construcción de una relación sincera, participé en el año 1998 del Grupo Calafate, que fue el primer intento de instalarse en la política nacional y construir su posible candidatura presidencial. Pero era todo muy prematuro y terminamos apoyando en la campaña del 99 a Duhalde como presidente. Fue un apoyo con altibajos, porque el día que Duhalde nombró al Chiche Aráoz de Córdoba como su jefe de campaña, Néstor puso el grito en el cielo y estuvimos a punto de romper. A partir de ahí fue un apoyo muy formal y casi sin entusiasmo.

Pero finalmente el que ganó esas elecciones fue Fernando de la Rúa. Eran años tristes y sin esperanza ni futuro. El gobierno menemista solo había dejado dolor, deudas internas y una profunda crisis de representación. La política era mala palabra y la Alianza radical la terminó de dilapidar en el 2001. La ilusión que tenían algunos duró muy poco. Recuerdo que en esos tiempos, cuando intentaba hablar de Néstor con personas muy allegadas, tenían una sola conclusión: «Son todos iguales». Era muy frustrante remar contra todo ese descrédito heredado injustamente. Era muy triste ver cómo se perdían esperanzas en la política como herramienta de construcción colectiva. Violencia, hambre y desazón eran imágenes cotidianas de un país al que las políticas neoliberales aplicadas por los mismos de siempre llevaron al infierno. El pueblo gritaba: «Que se vayan todos».

El resto de la historia es conocida. Estallido, presidentes varios, gobierno de transición y llamado a elecciones. Parecía mentira pero nuevamente el modelo de los noventa se presentaba a las urnas. Pero ganar en primera vuelta no le alcanzaba al menemismo. Era el año 2003 y el pingüino de apellido impronunciable se trasformaba en presidente de una Argentina que ardía.

Un par de días antes del acto de asunción, intentaba mediante algunos conocidos conseguir entradas para el ingreso. Era mucha la alegría por el camino recorrido y junto a mi compañera Ángela no nos queríamos perder ese momento. Se estaba cumpliendo un sueño y queríamos estar ahí. El martes anterior al día de la asunción, por la mañana, cuando salía del banco recibo el llamado de Néstor, que me pregunta sin muchas vueltas: «¿Qué vas a hacer?». Le cuento que, como siempre, «estoy trabajando en mi estudio privado». «Bueno, estate atento, ahora voy a anunciar el gabinete y vas a ser el secretario general de la presidencia. Alberto te va a llamar para contarte todo». Me dijo eso y cortó, y a mí también se me cortó la respiración. No tenía la más remota idea de qué significaba ser secretario general de la presidencia, pero lo aprendí y es un orgullo decir que lo hice para los dos mejores presidentes que tuvimos: Néstor y Cristina. Esa función de tanta responsabilidad siempre será una medalla de honor para mí.

El domingo 25 de mayo del 2003 estábamos jurando y asumiendo los ministros de Kirchner. Apenas treinta años antes, muchos de nosotros, que ahora caminábamos en el Salón Blanco de la Casa Rosada, habíamos estado en la histórica Plaza de Mayo junto a miles festejando la asunción como presidente de la nación de Héctor J. Cámpora.

Éramos los sobrevivientes de aquella generación diezmada, como siempre decía Néstor.

La jornada fue inolvidable, un discurso memorable y el pueblo nuevamente en las calles, pero esta vez con un presidente zambulléndose en el corazón de la multitud. Algo nacía, era un nuevo pacto de confianza entre la sociedad y la política. Un hombre común con responsabilidades importantes y un país que necesitaba urgentemente salir del pozo se tomaban de la mano.

Los primeros días en el gobierno se comenzó a perfilar cómo sería la gestión de Néstor. Entre los varios pedidos que me hacía, uno de los principales en ese momento era coordinar la relación con los movimientos sociales. Tenía reuniones a menudo en mi despacho con Luis D'Elía, Edgardo Depetri, Juan Carlos Alderete, Emilio Pérsico, «el Chino» Navarro, Humberto Tumini, Jorge Zeballos y hasta el mismísimo Raúl Castells, entre otros. Para Néstor era fundamental dar contención y entidad al reclamo social. Por primera vez los piqueteros entraban a la Casa Rosada y un presidente irrumpía en las reuniones para sentarse a la mesa con esos hombres que venían de las calles con reclamos postergados hacía muchos años. Yo los citaba en mi despacho para reunirse conmigo, pero dejaba una puerta entreabierta, y en un momento hacía su ingreso Néstor sin previo aviso y se sentaba en el medio, entre ellos. No lo podían creer. Ahí comenzamos a delinear las cooperativas Agua más Trabajo, que después Alicia Kirchner emprendería desde Desarrollo Social.

En el primer año de gobierno, Kirchner era una incógnita para muchos argentinos, pero también para el entonces presidente de EE. UU., George Bush. Así fue como envió a su secretario de Estado, Colin Powell, para que lo sondeara y, como dicen los jóvenes, ¿qué onda este Kirchner?

La cancillería, la embajada de EE. UU. y ceremonial de presidencia prepararon la recepción en el Salón Blanco, con todo bombo y platillo.

Cuando le comento a Néstor, me dice: «Ni loco, el Salón Blanco es para los presidentes y él no lo es».

Todavía recuerdo las caras de los empleados y funcionarios que querían que la recepción fuera en el Salón Blanco y que no podían creer lo que estaba sucediendo. Un político argentino que no se doblegaba en pleitesías ante ningún funcionario de ningún país, por más poderoso e importante que fuera. La reunión se hizo en el Salón Sur de la Casa de Gobierno, que nosotros habíamos bautizado «el Salón de los Piqueteros», porque ahí se reunía Néstor con los movimientos sociales. Un hecho disruptivo para las costumbres que se traían heredadas de políticas claudicantes.

Para Néstor, lo más importante eran las necesidades de la gente. Un sábado a la noche estando en Neuquén, en el casamiento de un sobrino, me suena el celular alrededor de las 23 horas. Néstor estaba en Calafate mirando en Crónica TV la imagen de una madre que pedía porque su hija tenía una enfermedad grave y no tenía recursos ni quién la atendiera. «¿Estás mirando la tele?», me preguntó. «No, estoy en un casamiento». «Ahh, entonces averiguá en Crónica por esa mujer y ponete en contacto, y el lunes cuando estés en Buenos Aires, la recibís y le solucionás el problema. Cualquier cosa hablá con Alicia». Esto no fue un hecho aislado, siempre fue muy sensible a los problemas humanos de los ciudadanos de a pie, que a veces no encuentran respuesta en los innumerables recovecos de la burocracia.

Pero claro, para muchos era increíble que esto pasara. En una oportunidad volvíamos de un acto en el conurbano y a Néstor, entre la multitud, le iban dejando mensajes escritos en papelitos que le ponían a la pasada en el bolsillo del saco. Al subir al auto, agarró uno del bolsillo y le pidió a su secretario que llamara al número del mensaje. Cuando le dijeron al hombre: «Te va a hablar el presidente», respondió: «Dale, chabón, te creés que soy un idiota, ¿quién sos vos?». Y cuando Néstor le empezó a hablar, le reiteró lo mismo: «No me tomes el pelo, ¿quién habla?», le dijo apenas lo escuchó. Néstor entonces le recordó: «¿Vos no me dejaste un papelito con tu número de teléfono en mi saco?». Ahí cayó en la cuenta y no paraba de gritar y agradecer porque lo estaba llamando el mismísimo presidente de la nación.

Los recuerdos se amontonan y sigo pensando en cómo lo conmemorarán los compañeros. No tengo duda de que todos coincidiremos, porque Néstor era un tipo sin vueltas. Lo que mostraba, era. Lo que decía, hacía.

Todos lo recordaremos como un tipo que rompió los moldes y rechazó los protocolos, porque lo que más le apasionaba era estar cerca de la gente. La política cholula había desaparecido. Los eventos cerrados de espaldas al pueblo y las bandejas de canapés dando vueltas en lugares paquetes no eran parte de sus formas.

Néstor fue un presidente que se preocupaba por cuidarnos a todos. Por eso siempre veló por los intereses de nuestro país y también por la patria grande. En noviembre del 2005 se celebró la famosa Cumbre de las Américas en Mar del Plata, que terminó en aquella jornada histórica: «No al ALCA», o aún más explícito, como dijo Hugo Chávez: «ALCA, ALCA, AL CARAJO». Ese fin de semana, el sábado 5 de noviembre, cerca de las diez de la mañana, yo estaba remando con un amigo en unas canoas en el río cuando suena mi celular y mi secretario me dice: «El embajador de EE. UU. quiere hablar con usted». Era Lino Gutiérrez, con quien yo tenía una respetuosa relación, pero no entendía qué querría hablar conmigo si estaban todos en el hotel en la cumbre en Mar del Plata.

Para mi asombro, me trasmite que el presidente de los EE. UU. George Bush quería comunicarse con el presidente Kirchner porque estaba por empezar la cumbre y no había podido hablar antes, y de la cancillería no tenían respuesta. Lo llamo a Néstor y le transmití: «Bush te está buscando desesperado, quiere hablar con vos y dice que no lo atendés». Me imaginé la cara por lo que me dijo: «No te hagas problema, que tenga paciencia, ya nos vamos a ver en la reunión, vos no contestes». Después se desarrolló la cumbre donde Bush no pudo imponer su ALCA. Evidentemente quería el compromiso de Néstor antes de la reunión, que obviamente no tuvo. Un gesto de dignidad y soberanía que pocos presidentes argentinos tuvieron a lo largo de nuestra historia.

Creo que a través de las páginas de este libro, todos lo recordaremos también por su particular sentido del humor.

Me parece como si fuera ayer, verlo entrar bien temprano a Casa Rosada tomando el teléfono del despacho presidencial, llamando a sus ministros, y cuando la llamada se derivaba a la secretarias porque alguno aún no había llegado, les dejaba el mensaje: «Dígale al ministro que cuando llegue, me traiga la renuncia». Recuerdo lo que pasó con Pepe Pampuro, ministro de Defensa, que su colaboradora le trasmitió el mensaje y él se lo creyó. Se fue enseguida a verlo, Néstor se estaba yendo de viaje al interior y se acercó hasta la base aérea muy preocupado. Se tranquilizó cuando Néstor lo abrazó y le dijo: «Pepe, solo era una broma, tenés toda mi confianza».

Pero las bromas eran de ida y vuelta. En la oficina de recepción, pegado al despacho presidencial, hay un reloj de pie antiguo muy lindo y que obvio funciona muy bien. Por la tarde, Néstor llegaba alrededor de las 16 horas y nos quedábamos hasta muy tarde, 22 o 23 h era el horario de salida. Pero desde las 21 h comenzaba a sonar el teléfono porque Cristina lo llamaba para que fuera a cenar. «Ya voy, ya voy», repetía siempre Néstor ante las insistencias de las llamadas. A veces le movíamos la aguja del reloj y poníamos las 22:30 h cuando a lo mejor recién eran las 21:30 h. Ya tan tarde, se sorprendía, y a veces lográbamos que terminara un rato antes.

Seguramente quienes trabajamos a su lado lo recordaremos como alguien muy sensible, afectado por las injusticias. Así lo rememoro cuando pienso en el accidente de la mina de Río Turbio, la desaparición de Julio López y los asesinatos de Axel Blumberg y Mariano Ferreyra. El gesto de dolor que reflejaba en su cara ante el arrebato de una vida mostraba su sensibilidad y su compromiso inquebrantables con las víctimas y sus familiares.

Imposible no recordarlo por su amor infinito a su compañera de vida. Se me vienen a la mente muchos momentos, pero particularmente unos días antes de la asunción de Cristina como presidenta en el 2007. Estábamos en su despacho junto a Alberto y Aníbal Fernández, era una noche tranquila y de charlas informales. Néstor se puso serio y mirándonos fijamente, nos dijo: «Ojo que Cristina es mejor que yo. Ella se sacaba 9 o 10, y yo apenas 6 o 7. Cuídenla bien porque los voy a estar mirando, y si hacen cagadas, voy a ser el primer crítico».

Tenía muy claro que a Cristina se la iban a hacer más difícil por ser mujer. Que los cien días de gracia para ella no corrían, y así fue. Ni *Clarín* ni los poderes concentrados la dejaron gobernar en paz. Siempre buscando desestabilizar. Esa maldita costumbre de mentir para desgastar, pero esta vez quedaban al desnudo sus intereses egoístas.

Los dos primeros años del primer mandato de Cristina fueron muy difíciles, además de los problemas con las patronales agropecuarias en el 2008 con la famosa 125, la actitud del vicepresidente, el colapso financiero internacional del 2008-2009 similar a la caída del año 1930 que afectó a nuestra economía, problemas internos en el Frente para la Victoria y la derrota en la provincia de Buenos Aires en las legislativas del 2009, empezamos el año 2010, Año del Bicentenario, con muchas dificultades e incertidumbres. Cuando pienso que Néstor perdió las elecciones legislativas con «Alica, alicate», un personaje efímero y que hoy no existe en la política argentina, pienso si es verdad esa afirmación que dice que el pueblo nunca se equivoca. Néstor renunció a la presidencia del Partido Justicialista por el resultado electoral.

El 11 de marzo del 2010, en conmemoración del triunfo de Cámpora-Solano Lima en las presidenciales de 1973, los movimientos sociales y algunos dirigentes sindicales de la CTA y Hugo Moyano organizaron un acto en Ferro para recordar esa fecha.

Hablaron Emilio Pérsico, Depetri, Scioli y Moyano. Néstor defendió con fervor la gestión de Cristina, que era muy atacada por *Clarín* y la oposición que tenía mayoría en Diputados, que «eran la máquina de impedir» y que «al lado de lo que está haciendo esta gente, somos un jardín de infantes», y después llamó a «dar los debates que haya que dar porque de los debates salen las síntesis renovadoras». «Les pedimos que no se enojen tanto, que no se pongan nerviosos». Cualquier parecido con la actualidad no es pura casualidad, es la permanente actitud de agredir a los gobiernos nacionales y populares.

Habló esa tarde de la «presidenta coraje» y convocó a apoyarla diciendo que: «Se me caen las lágrimas no solo porque la amo, sino porque la admiro». Las crónicas decían que estaba con camisa blanca y de «visible buen humor», y que además de los compañeros organizados, había concurrido sin organización «mucha gente suelta», que había colmado las tribunas y el campo, y que había más compañeros en las afueras que adentro del estadio.

Al terminar el acto, me llamó muy emocionado y exultante: «Hoy lo vi, estoy seguro, lo vi en los ojos de los compañeros, vi mucha juventud que vino sola, que estaba contenta y feliz. **Hoy quebramos la tendencia, empezamos la recuperación de nuestro espacio».**

Apenas un mes antes, el 7 de febrero, había estado internado con la primera recaída grave que tuvo. Esas palabras de Néstor me quedaron muy grabadas por la seguridad con que me las decía y la alegría que transmitía. Y el tiempo me demostró que tenía mucha razón.

Ese año, además, fue muy importante porque celebrábamos el Bicentenario de la Revolución de Mayo. Néstor no le daba demasiada relevancia, pero Cristina lo tuvo siempre muy claro y apenas asumió, se lo tomó como una acción muy importante de su primer mandato. Cuando podía, Néstor me recriminaba: «No le hagas perder el tiempo a la presidenta con eso del Bicentenario, que hay muchos problemas por resolver».

Cuando los sábados o domingos a la tarde nos reuníamos en Olivos con Cristina y todo el equipo, a veces se acercaba Néstor y nos miraba con desconfianza. Y Cristina le decía: «Vos salí de acá que no creés en esto».

El impresionante éxito que tuvieron esos festejos lo percibió cuando comenzaron, un día viernes, repleta de gente la calle, y obviamente las gastadas a Néstor porque habíamos tenido razón se las hicimos saber: «¿Y, qué te pareció, perdíamos el tiempo? Fueron apenas 6 millones de personas las que participaron de las actividades, ¿es poco?», le decíamos. Pero finalmente él también lo disfrutó mucho y reconoció que Cristina tenía razón de haberle puesto la energía que le dedicó.

Inevitable no recordarlo rodeado de jóvenes. Apostó sin condicionamientos a la juventud, porque en ellos y en sus ganas sabía que estaba la garantía para la representación del proyecto nacional y popular, y el cuidado de Cristina. «Que florezcan mil flores», decía. Hoy son hombres y mujeres que ocupan cargos públicos en el gobierno de Alberto y con Axel (incluido él) en la provincia, también en municipios de todo el país, que no abandonan su militancia y que están signados por el ejemplo de valor y constancia que Néstor les transmitió.

Muchos de ellos colaboraron conmigo en la secretaría general y tengo muy presente la emoción que tenía Néstor cuando La Cámpora hizo el primer acto en el Luna Park, el 14 de septiembre del 2010, y que los médicos le aconsejaban que no fuera porque recién hacía dos días que había salido de la segunda internación. Tenía que hablar él, pero finalmente habló Cristina, y él la miró y escuchó con mucha devoción.

Me contó que los había desafiado: «Ustedes son capaces de hacer un acto y llenar el Luna Park». Fue una noche de muchas emociones; ver a sus jóvenes en un Luna Park lleno y con tanta mística y energía, lo llenaba de orgullo. No los pudo ver cuatro años después, cuando el 13 de septiembre del 2014, un año difícil para el gobierno, llenaron la cancha de Argentinos Juniors; ellos le cumplieron, estaban ahí para defender a Cristina.

La amargura y la desazón me invaden cuando pienso en el 27 de octubre del 2010, primero me llaman de la custodia para avisarme que a Néstor lo estaban llevando de urgencia al hospital del Calafate, y luego Luis Bonomo, su médico de toda la vida, que me dice que no había nada que hacer: infarto múltiple.

El silencio de la ausencia se abría paso. Organizar la despedida fue una gran responsabilidad. Estaba despidiendo a mi amigo, pero también al hombre que nos devolvió la dignidad, la esperanza, la hermandad con nuestros pueblos más cercanos, la defensa de los más humildes. El pueblo llenaba la plaza para decirle hasta siempre al hijo de las Madres, el nieto de las Abuelas, el compañero de los 30 000 desaparecidos. Néstor se fue cuando más lo necesitábamos, pero tengan presente que a los hombres como Néstor se los necesita siempre. Por eso no alcanzan las lágrimas para llorar tanta pérdida.

Y luego la gran incertidumbre y por qué no decirlo: miedo. ¿Sería que toda esa gran epopeya había llegado a su fin? ¿Podrá Cristina sola? ¿Se animará? ¿Será capaz? ¿La dejarán? El coraje y la firmeza de Cristina fueron vitales para continuar, ella siempre tuvo claro que su responsabilidad para con el pueblo argentino estaba por encima de las emociones, y no se dio ni un solo día de descanso. Enseguida retomamos la tarea. A Néstor lo despedimos el sábado en Río Gallegos, su pueblo natal, y el lunes, Cristina estaba en la Casa Rosada con audiencias y ocupándose del gobierno.

Los doce años de gobierno kirchnerista ya son parte de la historia grande de la Argentina, y que nuestro pueblo no olvidará jamás. Y como si no alcanzara, hoy Cristina sigue más vigente que nunca.

Néstor Kirchner gobernó para el pueblo, de cara a la gente, a los de mi generación nos devolvió los sueños que la dictadura militar nos había arrebatado, a los más jóvenes les dio la oportunidad de empezar a construir sobre los escombros que había dejado el neoliberalismo. Y si hay una cosa que todos los militantes debemos agradecerle, es habernos devuelto la autoestima. Porque aunque un puñado de ruidosos nos quiera hacer creer que somos la grasa militante de un país sin salida, Néstor nos demostró que somos la fuerza pujante de una nación que tiene todo su potencial para ser mejor. Y ese sentimiento no nos lo arrebatan nunca más. Néstor demostró que sabíamos y que podíamos hacerlo.

Después de pasar cuatro años tan duros, con compañeros presos injustamente, estado de derecho avasallado, causas judiciales armadas a la medida del macrismo, persecución y espionaje contra Cristina y su familia, pienso en ese Néstor apasionado, el gran militante del frentismo que sabía que solo con el peronismo no alcanzaba. Creo que hoy estaría asombrado de ver cómo se sumaron nuevamente algunos dirigentes después de tantas barbaridades que dijeron contra su compañera. En los peores momentos no estuvieron y se acercaron nuevamente por la grandeza e inteligencia de Cristina, que pensando en el futuro y en su pueblo, supo construir un frente y una fórmula que nos volvió al triunfo y al gobierno.

Somos muchos los que tuvimos la convicción de cumplir con el pedido de Néstor y que no aflojamos en el peor momento de hostigamiento e injuria permanente contra ella y sus hijos. Formar parte de un frente con Alberto y Cristina como fórmula que obviamente le iba a ganar al peor gobierno de la historia, como fue el gobierno de Mauricio Macri, es fácil, pero qué difícil debe ser mirar a los ojos a Cristina y hacer de cuenta que acá no pasó nada. Ojalá esos compañeros vean ahí los ojos de Néstor y no le vuelvan a fallar. Porque fallar a ese mandato le costó caro al pueblo argentino.

Dicen que el viento sur es el más veloz, el que arrasa, el que trae un aire bien fresco…

Acá, desde Neuquén, cerca de Santa Cruz, este viento de agosto del 2020 me recuerda a él. Ese viento que mueve los árboles y que vuelve bravíos a los ríos y los lagos.

Así lo pienso y lo recuerdo a Néstor Kirchner, mi amigo, mi compañero, mi presidente. El hombre que cuando yo tenía 35 años, sin darme cuenta y con la fuerza de un vendaval, cambió mi vida para siempre.

FERNANDA RAVERTA

Directora Ejecutiva de la ANSES.

Una foto

Para muchos de nosotros las fotos tienen una connotación particular.

Hemos aprendido a imaginar historias detrás de la imagen estática del papel fotográfico.

Hemos asignado color a la voz de quienes allí sonríen, incluso gestos que traspasan la quietud solamente de mirarlas fijo. Es como si existiera un don de quienes recreamos a partir de fotos a las personas que ya no están, y entonces la ausencia se vuelve presencia, presencia que incluso se vuelve diaria y cotidiana.

Pero esta foto es distinta, porque puedo contar la historia detrás de la imagen, de hecho, la he contado casi como plegaria, a cientos de compañeros, familiares y seres queridos.

Hay para muchos de nosotros una retórica obligada para desafiar el olvido: en cada palabra, una reivindicación; en cada oración, la capacidad de burlar el paso del tiempo; en cada anécdota, el recuerdo, que, en palabras de Galeano, nos permite volver a pasar por el corazón.

Por eso, en las historias, anécdotas, fotos, las plegarias que trascienden a la muerte.

Aquí mi historia sobre esta foto familiar con Néstor.

Habían pasado seis meses de gobierno. Aún los más pobres no habían logrado pensar que el destino de sus hijos sería distinto al de ellos, sin embargo, la esperanza intacta hacía que el transcurrir de los días tuviera otro aire, como cuando el mar se espesa y crea una bruma que hace que en la casilla más alejada del barrio Libertad, también se sienta el mar, en forma de gotitas en la cara, en forma de perfume salado.

El presidente Néstor Kirchner visitaba Benito Juárez, un pueblo del interior de la provincia de Bs. As. al que llegué después de tres horas de viaje, 243 kilómetros, dos perdidas en la ruta bajo el sol y una escapada del trabajo.

¿Quién diría que ese mes de noviembre del 2003, el presidente dedicaría su tarde a visitar un pueblo chico, con sus niños abanderados, sus médicos, sus bomberos, sus concejales?

¿Quién podía suponer que Néstor emplazaría una placa para recordar a los jóvenes desaparecidos en la última dictadura cívico-militar de ese lugar?

Nadie.

Es que, en ese entonces, solo algunos pocos pensábamos que él era el elegido; seguramente no por las grandes mayorías, pero sí por quienes tenemos la vida puesta en clave de política, porque suponemos que es desde allí donde se construyen derechos para el pueblo.

Personalmente lo elegí durante un acto de campaña al que había ido con Inés, mi hija menor, fue en un teatro de Mar del Plata, sería principios del 2003 o fines del 2002... Ese fue su primer acto, el de Inés que era bebé, entre marchita y discurso «ideologizado» de Néstor (no estaba muy de moda, por eso lo señalo), cables de Crónica TV para trasmitir en vivo, alguna que otra bandera (pocas), me senté en la escalera de entrada al teatro y la amamanté, siempre fui muy responsable para cumplir los horarios y le tocaba la teta.

Volviendo a Benito Juárez, allí estaba él con su gabinete, con el gobernador de la provincia de Bs. As. Dio un bello discurso, habló de las viandas que esperaban esos chicos, estudiantes universitarios en la ciudad de La Plata, que llegaban a distinto tiempo que las suyas (claro, las de él venían desde la Patagonia), y de la solidaridad como bandera en tiempos de sueños de juventud –cantara Gardel–, en donde almorzar dependía de la generosidad de quienes recibían antes las latas, los fideos, la yerba. Sí, me lo imagino tomando mate.

Entonces me acerqué antes de que subiera al helicóptero, lo abracé fuerte, no tanto como él a mí, creo que sus brazos largos tenían un don, el de abrazar; no todos pueden, aunque quieran.

Le conté lo que había sentido durante el acto, le dije que era absolutamente inesperado ver a un presidente homenajear a tres desaparecidos de una pequeña comunidad del interior de la provincia. Hasta ese momento, la historia oficial había sido escrita por los medios de comunicación hegemónicos. La «historia oficial» claramente, porque la historia real la escribieron las madres, las abuelas, los hijos, los sobrevivientes y obviamente los militantes desaparecidos, dejando testimonio sobre la certeza de habitar un mundo mejor y una patria de iguales. Por lo tanto, no era de esperar semejante hecho reivindicatorio y reparador para las madres que allí acompañaron al presidente, para los familiares de los desaparecidos y obviamente para los vecinos y vecinas de esa ciudad, que también se merecían recordar a esos jóvenes. Porque de eso se trata, de dejar huella entre los propios, que son tus vecinos y vecinas.

También le conté que tenía a mi mamá desaparecida.

Entonces me dijo: «Contá conmigo como si fuera tu mamá».

No hay día de mi vida que no recuerde esa frase y que no se me anude la garganta, y naturalmente se me escape una o algunas lágrimas (dependiendo de la coyuntura política y familiar del momento).

Y así fue como desde esa tarde de noviembre del 2003, me propuse contestarle lo que, por emoción, no pude en ese momento.

Transcurrió el tiempo, los actos, los meses de gobierno, los años.

Pasó la ESMA. La nulidad de las leyes del perdón, los juicios de lesa, la posibilidad histórica de no apelar a un escrache para que los vecinos conocieran que en su barrio vivía un genocida, la certeza de saberlos viviendo un juicio justo, con garantías constitucionales, incluso para los que sentenciaron a muerte a miles.

Tiempo en el que asistí sistemáticamente a cada acto (en un auto al principio, en colectivos repletos de militantes después), donde el presidente inaugurara algo, o simplemente visitara o comunicara una política pública de ampliación de derechos por parte de un Estado que había recuperado la empatía, y estaba poco a poco incorporando inteligencia.

En cada acto me acercaba, lo abrazaba y le decía que le quería decir algo. Por supuesto, Néstor nunca supo sobre la insistencia, ni lo mágico que era para mí despertar su curiosidad.

Hasta que un día, en la inauguración de un tramo de la ruta de Mar del Plata a Balcarce, un febrero del 2007, en ese abrazo repetido y en esa frase ya enunciada decenas de veces, me contestó: «Sí, claro, vení a verme a Casa de Gobierno».

No recuerdo bien si fueron uno, dos o tres meses en los que llamé cada mañana (de día hábil) a su oficina pidiendo «la reunión a la que el presidente me citó».

Hasta que finalmente, después de prácticamente hacerme amiga del secretario que me atendía el teléfono, me confesó que era imposible, que la agenda estaba muy cargada y que el presidente estaba muy ocupado. Entonces, sobre la recta final, le dije: «Dame un día y una hora, y yo lo espero en la puerta de la Rosada, no me agendes, yo lo voy a ver».

Tal vez a esta altura se preguntarán si estoy loca. Es probable, pero ustedes saben, no hay para una militante más bella tarea que la de proponerse desafíos amorosos, que impliquen acciones de agradecimiento, expresiones de admiración y encuentros con quienes consideramos hacedores de gestas libertarias como lo es Néstor Kirchner para mí.

La vida se encarga de acomodar los sucesos en forma fílmica para que siempre la ficción parezca opaca frente al brillo de los hechos de la cotidianidad.

Por eso, cuando recuerdo que de niños con mis hermanos y los chicos del barrio jugábamos con el material de oficina, sobres y hojas membretadas, con fotos del glaciar Perito Moreno en forma de postal o bandeja plástica (nunca confesaré para qué usamos esas bandejas, travesuras de niños) de Jorge Cepernic, gobernador (antes de la dictadura) de la provincia de Santa Cruz, encuentro las explicaciones en forma de aventura a las cuadras caminadas hasta la escuela nro. 15 de Isidro Casanova, Partido de la Matanza. Años en que la pobreza solo era económica y la democracia debutaba nerviosa.

Pero también descubro en los recuerdos ese hilito invisible que va uniendo mi historia personal y familiar con la historia de la Argentina.

Como cuando, en tiempos de odiadores seriales, Cristina mostraba con un videíto casero cómo le habían roto sus paredes, «confiscado» sus cuadros, convirtiendo las obras de arte en objetos peligrosos, parecido a lo que vivimos en otra época, pero claro, en la democracia ya bastante crecida. Entre los cuadros, si no me equivoco, el primero que se señala en el video, hay uno de una artista plástica que había sido compañera de militancia de mi mamá. Años atrás, esa artista me había contactado a través de una colega del Ministerio de Desarrollo Social de la Provincia de Bs. As., lugar en el que yo me desempeñaba como Trabajadora Social. Quería darme una carta que poco antes de desaparecer mi mamá le había enviado pidiendo «no dejes que mis hijas se olviden de mí». Esa carta que recuperé treinta años después había permanecido afuera del país, hasta que Cristina, ya presidenta de los más de 40 millones de argentinos, le pidió a esta artista que volviera al país a realizar una escultura que ilustrara la atrocidad de los bombardeos del 55, para que quedara emplazada en los jardines de la Casa de Gobierno. Y con ella, volvió mi carta, y una vez más, Néstor y Cristina reparaban la injusticia sin saberlo.

Por eso, cuando pocas semanas después del 27 de octubre del 2010, Cristina, enlutada, visiblemente triste y profundamente entera, continuó con la enorme responsabilidad de gobernar, que es gestionar soluciones, participó de un acto de inauguración en la rotonda de Santa Clara, entonces decidimos hacer una bandera nueva. Es que no sabíamos cómo cumplir con el mandato que años antes, durante el 2008, Néstor nos había encomendado públicamente a cientos de miles: «Cuídenla». Hermosa bandera. La bandera argentina, con una foto de Néstor sublimada (la foto de Néstor que más me gusta) y una frase de Silvio Rodríguez que dice: «Lo más terrible se aprende enseguida y lo hermoso nos cuesta la vida». Fue nuestra acción de cuidado, la pensamos, juntamos la plata, que no era poca, porque la técnica de sublimación requería de un taller especial, la hicimos y la llevamos al acto.

Solo pudimos desplegar esa bandera aquella vez, ya que cuando terminó la actividad de inauguración de la rotonda de Mar Chiquita, vino un custodio, me miró fijo a los ojos y me dijo: «La bandera se va con la presidenta». Y se fue, con la frase de «la canción del elegido», de nuestro elegido.

Han pasado muchos años cargados de recuerdos, anécdotas, vida y vida. Incluso la bebé que era Inés cuando participamos en ese acto de campaña de principios del 2003, ahora va a la universidad pública, una inaugurada por Cristina, una que no estaba antes de su gobierno.

Mis hijas crecieron en esa Argentina, la de los sueños que pueden cumplirse, la de la solidaridad y la generosidad, la de la confianza de los ciudadanos en el Estado, ese que construye universidades para los hijos de los trabajadores, hospitales para nacer en mejores condiciones, la de la asignación universal y los salarios familiares, la de Paka Paka, Zamba y San Martín, la de la casa del ProCreAr con hamacas, el auto de la ANSES para ir a la escuela tempranito sin pasar frío esperando el colectivo, la de la tarjeta Argenta para que los abuelos lleven a conocer las cataratas con sus nietos, la de la vacuna del HPV para las niñas de 11 años que no morirán de cáncer de útero a los 40… Esa Argentina donde los hijos crecen felices y los padres reparan las penas pasadas viendo a sus hijos.

Por eso, cuando Victoria, mi hija mayor, hace cinco años escribió en su Instagram…

Desde chiquita mis papás me enseñaron a compartir. Que cuando compraba algo en el kiosco de la escuela tenía que compartirles a todos mis compañeros. Que si no había para todos no se comía, o que si alguno necesitaba una mano en algo tenía que estar ahí. Yo solo tenía 4 años cuando asumió Néstor pero fui creciendo con un proyecto en el cual todo lo que me habían enseñado mis papás se trasladaba a políticas públicas de inclusión. El cual lleva como bandera que la patria es el otro, lo que ellos me habían enseñado... Es por eso que cuando canto «te juro que a mí Néstor me enseñó que al odio se le gana con amor» se me llena el pecho de orgullo y los ojos de lágrimas, tanto a mí como a otros, muchísimos... Es por él que hoy sigo militando con más convicción, alegría y amor que nunca. Un día como hoy hace 5 años y lo despedíamos...

«En la plaza, dolorida, lágrimas de despedida.
La razón de su vida una clase desvalida».

No podemos negar que lo extrañamos, sus abrazos, sus palabras. Una infinita fuerza hace que cada día me levante más convencida de que no abandonaré su lucha... Hasta que no quede un solo pobre en la Argentina.

… entendí que finalmente Néstor había trascendido incluso a sus propias definiciones políticas de protección y desarrollo para con los hijos de la Argentina.

Ustedes se preguntarán cómo finalmente ocurrió el encuentro con Néstor ese día que ven en la foto. Y qué le contesté a lo que me dijo ese noviembre del 2003 en Benito Juárez.

Bueno, mayo del 2007, lo recuerdo como si fuera hoy.

Buscamos a las nenas por la puerta de la Escuela 31, al mediodía, viajamos desde el mar hasta la ciudad de los subtes, les saqué el guardapolvo blanco en un cafecito que quedaba a una cuadra de la Casa Rosada y nos presentamos. Me recibió la voz con la que había compartido numerosas llamadas telefónicas y nos hizo pasar al despacho del presidente.

Entramos, nos acomodamos en su escritorio, nos sacamos esa foto y mientras disparaba el *flash* miré fijo a Néstor y le dije: «Presidente, yo no vine hasta acá para sacarme una foto».

Entonces mi familia se retiró del despacho, también su secretario, el fotógrafo, y nos quedamos solos. Hablamos mucho. Repasamos historias, sueños, las fotos de su mesita contigua al escritorio. «Es el tiempo de ustedes», me dijo; claro que al poco tiempo entendí que se refería al de las mujeres. Fuimos y vinimos por la historia argentina y por nuestra historia personal.

Sí, le contesté lo que tanto tiempo y kilómetros había esperado para decirle.

(Eso que vos estás pensando y que también, de alguna manera, le dijiste ahora).

Y lloramos los dos.

PADRE LITO

Cura párroco de El Calafate.

«Vengan a mí Benditos de mi Padre... porque tuve hambre y ustedes me dieron de comer, tuve sed y me dieron de beber, estaba de paso y me alojaron, desnudo y me vistieron, enfermo y me visitaron, preso y me vinieron a ver. "Señor: ¿Cuándo te vimos hambriento y te dimos de comer, sediento y te dimos de beber? ¿Cuándo te vimos de paso y te alojamos, desnudo y te vestimos? ¿Cuándo te vimos enfermo o preso y fuimos a verte?". Él les responderá: "Les aseguro que cada vez que lo hicieron con el más pequeño de mis hermanos, lo hicieron conmigo"». Evangelio de Mateo 25, 31-40.

Leímos este texto aquel 29 de octubre del 2010 en la despojada capilla del cementerio de Río Gallegos, mientras recordábamos que quienes dan la vida, resucitan en el pueblo, como nos enseña nuestra fe.

Ya estaban las semillas sembradas cuando el eco del rezo de la fe profunda de la Patria Grande vibraba en la voz amiga y fraterna, firme y tierna de Hugo Chávez que nos animaba: «¡Néstor, no vinimos a enterrarte, vinimos a sembrarte en tu tierra!».

... Y que florezcan mil flores recordamos nosotros.

Néstor era patagónico, santacruceño, nacido en esta tierra que forja a sus hijos tenaces y tercos, luchadores y comprometidos, capaces de enfrentar vientos fuertes, heladas intensas, distancias y paisajes infinitos y soledades sabias. Tierra que enseña a cuidar lo frágil y lo débil porque acá es más frágil y más débil. Gente tosca dirán los tilingos que tienen buenos modales con los poderosos y son despiadados con los débiles.

Los recuerdos de Néstor que quiero compartir son simples.

Evoco con ternura el relato de una chica de El Calafate, en sus tiempos de gobernador. Él salía a dar una caminata casi siempre por las mismas calles... Todos conocíamos el recorrido por el pueblo. Ella se le acercó. Por su situación personal, necesitaba un lugar donde vivir. No pretendía que le regalaran o le dieran, solo un ratito de escucha y una luz de esperanza. Sabía que contaba con él. Néstor le dio un número telefónico al que debía comunicarse al día siguiente (era fin de semana). Lo primero que hizo el lunes fue llamar. Quien la atendió estaba al tanto, no tuvo que perder tiempo explicando nada, Néstor se había ocupado, la suya no había sido una palabra de compromiso ni un sacársela de encima; ahí nomás se le ofreció alguno de los diversos planes de acceso a la vivienda que contaba la provincia. Al poco tiempo, con sus modestos ingresos, ella ya estaba viviendo en una casa propia.

«Vinimos a sembrarte…».

Otro recuerdo es allá por 2002. El Chaltén era una pequeña comarca que había nacido pocos años antes. No mucho más de 600 habitantes estables. Era 12 de octubre, día del pueblo. Llegaba el gobernador, seguro que con anuncios que respondían a la primera pregunta con la que tanto él como Alicia respondían cuando se les contaba de algún proyecto: «¿Qué necesitan?». Tiempos de rutas de ripio. Con demora, como casi siempre, la polvareda de la avenida anunciaba la llegada de la comitiva… Todos a sus lugares para comenzar el acto. ¿Treinta personas seríamos? Los funcionarios a sus lugares de funcionarios, el pueblo alrededor del mástil… Néstor no. Néstor se acercó uno por uno a saludarnos, a decirnos algo, a escuchar algún reclamo, a recordar alguna anécdota, a dar una palmada. Le importábamos.

«Vinimos a sembrarte…».

En mis encuentros breves formales e informales, siempre recuerdo su manaza con su palmada desmesurada y afectuosa en la mejilla, y el infaltable: «Vos no te hagas el pícaro», señalándome con el dedo índice, y cerrando algún chascarrillo inevitable en relación a algún tema –también inevitable– con el que indefectiblemente se concluía el encuentro.

¿Cuál era el misterio de ese hombre recordado en anécdotas así de simples y domésticas por quienes lo cruzamos, con el chiste y la cargada a flor de labios, pero con una seriedad inclaudicable cuando se trataba de defender los intereses del pueblo y de plantarse frente a sus agresores?

Néstor quería a su pueblo… no como categoría social. Quería a las personas de carne y hueso, no se bancaba (le dolía y se enojaba, sí… ¡mucho!) que por la mirada al costado o la complicidad de quienes gestionan lo común, sufriera una mamá sin casa, un pibe sin escuela o sin gimnasio para jugar, una comunidad pequeña sin hospital, un hermano sin trabajo. Sabía por experiencia sureña lo que es la ausencia de la mano tendida, del poderoso lejano que debería darla. Por eso se acercaba él. Y por eso ese sello de transgresión en su estilo. No como inmadurez, como rebeldía revoltosa, sino como quien abre un tajo a la solemnidad mentirosa de las formas que protegen el «orden» falsamente inevitable del sistema para permitirnos espiar, al menos, la utopía de lo que podemos llegar a ser, y meterse por ese tajo con cuerpo y alma a construirla.

Un día el cuerpo no dio más…

«Vinimos a sembrarte en tu tierra».

Y fue acá, en El Calafate, el 27 de octubre del 2010, que las manos buenas del Padre de todos se abrieron para recibirlo. A veces parece que los que sueñan sueños colectivos grandes, los que enfrentan a los poderosos de la historia siempre terminan mal… o se los lleva la lucha o los matan o los callan.

Esa noche fui a despedirme de Cristina y de la familia que viajaban a Bs. As. Un rato antes en la misa que tuvimos que hacer en la calle con el pueblo, había comentado que cuando fui a la mañana había entendido por qué Néstor la llamaba: «Presidenta coraje». Junto al cajón se lo comenté a Cristina y ella acariciándolo y mirando a Alicia que estaba enfrente, dijo con una mueca de emoción doliente: «Sí, él me decía así… "Presidenta coraje"». «No me vas a hacer quedar mal ahora», agregué. Me miró fijo y tomándome las manos me dijo: «A él. A él no lo voy a hacer quedar mal».

«Vinimos a sembrarte en tu tierra».

Lo que sigue ya lo sabemos… Vinieron por las flores, las pisotearon, las enchastraron. Se la agarraron con la que Néstor más quería, la más linda para él. Pero superficiales como son, no se dieron cuenta de que la flor más querida era también la mejor de las semillas. Ignorantes de la historia y de la memoria que guarda el Pueblo como humus sabio para que la mejor semilla fecunde y sigan floreciendo mil flores.

«Resucitaste en miles»… Sobre todo chicos y chicas, «Vinimos a sembrarte»; «Que florezcan mil flores»; «Néstor no se murió»; «Néstor vive en el Pueblo»… Todo es cierto, todo lo repetimos con convicción y ternura. Pero por acá todavía se te extraña, Lupín.

SERGIO «PATO» URRIBARRI

Embajador de Argentina en Israel.

Es difícil escribir sobre Néstor. El pedido me llega avanzado el mes de julio a través de un llamado amigo que recibo en Tel Aviv, donde resido desde hace poco más de un mes y trabajo al frente de la Embajada Argentina en Israel. Desde acá, tan lejos de mi pueblo y de mis afectos, todo conmueve el doble. También este llamado.

Cuando pensábamos que ya había pasado lo peor del daño macrista y era tiempo de empezar a salir a flote con un gobierno peronista en la Casa Rosada, llegó esta crisis sanitaria que no imaginamos ni en nuestras peores pesadillas. Quién iba a pensar, después de tantas batallas, que íbamos a tener que darle pelea a la mismísima muerte. El dolor que causa la pandemia en nuestro pueblo, la enfermedad, la muerte. Las dificultades de los laburantes. La deuda. El esfuerzo titánico de Alberto y su gabinete. Todo reflejado en curvas y números que multiplican la angustia, a la par de una exigente agenda diaria para contribuir en todo lo que podamos para poner a la Argentina de pie. Así pasan nuestros días en Israel y Néstor está presente todo el tiempo.

Néstor incomprendido en sus inicios, amado, llorado y convertido en héroe. Néstor asumiéndose parte de una generación diezmada. Néstor entrando a la Casa Rosada con sus valores y sus convicciones. Néstor llegando a Entre Ríos para que los maestros cobraran después de cuatro meses. Néstor bajando los cuadros. Néstor impulsando las políticas de «Memoria, Verdad y Justicia». Néstor librándonos del FMI. Néstor construyendo la unidad latinoamericana. Néstor haciendo crecer la economía. Néstor abrazando a los jóvenes, a las Madres, a las Abuelas. Néstor recuperando la política. Néstor despedido en un mar de lágrimas y amor.

Néstor diciéndonos que cuidemos a Cristina.

¿Habrá presagiado su ausencia cuando nos pidió de forma tan vehemente que cuidáramos a una mujer tan fuerte, que es la líder política más importante de nuestro tiempo? Su muerte hizo que esas palabras resonaran potentes y muchos tomamos ese pedido como un mandato, un compromiso de vida. Y muchos sentimos culpa porque no pudimos evitar la persecución y el daño a su compañera y a su familia. No le pudimos cumplir a Néstor.

El 10 de diciembre de 1987 asumí mi primer cargo electivo: intendente de General Campos, un pequeño pueblo entrerriano donde inicié mi actividad política. Muchos años después supe que ese mismo día Néstor había asumido la intendencia de su amado Río Gallegos. Me gusta pensar que hay algo del destino en esa coincidencia de fechas. Porque Néstor Carlos Kirchner es parte de mi respuesta personal y pública a la pregunta tan elemental respecto de quién soy. Si bien soy y seré el hijo de la maestra y el ferroviario que de gurí carpía el andén de la estación con una pala que me llevaba 15 centímetros, el Sergio Urribarri político claramente está marcado por la defensa de la 125. Y ahí está Néstor. Y hay mucho para contar, pero es difícil escribir sobre Néstor.

Convencido de que los hombres producen acontecimientos que se vuelven históricos, pero de forma mucho más contundente son los acontecimientos los que concretan a los hombres y los obligan a definirse, en esa pelea yo no dudé. Y eso que cuando explotó la 125, apenas había alcanzado a sentarme en el sillón de gobernador de Entre Ríos.

Mis amigos y muchos compañeros del partido me puteaban y muchos agoreros veían mi posición como un suicidio político. Quedé prácticamente solo defendiendo el proyecto que era profundamente un proyecto de patria igualadora. Salí a los medios, enfrenté a mis pares y me metí en los cortes de ruta y en los pueblos que eran enclave de la protesta. Amenazas, empujones, improperios variopintos, piquetes y ladrillazos en mi casa.

Yo era un gobernador políticamente débil. Mi predecesor jugaba en contra, el arco político me defenestraba y solo me bancaban un diputado nuestro y algunos intendentes. Mi familia estaba espantada el Día del Padre del 2008, con un piquete agresivo: literalmente a los cascotazos contra el frente de mi casa. Pero les dije: «Yo muero en esta». Y, como siempre, me bancaron.

Un año antes, cuando lancé mi candidatura a gobernador, Néstor no me había apoyado. Más bien me asociaba a Jorge Busti, en quien no confiaba mucho, y tomó sus precauciones. Aun así, lo habilitó a Alberto a que me diera una mano acompañándome en parte de la campaña, y el día de mi asunción como gobernador, Alberto estuvo también a mi lado. El trato con Néstor en mis primeros tiempos como gobernador fue cordial, pero claramente protocolar.

Pero la política son actos, no palabras, y a eso Néstor lo tenía muy claro. Y por definición –digámoslo en criollo– era un tipo que respetaba a los hombres con pelotas. Esos días del 2008 difíciles y locos nos unieron, y él supo que iba a contar conmigo para siempre.

El 15 de julio de ese año, Néstor me puso a prueba. Nos había pedido a los gobernadores que bancábamos el proyecto, que nos juntáramos en un hotel en Buenos Aires para preparar el acto de la Plaza de los Dos Congresos. Estaba ahí cuando me sonó el teléfono y escuché su voz entre el ruido del helicóptero en el que estaba viniendo. «Ulibarri –me dijo–, quiero que hables en el acto». Así, «Ulibarri». Porque Néstor nunca pronunció bien mi apellido y yo nunca lo corregí. Siempre fui «Ulibarri» o «Ulrri» para él. «Che, Ulrri, venite a Olivos...». Yo tengo fama de imbatible en el mano a mano, pero para los discursos, un poco me preparo. Así que ante semejante pedido me temblaban las piernas. La llamé a Analía, mi mujer, que enseguida se dio cuenta del julepe que tenía, y me dijo: «Hablá como en General Campos. Hablá como en tu pueblo». Yo le contesté: «Negra, me estás cargando. Acá hay medio millón de personas». Yo había hablado como mucho ante cinco mil almas. Fue una experiencia única en mi vida política y claro que me estaba probando. Quería saber quién era yo de verdad. Y hablé desde las tripas. Fue un discurso desde el alma y desde la indignación.

Cuando terminé, Néstor me abrazó y me confió: «Ahora entiendo por qué Cristina hincha tanto con vos». Yo me bajé de ese palco justificado, orgulloso, incluso reivindicado, porque cuando volví a Entre Ríos era otro, y los que hasta ese momento me vapuleaban, empezaron a volver.

Desde entonces, Néstor se transformó en un amigo entrañable, en mi hermano mayor, como me gustaba decirle. Teníamos charlas interminables y muchas veces la cosa se ponía álgida. Había discusiones, momentos de altísima tensión y de ese cinismo mutuo con el que jugábamos muchas veces en la intimidad. Pero yo siempre le tiraba algún dicho del pago y terminábamos a las carcajadas. Los días que siguieron nos transformaron en compañeros de lucha.

Para el 2009, yo ya estaba fortalecido. Mi relación con Cristina y con Néstor era de profundo respeto y, simultáneamente, de mucho afecto. Con Néstor hablábamos casi a diario. Sobre todo de política. Uno de los temas que nos tenía pendientes era la protesta de ambientalistas y vecinos de Gualeguaychú, que llevaban tres años de corte del paso internacional hacia Uruguay.

Un domingo me entero de que los asambleístas estaban dispuestos a iniciar una negociación. Se me puso que tenía que proponerle a Cristina que hiciéramos una especie de tregua. Primero le pregunté a Néstor, que fue contundente: «Te va a mandar a la mierda». Igual le pasó a ella el teléfono. No terminé de explicarle que, efectivamente, Cristina reaccionó mal, dijo que era una locura, se negó firmemente y sentí crecer su enojo. Se hizo un silencio y respiré aliviado cuando la escuché del otro lado: «A ver Pato, ¿qué estás pensando?». Le di mis razones y me dio el OK, pero junto a un contundente: «Hacete cargo vos». Al poco tiempo se levantó el corte.

Reviso en la memoria para cumplir con este pedido difícil de escribir sobre Néstor y me encuentro con que en todo ese año 2010, y especialmente en las semanas previas a su muerte, pasamos muchísimo tiempo juntos, en escenarios de lo más diversos. Desde la ONU hasta la quinta de San Vicente, y en el medio, varias visitas suyas a Entre Ríos.

El 1.º de mayo del 2010 festejamos el Día del Trabajador con un actazo en Paraná junto a más de 80 mil compañeros y compañeras. Teníamos mucho para celebrar. En Entre Ríos estábamos desplegando un nivel de obra pública histórico que nos permitió dar respuesta a reclamos de años, y ese día anuncié la creación del Ministerio de Trabajo. Más tarde, en el baño de un hotel al que fuimos para un par de reuniones, me sorprendió con otro de sus consejos: «Ulrri, hay que estudiar economía». Le conté que había cursado cinco años de Ciencias Económicas y que abandoné por el trabajo, la familia, la política. «No importa si terminás o no una carrera, hay que saber de economía para que no te engañen algunos economistas».

Siguieron los encuentros, las charlas, los actos. Pero quiero detenerme en el último mes antes de su partida, que fue muy intenso, y casi todo ese mes yo estuve al lado de él.

El 27 de septiembre del 2010 fuimos con Cristina y con él a Nueva York a la Asamblea de las Naciones Unidas. En la puerta del hotel, después de horas de debate, Néstor me dijo: «Mirá, Ulrri, nosotros podemos construir todas las medidas sociales e igualitarias que soñamos para nuestros pueblos, pero si no entendemos que el imperio es la causa de todos los males, solo vamos a emparchar la realidad, nunca a curarla de verdad».

A casi diez años de su muerte, esas palabras insisten con una contundencia irrefutable. Cuando vemos la persecución a nuestros líderes populares, cuando vemos nuestros pueblos entregados a la verdadera barbarie del neoliberalismo que sin más fabrica pobres y degüella a patriotas, confirmamos que Néstor tenía razón. No pudo ver su muerte, pero sí pudo ver nuestro destino.

Apenas volvimos de Nueva York, el 30 de septiembre estaba previsto que Cristina viniera a un acto en Concordia. Ese día estuvo signado por el intento de golpe de Estado contra Rafael Correa en Ecuador y ella decidió quedarse en Casa Rosada, así que viajó Néstor, que protagonizó un acto multitudinario y cargado de emoción.

A la semana, el 7 de octubre, Néstor volvió a Gualeguaychú. Nos reunimos con empresarios e hicimos un acto en un club. Era mi cumpleaños y compartimos una jornada inolvidable que nos dejó exhaustos. Nos sentamos a tomar un café cuando el ruido terminó, me entregó un regalo en nombre de él y de Cristina, y con ese humor inconfundible me dijo: «¿Cincuenta y dos años cumplís? Estás hecho pelota». Hablamos de la situación latinoamericana, de la Unasur, de los grandes medios. En un momento, agarrándose la cabeza, Néstor me advirtió: «Si no doblamos la apuesta, nos dejan afuera de la historia».

Al día siguiente me invitó a que fuéramos juntos en helicóptero a San Vicente a la conmemoración del nacimiento de Juan Domingo Perón, y al rato nomás partimos hacia Río Gallegos a apoyar a Daniel Peralta, que estaba atravesando una situación política difícil. Durante el viaje en avión al sur fue que me hizo en forma personal ese pedido que ya venía formulando en público. Me miró y me dijo con un tono algo más serio y grave que el habitual: «Hay que cuidarla a Cristina. A ella le va a tocar lidiar con la más brava». Fue la última vez que lo vi. Apenas veinte días después ya no estaba entre nosotros. En ese vuelo también acordamos que iba a venir a Paraná el 17 de noviembre para festejar el Día del Militante. No pudo ser.

Cuando Néstor murió, pensé en Cristina. Rápidamente me vino a la mente una imagen de ella que me regaló el mismo Néstor. Y así la guardo, porque la pinta de cuerpo y alma. Néstor me llamó, creo que fue en marzo del 2009. «¿Te podés venir a Olivos? Quiero charlar con vos». La cuestión de fondo era hablar sobre el armado de las próximas elecciones. Era la hora de la siesta, nos sentamos en el *living*, dos sillones, una mesita ratona. Me sirvió un café, él se tomó un té.

«Busti quiere volver al espacio con un par de legisladores provinciales, qué te parece», arrancó. «Mirá, Néstor –le dije–, no me pidas que te diga que me gusta. Pero entiendo que a vos te sirve para el armado nacional, y sabés bien que yo soy un soldado y que vos conducís, así que no se habla más». Él se rio, dejó la taza, se inclinó con los codos sobre las rodillas, me miró y me confió: «Ulrri, yo voy y vengo, y vuelvo a muñequear. Aprieto, aflojo, vuelvo a ir, vuelvo a venir. Pero te confieso algo: Cristina va, siempre va, y no vuelve nunca. No te olvides de eso...».

Esa imagen define a Cristina como ninguna. Y a esa imagen la funda el hombre que compartió toda su vida con ella. Tuve la suerte de acompañarla mucho, en nuestro país y por el mundo. Y siempre recordé esa pintura que me hizo Néstor sobre ella. Pienso que sin esa tozudez no hubiera sido posible avanzar sobre intereses muy poderosos que se oponían al desarrollo de nuestra nación. El imperio del que hablaba Néstor, ese imperio al que se le había parado de manos sin poder, pero con convicción y heroísmo.

Tengo muy presente aquella tarde de octubre cuando fui a despedirme de Néstor y, más allá del entripado que tenía en el alma, las innumerables vivencias buscaban al amigo más que al presidente o al conductor. La síntesis apretada de aquellos días era profundamente afectiva. Aquel 27 de octubre en El Calafate, llorándolo y abrazando a su querida familia, y los días que siguieron, sentí esa profunda orfandad que sintió buena parte del país. «Tu cuerpo no aguantó semejante cabeza». Las palabras de Cristina, pronunciadas en un susurro mientras le acariciaba el rostro en el féretro, componen una imagen que jamás voy a olvidar.

Es difícil escribir sobre el Flaco, sobre sus sueños, las convicciones que alimentaban su coraje, su modo particular de conducir, de persuadir. Fue sin duda un militante de convicciones, brutalmente honesto en sus actos, atrevido y mordaz ante la implacable realidad, acosado en todos sus instantes por el hambre y la injusticia de sus hermanos. Un incansable luchador de lo imposible. Y siempre un libertador.

«La esperanza no se espera. Se la busca, se la construye, se la arrancamos a la impotencia y se la peleamos a la injusticia», me dijo un día Néstor. Así lo recordaré siempre y así recuerdo esos años cerca de él, que sin duda me habitan y me marcan indefectiblemente, incluso al momento de estas líneas, en la hermosa y lejana Tel Aviv, desde donde una vez más me toca ver sufrir a nuestro pueblo y donde una vez más soy parte del engranaje que mueve el sistema para cumplir el sueño de Néstor de poner a la Argentina de pie.

Es difícil escribir sobre Néstor. Sigue siendo un camino a revisar y significar. Su muerte irrumpió en la conciencia de todos aquellos que estábamos convencidos de que él había sido el iniciador de un ciclo único en nuestra historia y, por supuesto, sentíamos que había Néstor para rato. Hubo que sobreponerse a muchas cosas. La primera, lógicamente, al dolor de su ausencia; después, asumir que no contábamos con él para decidir ni gestionar.

Hoy no está Néstor, pero tenemos al mando del país a Alberto y a Cristina. Dos de las personas más significativas de su vida que portan su legado y honran su compromiso cada día, expresando con hechos el amor por el pueblo, otra vez rescatando un país arrasado.

No te fuiste amigo y compañero. Siempre estás con nosotros. Y estoy seguro de que hoy estás más presente que nunca. Que estás mirando la fuerza de Cristina, el coraje de Alberto, y protegiendo a cada compañero y cada compañera que, inspirados en tu figura, en este momento tan duro bancan en cada barrio, en cada comedor, en cada calle. Acá estás, querido Néstor, sintiendo el amor de un pueblo que te rendirá homenaje eternamente, mientras sigue siendo difícil escribir sobre vos.

RAFAEL CORREA

Expresidente de Ecuador.

La memoria de Néstor Kirchner está unida al espíritu de integración.

Con Néstor Kirchner, Argentina surgió como ave fénix de las cenizas en las que la había dejado el fundamentalismo neoliberal. Como economista y académico, la experiencia argentina me fascinaba, y quería conocer al hombre que dirigió esa recuperación tan impresionante. El 20 de abril del 2005 hubo un hecho que cambió radicalmente mi vida, y para siempre. Dentro de la azarosa política ecuatoriana, el vicepresidente Alfredo Palacio asumió la presidencia de la República del Ecuador por el abandono del cargo del presidente Lucio Gutiérrez, después de varios días de protestas populares que no hacían más que crecer pese a la violenta represión. Yo ayudaba al doctor Palacio como asesor económico *ad honorem*, y aquel mismo día, el flamante presidente Palacio me nombró ministro de Economía. De la noche a la mañana pasé de la serenidad de la academia a la tumultuosa vida política. El resto ya es historia.

La oportunidad de conocer a Néstor se presentó en lo que probablemente fue mi primer viaje internacional como ministro. Se trataba de la Cumbre América del Sur-Países Árabes –ASPA–, que se realizó en mayo de 2005 en Brasilia. Néstor fue el último presidente en llegar y el primero en irse. Tan solo lo pudo observar desde la primera fila del público, sin tener la oportunidad de estrechar su mano. Luego, como presidente, entendería perfectamente su actitud. Las cumbres presidenciales son realmente un calvario, donde se habla mucho para decir poco y ejecutar aún menos. Fue una de las cosas que siempre compartí con Néstor: su aversión a los protocolos y a la pérdida de tiempo.

En el 2007, ya como presidente del Ecuador, harto de la actitud y lentitud de cierta diplomacia, los llamé «momias cocteleras», por lo que muchos me odian todavía. Cuando visité Argentina, lo primero que hizo Néstor fue soltar una carcajada y decirme cuán de acuerdo estaba con mi calificativo para los malos diplomáticos. Me contó cómo la prioridad de la política exterior argentina, antes de su llegada, era rivalizar en todo con Brasil. Néstor y Lula pulverizaron esos torpes atavismos.

Ese año 2007 fue el último del gobierno de Néstor y el primero del mío. Luego de la reunión bilateral lo acompañé a un acto en un amplio local en un barrio popular. Como buen peronista, Néstor ofreció un discurso de barricada para denunciar la superficialidad de la prensa y opositores argentinos. Mencionó cómo lo criticaban hasta por su manera informal de vestir, y yo en la mesa directiva no podía disimular una sonrisa al ver que todas esas «críticas» me calzaban también perfectamente a mí.

El 23 de mayo del 2008 firmamos en Brasilia el Tratado Constitutivo de la Unión de Naciones del Sur –Unasur–. Pese a –en aquel entonces– mi poca experiencia, me di cuenta enseguida de dos graves errores cometidos, por delegar precisamente a momias cocteleras algo tan importante para el futuro de la integración de nuestras naciones. El primero era la «regla del consenso», es decir, que todas las decisiones se tomen por unanimidad, lo cual es la fórmula del fracaso, puesto que equivale a decir que cualquier país tiene derecho a veto. Años más tarde esa regla serviría para facilitar la tarea de gobiernos entreguistas que buscaban la destrucción de la Unasur.

El segundo error fue que la máxima instancia del organismo era el Consejo de Jefas y Jefes de Estado y de Gobierno; luego el Consejo de Ministras y Ministros de Relaciones Exteriores; después el Consejo de Delegadas y Delegados –es decir, las mismas momias cocteleras–; y, por último, la Secretaría General. El diseño estaba hecho para que el poder lo tuvieran los supuestos «delegados», puesto que eran los que podían reunirse con frecuencia, convirtiendo al secretario –principal ejecutivo de la organización– en poco menos que un tomador de notas.

Mi enojo fue tal que anuncié que Ecuador no firmaría el tratado. Muy preocupados, Lula, Hugo Chávez y Evo Morales me invitaron a desayunar aquel 23 de mayo, y, aunque me dieron la razón, me convencieron de que esos errores se podían posteriormente subsanar. Accedí a firmar. Fue uno de los grandes errores que cometí. Si no hubiera aceptado, tal vez la historia de la Unasur sería diferente. Como una forma de subsanar la poca importancia formal de la secretaría, establecimos la regla no escrita de que el secretario debía ser un expresidente.

En agosto del año 2009 asumí como presidente *pro tempore* de la Unasur. Néstor había dejado la presidencia de Argentina en diciembre del 2007. El cariño, respeto y admiración de la región por Néstor era inmenso, por lo que lo propusimos como primer secretario de la Unasur. Hice un viaje especial a Argentina para convencer a Néstor de que nos permitiera presentar su candidatura, la cual, como era de esperarse, fue aprobada casi por unanimidad en la cumbre que tuvimos en Buenos Aires, en mayo del 2010. La única abstención fue la del presidente de Argentina, Cristina Fernández de Kirchner…

Aquella cumbre de la Unasur se centró en ayudar a Haití, víctima de un devastador terremoto el 12 de enero de ese año. Eran tiempos de integración, solidaridad y latinoamericanismo, la época de oro de Sudamérica, con Lula en Brasil, Chávez en Venezuela, Evo en Bolivia, la Revolución Ciudadana en Ecuador, Lugo en Paraguay, Pepe Mujica en Uruguay, Cristina en Argentina y Néstor en la Unasur.

Para aquel entonces, Néstor ya había sufrido su primer problema cardiaco, por lo que le era imposible viajar a Quito, ciudad a 2800 metros sobre el nivel del mar y sede de la Unasur. Fue por ello por lo que la única reunión de trabajo que tuvimos en Ecuador –él como secretario y yo como presidente *pro tempore*– se realizó en mi ciudad natal, Guayaquil, en la costa ecuatoriana, el 15 de junio. Allí Néstor me compartió su plan de trabajo, asumiendo su responsabilidad histórica y con una enorme visión de estadista.

El 27 de octubre del 2010 por la mañana me encontraba en la ceremonia por los 90 años de la creación de la Fuerza Aérea Ecuatoriana cuando me dieron la noticia. Néstor Kirchner, el presidente histórico argentino, el primer secretario de la Unasur, el amigo y compañero, había fallecido. El gobierno de Ecuador decretó tres días de luto por su partida y dirigí un mensaje a la nación, que en una de sus partes decía:

«Un manotazo duro, un golpe helado, dice Miguel Hernández. Y así nos sentimos frente a la desaparición física de un entrañable amigo y compañero en la lucha por la soberanía y la justicia en nuestro continente. Se trata de la muerte de un amigo querido, pero también del más influyente político de la generación surgida en la República Argentina tras el derrumbe neoliberal. Es la muerte de uno de los máximos líderes de la reconstrucción y la esperanza de Latinoamérica; de la nueva Argentina que ha sido capaz de abrazar a sus hermanos latinoamericanos, de fortalecer la bandera de la dignidad, de la equidad y de la integración. La muerte de un gran patriota de la Argentina profunda, con vocación de Patria Grande. De la Argentina cuyo norte natural solo puede ser el sur».

Viajé a Argentina al velorio de Néstor, y le pude dar un abrazo solidario a Cristina, toda vestida de negro, pero siempre fuerte, siempre ejemplar. Néstor partió con un compromiso absoluto para su adorada Argentina y por la Patria Grande.

El 4 de diciembre del 2014 inauguramos la nueva sede de la Unasur, un maravilloso y ultramoderno edificio en la mitad del mundo –latitud 0–, con un diseño vanguardista que evoca las alas de un cóndor, una verdadera hazaña de ingeniería con un volado de 52 metros, el más largo de Latinoamérica. Ya para aquel entonces había partido otro inmenso latinoamericano, el comandante Hugo Chávez Frías, fallecido el 5 de marzo del 2013, después de un devastador cáncer. ¡Cuánta falta nos hacen Néstor y Hugo!

Como no podía ser de otra manera, al impresionante edificio lo llamamos Néstor Kirchner, en honor al primer secretario del organismo. A la entrada del edificio develamos una estatua de Néstor, todo con la presencia de su viuda, compañera y presidenta de Argentina, Cristina Fernández.

En mi discurso manifesté: «… hoy fuerzas intra e interregionales, organizadas y con estrategia de poder, no quieren la integración. Súmenle a eso una institucionalidad de origen de Unasur absolutamente disfuncional –y que se dijo en su momento en Brasilia–, donde cada cosa debe decidirse por consenso, y veremos que todo estaba listo para que la integración se estanque y fracase».

Lamentablemente, el tiempo me dio una razón que no quería tener. Sin embargo, en aquel discurso también manifesté a renglón seguido:

«Pero nosotros somos bolivarianos. Bolívar, ese hombre de una constancia y sacrificio sin límites, quien sobre las ruinas de Caracas después del terrible terremoto de 1812 que retrasó varios años la independencia, manifestaba: "Si se opone la naturaleza, lucharemos contra ella y haremos que nos obedezca"».

Y cité la voz profética de Allende: «Algún día América tendrá una voz de continente, una voz de pueblo unido. Una voz que será respetada y oída; porque será la voz de pueblos dueños de su propio destino».

En el año 2017 terminé mi segundo mandato y dejé la presidencia luego de diez años. Ganamos las elecciones, pero la traición más grande de la historia del Ecuador hizo que quienes perdieron las elecciones ganaran el poder, y que empezara una destrucción sin precedentes de lo construido con tanto esfuerzo en la llamada «década ganada» del Ecuador.

La integración tampoco se salvó de aquellos que, como decía Martí, a diferencia de los que aman y fundan, solo odian y deshacen. Despedazaron la Unasur, vaciaron su edificio, y se llevaron en peso la estatua de Néstor. Esas escenas jamás podré borrarlas de mi alma. En su cinismo patológico, Lenín Moreno manifestó que «Néstor Kirchner no representa los valores y ética de nuestros pueblos. Sudamérica tiene una pléyade de héroes y próceres que sí nos representan». Si las ofensas se miden según la calidad del ofensor, los inútiles agravios de Moreno son una condecoración *post mortem* para Néstor.

Los canallas podrán retirar una estatua, pero no podrán borrar la historia. Recuperaremos la Unasur, su edificio, la estatua de Néstor. Todo es cuestión de tiempo. Si ya el presente está poniendo las cosas en su lugar, ¡imaginen el futuro!

«Sobre las cenizas de los traidores construiremos la patria de los humildes», decía Eva Perón, y como agregó Néstor: «Con memoria, justicia y verdad, aunque sin odio y sin venganza».

El 4 de mayo del 2005, en la presentación del libro *Palabra Viva*, que recoge textos de escritores y escritoras desaparecidos y víctimas del terrorismo de Estado en Argentina, Néstor citó un extracto del poema «Quisiera que me recuerden», de Joaquín Enrique Areta, poeta argentino desaparecido en 1978 tras ser secuestrado por la dictadura.

«Quisiera que me recuerden sin llorar / ni lamentarme / quisiera que me recuerden por haber hecho caminos / por haber marcado un rumbo / porque emocioné su alma / porque se sintieron queridos, protegidos y ayudados / porque interpreté sus ansias / porque canalicé su amor. / Quisiera que me recuerden junto a la risa de los felices / la seguridad de los justos / el sufrimiento de los humildes. / Quisiera que me recuerden con piedad por mis errores / con comprensión por mis debilidades / con cariño por mis virtudes, / si no es así, prefiero el olvido, / que será el más duro castigo por no cumplir mi deber de hombre», recitó Néstor.

A los diez años de su partida demasiado prematura, y a diferencia de sus enemigos, el olvido jamás llegará a un gigante latinoamericano como Néstor Kirchner.

¡Hasta la victoria siempre!

I

JOSÉ MARÍA SALVINI

Exsecretario de Asuntos Regionales. Amigo personal de Néstor Kirchner.

Mi amigo Néstor

Hablar de mis años junto a Néstor es dejar afuera apenas doce o trece años de mi vida, el colegio secundario fue el espacio de encuentro, Néstor volvía de un fallido intento de hacer la secundaria en Río Grande en el colegio de los salesianos, lugar donde sus padres lo habían enviado.

Así fue que el colegio República de Guatemala de Río Gallegos nos reunió, yo creo ahora, a la distancia en el tiempo, como una suerte de soldadura, que resistió todas las fuerzas en contra que pudieran quebrar esa unión, aunque por períodos en la vida, y por razones de caminos elegidos en la subsistencia personal de cada uno, hayamos pasado años alejados, en que yo continué en Buenos Aires trabajando en el Banco de la provincia de Santa Cruz, y Néstor ya ejercía su profesión de abogado en Río Gallegos. La dictadura fue el gran artífice de esa distancia, porque al no poder hacer política, lo importante era guardarse sin hacer olas.

La etapa de la adolescencia antes de ir a La Plata a estudiar, quizás sea la que se guarda con más nostalgia en el corazón, porque cada recuerdo de Néstor conlleva una anécdota graciosa, y hasta cómica, porque así era el Flaco, no solo se destacaba porque nos sacaba una cabeza, sino porque su protagonismo, aun con sus falencias, era permanente.

«Lupín» surgió como sobrenombre en el colegio, por su parecido con la historieta de aquellos años, y así le gritábamos en medio de un partido de fútbol o de básquet, porque él jugaba a todo y en ninguno se destacaba por su habilidad, pero al Flaco había que pasarlo, era un poco como aquel defensor de Independiente, «Hacha Brava» Navarro, (¡si me escuchara, me diría: «Me podrías haber comparado con otro, ¡¡justo con uno de Independiente!!», más aún siendo yo también hincha de Racing).

Esta cita de nuestro fervor por la Academia me recuerda una anécdota años más tarde siendo él gobernador y yo diputado, en un viaje a Buenos Aires, nos fuimos con un par de compañeros más a ver un partido de Racing contra Estudiantes. Ganábamos 1 a 0 cuando sobre el final del partido hay un tiro libre sobre el área de Racing, y vemos a Bossio, arquero de Estudiantes, ir a cabecear ese centro. Lupín lo ve y dice: «Miralo al irresponsable ese dejar el arco, ¡¡se van a comer el segundo!!». El tiro libre generó un córner, y Bossio no solo no volvió, sino que se quedó a cabecear el tiro de esquina; otro comentario del Flaco: «¡¡¡Ah, no!!! ¡Este tipo está loco, qué irresponsable! ¡¡¡Ahora sí que les ganamos 2 a 0!!!». Bossio la clavó en el ángulo, nos empataron, y con lo cabuleros que somos, éramos un coro de insultos gritándole a Néstor: «¡¡¡¡Para qué hablás, Flaco, para qué hablás!!!!».

Volviendo a su etapa de deportes, Néstor, amparado en su estatura y físico, no arrugaba ante nadie, eso nos valió a veces de visitante terminar partidos a las trompadas y tener que salir de raje. De estas anécdotas contaba muchas el profesor de Educación Física Emilio García Pacheco, como aquella que jugando al básquet frente a un equipo en un intercolegial en Puerto San Julián, y abajo en el marcador, Néstor saltó del banco de suplentes para tacklear a un contrario que se iba solo al doble. Ese era Néstor, a nada soportaba perder, y así lo llevó a la política.

Si tuviera que fijar una fecha o un acontecimiento con el cual decir «ahí empezamos a hacer política», no sería ni la creación del Centro de Estudiantes Santacruceños, en La Plata, donde yo era el presidente y Néstor el vice, ni tampoco la inauguración de la unidad básica Los Muchachos Peronistas con la corriente dentro del PJ de Río Gallegos, en los finales de la dictadura, que aunque yo no estaba en Gallegos, sentí siempre que el peronismo era el espacio nuestro para desarrollar los sueños que fomentaba el Flaco, sino que me debería ubicar en el año 1967, cuando visitó Río Gallegos el presidente de facto, Gral. Juan Carlos Onganía.

Nosotros, ya integrantes del Centro de Estudiantes, estábamos defendiendo la permanencia de la rectora del colegio en su cargo, que estaba «codiciado» por la mujer de un militar destinado a Río Gallegos por la dictadura. Esta rectora estaba a poco de jubilarse e iba a ser desplazada sin motivo, solo para darle su cargo a la esposa de un militar. Así que ante la llegada de Onganía, redactamos una carta explicando la situación y nuestro requerimiento, que era la permanencia de nuestra rectora, al presidente de facto. Con el apoyo de varios padres, caminamos hacia el aeropuerto y nos acercamos al palco, ante la negativa de la custodia militar de permitirnos entregarle la carta y viendo que se encontraba allí la esposa del general, fue a ella a quien se la entregamos para que se la hiciese llegar, al pie de esa carta firmamos varios de los integrantes del centro y, naturalmente, Néstor y yo.

Eso generó un revuelo en la ciudad y fue noticia de los diarios, al punto que nuestra rectora continuó en su cargo hasta su jubilación.

Es sin duda un hecho sin mayor relevancia institucional, pero para esos chicos de 16 o 17 años que éramos, significó un gran triunfo haberle doblado la muñeca al milico que quería acomodar a su mujer.

Al poco tiempo dejamos Río Gallegos, con un año de diferencia cada uno, y La Plata fue el lugar donde entonces sí nos bautizamos ungidos por la política universitaria, en medio de ese Onganiato que se prolongó con nombres como Levingston y Lanusse, para entrar en los inolvidables años 70, con todo lo que ello significó para quienes tuvimos esa mezcla rara de suerte y desgracia, de haberlos vivido como protagonistas.

Néstor integró la FURN, junto a compañeros que luego serían, con los años, sus alfiles en la política grande, como Carlos Kunkel, Marcelo Fuentes y «el Cuto» Moreno, entre otros, por encima de Néstor, en la estructura de la FURN. Fue en la militancia de esa corriente que caminamos toda la noche por distintos caminos con Néstor, y amanecimos tratando de llegar al acto central en Ezeiza el 20 de junio de 1974, para recibir a Perón. Quizás una de las grandes frustraciones porque antes de alcanzar ese espacio, ya se había desatado la destrucción de esa fiesta popular.

Vivió al llegar a La Plata en un departamento al fondo de un pasillo en la calle 1 frente a las vías que salían de la estación de trenes, allí compartió pieza con un compañero de Vedia, luego cuadro montonero que fue muerto en Córdoba, Juan Carlos «el Rata» Conocchiari. Cuando él se fue, Néstor me dice que me vaya a vivir con él a ese departamento de la calle 1. Viví allí varios meses hasta que volví a Río Gallegos a hacer el servicio militar.

Tiempos en que se esperaba con ansias la encomienda que llegaba cada mes desde Gallegos, con víveres y plata. «Meneka» Velázquez, otro compañero de allá, siempre tenía un «canuto» para tirarle unos pesos al Flaco cuando la encomienda se demoraba.

Luego vino la etapa de El Castillo, esa planta alta antigua en la esquina de diagonal 80 y 47, que terminó siendo prácticamente la sede del Centro de Estudiantes Santacruceños, porque era el paso hacia el comedor universitario, y a todos les quedaba bien pasar por allí.

Néstor y Cristina se conocieron un 21 de septiembre del 74. Tres meses más tarde, un 24 de diciembre por la tarde, en El Castillo yo estaba preparando mi bolso para ir a pasar nochebuena a Gral. Madariaga en casa de mi novia, y tocan el timbre, me asomo al balcón para tirar la llave y lo veo a Néstor con una chica morocha que no conocía. Suben, yo hacía varias semanas que no lo veía, la cosa se había puesto muy dura luego de la muerte de Perón, y ya no se frecuentaban los lugares habituales. Recuerdo que me sorprendí al verlo con pelo largo y unos anteojos de marco negro que no le conocía.

«Hola, Pepe, ella es Cristina...»; nos saludamos. «Yo estoy por irme a Gral. Madariaga, pero ubíquense, pasen, te dejo la llave, Lupín...», mientras trataba de entender cómo era que esa chica que cruzábamos en la universidad y formaba parte del selecto grupo de las compañeras que nos hacían girar la cabeza cuando pasaban, estaba acompañando al Flaco. Cuando ella pasó con un bolso a otro cuarto, lo miro y lo único que se me ocurrió decirle fue: «¿¿¡¡Como hiciste Flaco!!??».

Ese fue mi momento de la historia, en el que fui único testigo presencial del comienzo de un destino diferente para el país, que deberíamos esperar poco más de 28 años para darnos cuenta.

Simultáneamente estaban comenzando los peores días, el 75 fue terrible, y la llegada de la dictadura convirtió a La Plata en una verdadera cacería.

Muchas veces se ha escuchado decir de Néstor y de Cristina, por parte de los detractores, «esos montoneros», nada más alejado de la realidad. Pero Néstor estuvo muy cerca de compañeros montoneros, como decía antes, compartió pensión en la calle 1 con «el Rata» Conocchiari, y ayudó a varios en esos tiempos, como también años más tarde en Santa Cruz, ubicando en empleos y asistiendo a algunos que recién salidos de la prisión de la dictadura, no encontraban la forma de reiniciar su vida.

Quizás el caso más emblemático sea el de Carlos Labolita, con quien Néstor y Cristina compartieron vivienda en la casa que ocupaban en City Bell, de la familia de Cristina, guardando a Carlos, militante de Montoneros, y a Gladys D'Alesandro, su compañera, a quien fue a buscar Cristina sin conocerse, para decirle de parte de Néstor que se fueran urgente a City Bell con ellos.

Luego dejando esa casa se fueron a una pensión los cuatro, y allí estaban la noche del 24 de marzo de 1976. Poco tiempo después, Labolita fue desaparecido, y el 13 de diciembre del 2004, acompañé a Néstor a la ciudad natal de Carlos, Las Flores, donde como presidente de la nación homenajeó a su amigo y compañero, diciendo que gracias a la valentía y la fidelidad ideológica y militante de quien no pronunció un solo nombre en las torturas a las que seguramente fue sometido, hoy este presidente puede estar aquí agradeciendo su lucha y honrando su vida militante.

Cuando comenzamos a andar el camino de la política democrática del 83 en adelante, Néstor rápidamente construyó política, se animó a presentar lista en las elecciones a intendente del 83, lo llevó de candidato a intendente su tío Manuel López Lestón que perdió por poco margen. En el 87 se presenta Néstor y gana por 110 votos, y de allí en más nunca perdió.

Siempre estuve junto a él, y ocupé cargos tanto legislativos como ejecutivos, y siempre nos peleábamos, muchos decían que yo era el único capaz de mandarlo al diablo en una discusión y dar un portazo e irme, y pasaban más o menos días y volvíamos como si nada.

Hasta que un día, me pregunté qué estaba yo haciendo en ese cargo, con un tipo que se ocupaba de todo y todo lo tenía que resolver él. Nos juntamos en su despacho y le dije:

–Me voy.

–¿Cómo que te vas? –me respondió.

–Sí, me voy, si no me necesitás, ¡vos te bastás solo!

–¿Cómo te vas a ir, pelotudo?

Y pelotudo va, pelotudo viene, terminé alejándome del cargo, quizás haya sido de las peleas más largas, porque no lo podía aceptar y estaba recontra enojado conmigo.

Pasaba el tiempo y me enteraba por amigos de que preguntaba por mí, en qué andaba.

Hasta que un día me llama, nos juntamos, yo no guardaba ningún enojo, pues había hecho lo que quería, así que el reencuentro fue normal, como si nos hubiéramos visto el día anterior. Allí me habla de su idea de preparar un espacio nacional, con tiempo, con miras al 2007. Y que me necesitaba para eso, si yo estaba dispuesto a viajar por todo el país, a convocar a los compañeros peronistas que no estaban con Menem, y a los que estaban, pero no estaban conformes, y a todo aquel que se quisiera subir a este carro. «Vos vas a ser el armador del interior del país, y Alberto Fernández y "el Flaco" Kunkel van a construir en Capital y Buenos Aires».

Así es que comencé a andar el país, casi como un apóstol que difundía la palabra y el pensamiento de Néstor.

Hay algo que me gustaría comentar porque el hecho me involucra, pero a la vez deja de manifiesto la enorme austeridad y ahorro que permanentemente ejercía Néstor. La gobernación tenía un avión Piper Cheyenne, con el que se volaba a lo largo de toda la provincia, e incluso con escalas, hacía largos viajes a Buenos Aires. El pobre ya había cumplido sobradamente su tarea, al punto que en varias ocasiones vivimos episodios de zozobra en el aire. Así que diagramando mis viajes comenta:

–Bueno, en la medida que se pueda, te irás en el avión…

–¿¿¡¡En el avión!!?? Yo en ese avión no me subo ni loco, si querés matate vos; hace rato que te vengo diciendo que por pijotero te vas a caer con los vientos que hay acá y ese aparato que ya no da más.

Pareció que semejante negativa de mi parte lo convenció, y finalmente, el Piper fue a hangares y llegó un Cessna Citation.

Muchas veces, en ese camino que me llevaba desde Corrientes a Catamarca, desde Jujuy a Entre Ríos, recordé aquella tarde del 24 de diciembre de 1974 en el viejo Castillo de 80 y 47.

Naturalmente que Néstor, como gobernador de la provincia de Santa Cruz, viajaba frecuentemente también, y en varias ocasiones estábamos juntos. Una de las que recuerdo es aquel congreso del Partido Justicialista en Parque Norte, cuando Néstor es presentado por el compañero Lorenzo Pepe, y comienza a exponer su pensamiento con duras críticas al gobierno nacional que presidía Carlos Menem, aún ausente en el congreso. Finalizado su discurso, una aclamación de aplausos rubricó sus palabras. Cuando el presidente llega, Néstor pide la palabra y le dice a Menem: «Presidente, yo ya hice uso de la palabra, pero en su ausencia, y como no quiero pasar por un hipócrita, es justo que repita lo esencial de mi discurso nuevamente». Y comenzó a repetirlo, con la diferencia que cuando terminó, no se escuchó un solo aplauso, ¡¡silencio total!!

Nunca conocí a nadie tan seguro de sus objetivos como Néstor, nadie con tanta decisión y claridad sin equivocar en ningún cruce de caminos por cuál debía seguir. Ya en 1994, cuando regresamos de la jura de la nueva Constitución Nacional en el Palacio San José, (hoy Museo Gral. Justo José de Urquiza en Concepción del Uruguay), me dijo: «Vamos a ir por la república, no somos menos que nadie, estando allí me di cuenta de que podemos hacerlo, y que los nombres que nos encandilan a la distancia, de cerca brillan menos que poco».

Las Constituyentes fueron quizás el espacio en que, con la presencia masiva y representativa de todo el arco político nacional, sin que nadie lo imaginara, Santa Cruz con sus enviados estaba presentando de manera conjunta en el escenario político a las dos personas que nueve años más tarde comenzarían a transformar el país, como no se había hecho desde 1945. Néstor Kirchner y Cristina Fernández de Kirchner eran la proa de esa nave que amarraba simbólicamente en el río Paraná, como anticipación de un posterior desembarco en Buenos Aires. También estábamos como asesores, otro querido compañero de larga militancia con Néstor, «el Chueco» Mazzón y yo.

Así llegó el 25 de mayo del 2003, el sueño estaba cumplido, si hubo alguien a quien no sorprendieron aquellas palabras pronunciadas en su discurso: «No voy a dejar en la puerta de la Casa Rosada mis convicciones», fue a mí; siempre lo supe, siempre creí en él.

Pasaron unos días y el primer viaje de regreso a Río Gallegos en el Tango 01, lo hicimos solos.

Sentados uno frente al otro, miramos alrededor, nos recostamos estirados en el respaldo de los cómodos asientos de ese avión, nos miramos y mientras carreteaba para despegar, yo creo que a los dos, en ese momento, se nos cruzaron aquellos pibes de 17 años parados frente al palco de un presidente de facto.

A partir de ese día Néstor ya fue el hombre del Pueblo, su vida y su lucha le perteneció al Pueblo, y así se la entregó, a mí me ha quedado el inmenso privilegio que me regaló la vida de poder decir con orgullo y humildad: fue mi amigo, y yo el suyo; solo quisiera decirle aquellas palabras del poeta: «Aún tenemos que hablar de muchas cosas, compañero del alma, ¡compañero!».

ANDRÉS «CUERVO» LARROQUE

Ministro de Desarrollo de la Comunidad de la provincia de Buenos Aires.

Me cuesta recordar a Néstor sin caer en una emoción que prácticamente no me permite hablar. Fue así a lo largo de estos diez años. Pensé mucho por qué me pasa eso. Básicamente creo que Néstor es la persona que le dio sentido a las cosas. Para aquellos que transitamos una militancia quimérica allá por los años 90 y que estábamos al borde de ser considerados parias en una sociedad que había elegido la amnesia como patrón de conducta, él vino a poner las cosas en su lugar, él vino a reparar, él vino a darle sentido a la vida.

Pertenezco a una generación que nació a la vida en los 70 y creció mirando la experiencia de aquellos años. Asomamos a la práctica política en los inicios de los 90, período en el que más se hicieron sentir las consecuencias del golpe genocida que, a sangre y fuego, colocó a nuestro país como un dispositivo más del gran casino en que transformaron al mundo a partir de la hegemonía del sistema financiero.

Las políticas liberales habían recuperado fuerza luego del *impasse* generado por el *crack* del 30 y la Segunda Guerra Mundial. El capitalismo comenzaba a mutar y pasaba a una fase más agresiva; la coexistencia pacífica se demostraba ineficaz y, por lo tanto, emergía una ofensiva neoliberal con resultados que marcaron un cambio de época. Entre esos hitos estaba la caída del Muro de Berlín, de la URSS y los socialismos reales, así como también en lo conceptual el «fin de las ideologías y de la historia».

En ese contexto nacimos a la militancia, con un genocidio a cuestas y una tremenda derrota cultural, al punto que el propio peronismo fue arrastrado a la confusión. El proceso de valorización financiera iniciado en 1976, lejos de detenerse, ganaba impulso en democracia. Los tibios intentos iniciales de Alfonsín no pudieron frenar esa dinámica. Menem, con menos resistencia aún, se aferró al credo liberal para dar paso a la catástrofe.

La fractura social se hacía insoslayable. ¿Cómo responder, desde la política, a esa realidad que avasallaba todo? El 1 a 1 funcionaba como un narcótico perfecto para una clase media presta a la distracción. Mientras tanto, el aparato productivo era arrasado y la desocupación crecía como nunca en los últimos 50 años. El peronismo, que había sobrevivido a todas las persecuciones, ahora se sumergía en una coyuntura terrible: la cooptación liberal.

La derrota cultural resultaba simplemente devastadora. Las ideas de solidaridad, compañerismo o militancia eran desterradas por una sociedad que se rendía frente a los oropeles del individualismo. Incluso el solo hecho de mencionar estos conceptos lo ponían a uno por fuera de la realidad aceptada. Nos veíamos condenados a ser elementos extraños en un país que parecía haberlo olvidado todo.

En ese contexto, poco auspicioso, comenzó a desarrollarse la militancia: la mía y la de unos cuantos. Por un reflejo casi natural, la reacción nuestra fue ir a buscar al peronismo en su esencia. Los preceptos de Juan Perón y Eva Perón habían sido abandonados por los cánones oficiales del justicialismo, de modo que entendimos que nuestro camino deberíamos buscarlo junto al pueblo sufriente.

Nuestra práctica política se dirigió, entonces, a las villas del sur de la ciudad de Buenos Aires, particularmente a la 20 de Lugano. Allí sobrevivían, dispersos, militantes de la JP y del Movimiento Villero Peronista. En sus narraciones nos reconocimos como parte de esa herencia. Pero no éramos muchos, más bien poquitos y costaba sumar. La demonización de la política y de las organizaciones obstruía todo proceso de acumulación. Solo las cuestiones reivindicativas nos permitían aglutinar algo, en el marco de lo que ya se denominaba «resistencia al modelo neoliberal».

En todas nuestras charlas, análisis y debates, anhelábamos ser parte de una generación que sembrara la esperanza de un cambio que veíamos a muy largo plazo. Nos animábamos a la militancia, que en aquel contexto era como predicar en el desierto, diciéndonos que ese esfuerzo sentaría las bases para que nuestros hijos pudieran tener mejores condiciones para dar la pelea. Ni de cerca nos veíamos siendo parte de una etapa victoriosa... Y más de una vez dijimos: si no lo ven nuestros hijos, por lo menos que lo vean nuestros nietos.

Así eran las cosas. Las posibilidades de transformación se proyectaban a veinte, treinta o cincuenta años: tal era la magnitud de la derrota. El contexto regional y mundial, desde ya, no colaboraba a generar la más mínima expectativa. Y encima de todo eso, los debates de la militancia se tornaban engorrosos y laberínticos. Sin embargo, el proceso de resistencia avanzaba con la táctica del agua, más allá de toda coordinación. Las propias incongruencias del modelo neoliberal, que pasaba de explotados a excluidos a millones de compatriotas, iban generando las condiciones para la eclosión.

A fines de 1998, un dato de la región movió el amperímetro: Hugo Chávez. Aun frente a las dudas que algunos pretendieron sembrar en torno a Chávez en los primeros momentos (por ejemplo, asociándolo a los carapintadas argentinos), quedó claro que el tablero comenzaba a moverse. De repente un presidente de la región comenzaba a hablar de cosas que parecían condenadas al olvido; incluso mencionaba como referencia a Juan Domingo Perón.

En 1999, De la Rúa se hizo cargo de la presidencia; el desenlace es conocido. Las tensiones de un país invivible, muy ayudadas por la impericia política del gobierno, explotaron en las jornadas del 19 y 20 de diciembre. Y así el pueblo –gran ausente hasta ese momento– volvía para reclamar su lugar protagónico en la historia; así el pueblo reaparecía para sacarse de encima el mote de «gente» con el que pretendieron desnaturalizarlo todos esos años.

¿Y nosotros? Aquello que avizorábamos a veinte o treinta años parecía acercarse de pronto; pero cual destino esquivo se alejaba a la vez. Estaba claro que se abría una oportunidad histórica por la crisis neoliberal; pero si no emergía alguien que pudiera condensar esa energía que sacudía el país, podía terminar imponiéndose un reflujo conservador.

El 2002 fue el escenario de ese dilema; un tiempo de vaivenes que expresaban la tensión de fondo. Precedido por un récord de presidentes salientes, Eduardo Duhalde debía contener la situación. Fue un período ecléctico; la Masacre del Puente Pueyrredón terminó signando la suerte del gobierno. Mientras tanto, la magnitud de la crisis no dejaba de generar las condiciones para que se produjera un accidente en la historia. Y se produjo.

«Y dejo rodar la bola que algún día se ha de parar, tiene el gaucho que aguantar hasta que lo trague el hoyo, o hasta que venga un criollo en esta tierra a mandar», así decía Fierro en el poema y así pedía la realidad argentina de aquel tiempo. Y el criollo apareció. De la forma menos pensada se abría el tiempo de la reparación en nuestra patria.

Emergía Néstor Kirchner a la historia, y emergía rodeado de dificultades. Para empezar, ganó las elecciones perdiendo la primera vuelta y no teniendo la segunda, hecho que amenazaba con mellar su legitimidad. Hasta su apellido era difícil de aprender para la gente, al punto que los paredones discutían cuál era la versión correcta, sin que nadie se atreviera a terciar.

Y el sol del 25 asomó esplendoroso, y Néstor dio un discurso imbatible. Un diagnóstico certero de las últimas décadas, que llamaba a las cosas por su nombre, a la vez que ofrecía un programa cargado de esperanza.

Nuestra ilusión de un futuro lejano de redención para los olvidados comenzaba a tutearse, de manera increíble, con el presente. Como una ráfaga, desconociendo los aprietes del poder, Néstor empezó a poner las cosas en su lugar, casi como un ente celestial que viniera a sacarnos del descarrío histórico.

Comenzamos a acompañarlo, a seguirlo, a defenderlo, a discutir con todos aquellos que dudaban. No teníamos contacto con las estructuras políticas cercanas al presidente; nuestra militancia de base estaba a años luz de los ámbitos del poder. Con plena inocencia nos definíamos «anarcokirchneristas» porque, en la vorágine de esos meses iniciales, acompañábamos sin tener ningún nexo concreto.

Nuestra fe era infinita; cada día, los hechos nos daban la razón con creces. Abundaba la militancia escéptica, curada en veinte años de desilusiones, que renegaba previniéndose de un nuevo desengaño. Las discusiones, bastante absurdas, versaban siempre en un mismo punto: que había *algo* que no cerraba, que algún engaño entrañaba ese hombre que hacía todo bien y quizás mejor de lo que hubiéramos soñado.

Así transcurrimos esos primeros años del gobierno de Néstor. Nuestro objetivo se resumía en tratar de reagrupar a la Juventud Peronista. La atomización era una característica general de la política post-90; en los sectores juveniles, eso confluía con un fuerte escepticismo. Muchos grupos que veníamos conviviendo en el marco de la resistencia al neoliberalismo desde distintos sectores buscábamos la manera de confluir, pero siempre faltaba el eje ordenador. Néstor lo era, desde ya, pero todavía nos quedaba lejos.

Así fue que nos dimos a la tarea de reagrupar las JP silvestres que existían en el universo político del peronismo y sus adyacencias. En eso estábamos cuando, después de diversos intentos de acercamiento a la «pingüinera» (como se decía en aquel tiempo), empezamos a tener un contacto más sistematizado con los compañeros y compañeras de la Casa de Santa Cruz en la Capital Federal. Ahí nos volvimos a encontrar con los compañeros de camino, con los que coordinábamos acciones, pero no lográbamos cristalizar un espacio unificado.

De esa forma surgió La Cámpora. Su gestación nos permitió conocer a Néstor. Llegamos a él vía Máximo y los compañeros de la Casa de Santa Cruz. En realidad, él llegó a nosotros; nos quedó muy claro desde la primera charla. Su fervor militante desbordaba, verdaderamente lo disfrutaba. Desde el vamos nos planteó la necesidad de recomponer el actor juvenil en la discusión política argentina. Se remontó a su experiencia en los 70. Le preocupaba que elaboremos, que hubiera debate, discusión, dinamismo.

A partir de ahí comenzó una nueva etapa. El mismo vértigo y la emoción de los tiempos iniciales del gobierno, pero ahora en primera persona. Tras la asunción de Cristina, las tensiones habían aumentado, el poder mandaba mensajes claros y Néstor nos lo advirtió en febrero del 2008. En su oficina tenía una foto de la pensión donde vivió en La Plata. «De ahí solo dos quedamos con vida; miro todos los días esa foto», nos decía, al borde la emoción, como para dimensionar de qué estábamos hablando.

El contacto con él se volvía más fluido. Había una cuestión que nos rondaba todo el tiempo. ¿Por qué nos dedicaba tanta atención? Con nuestras taras, tratábamos de estar a la altura de las circunstancias, pero no era fácil. Como generación forjada en los 90, las excrecencias propias de ese tiempo nos acompañaban de manera inconsciente.

Néstor era un entusiasta sin límite; no había dificultad o contratiempo que mellara su optimismo. Casi que al revés: a mayores contingencias, mayor su motivación. Y no era algo que guardara para sí; tenía una tendencia irrefrenable a trasladarle ese optimismo a cualquier interlocutor, sin escatimar ningún tipo de exageración. Recuerdo un día que nos quería convencer que en una movilización de las patronales agrarias había 20 o 30 mil personas, cuando la imagen a simple vista decía que el número era por lo menos cinco o seis veces mayor. Lo hacía como una forma de protección. Sabía cómo vencer, pero necesitaba que el resto tuviera esa misma fe, que no los ganara el derrotismo.

Durante todo el conflicto de la 125 lo obsesionaba proteger a Cristina. No porque creyera que ella no pudiera cuidarse sola; su confianza en que iba a ser una gran presidenta era absoluta. Sin embargo, le dolía que Cristina no tuviera los cien días de gracia de todo presidente. La extorsión de los poderes fácticos arreciaba en los albores del nuevo gobierno, al que de entrada le anotaban los cuatro años y pico precedentes en la cuenta.

Estábamos en plena batalla y nosotros éramos sus soldados, por supuesto que en sentido figurado (para que nadie se confunda). Esperábamos con todo anhelo sus misiones, nos llenaban de orgullo. «Néstor quiere esto, Néstor quiere lo otro», era música para nuestros oídos. Ese 2008 fue particularmente picante. El interior de la provincia era un terreno casi vedado para el gobierno, lo mismo que algunas zonas del interior del país. La ruralidad se había puesto en pie de guerra y nosotros teníamos que ver la manera de penetrar esos bastiones, ya sea porque él quería hacer un acto, una reunión o lo que fuera. En muchos casos cerraban los accesos a los pueblos, cortaban rutas; había que ver la manera de llegar, y ahí estábamos nosotros. De la misma manera, acompañábamos a Cristina en esas paradas bravas.

En pleno conflicto se planteó un desafío: había que *ganar la calle*. Si bien Néstor se había retirado del gobierno con un 70 % de imagen positiva y Cristina había ganado la elección del 2007 con total holgura, el proyecto político carecía de una raigambre militante sólida, al menos en términos de una mística propia. Se había llenado la plaza el 25 de mayo del 2006, en una contundente demostración de fuerzas, pero no eran tiempos de canciones vivando a Néstor ni a Cristina, ni de tatuajes y demás señales que marcaran una identidad fuerte.

La tensión de la 125 escalaba y el desvelo de Néstor era no ceder la calle. El 25 de marzo, luego de un discurso de Cristina, a eso de las 19 horas, comenzaron a convocarse sectores críticos al gobierno a la Plaza de Mayo. Nuestro dispositivo aún estaba corto de reflejos, pero rápidamente un núcleo de 300 compañeros nos reunimos en Perú y Avenida de Mayo. El objetivo era entrar a la plaza; el problema era que frente a nosotros se había nucleado una multitud de diez mil personas.

Pero más allá de la diferencia numérica, nosotros estábamos mejor organizados, y nos sobraba fe para avanzar. Varios de los diversos referentes de las distintas organizaciones estaban allí, al frente de esa columna improvisada en la emergencia. Tampoco los de enfrente podían tener claro cuántos éramos nosotros... Entonces apareció un elemento que fue decisivo. Todos nos aferramos a un rumor que circulaba y que afectó decididamente la correlación de fuerzas: Luis D'Elía estaba llegando con una multitud desde La Matanza. Ya estaba en la 9 de Julio, nos decíamos. Era cuestión de aguantar.

La realidad fue que Luis llegó acompañado de no más de cinco personas, pero su presencia fue decisiva en términos psicológicos. Creyendo fervientemente en que detrás de él había una multitud, empezamos a avanzar; y los de enfrente, creyendo lo mismo, empezaron a retroceder. Así nos hicimos de la plaza. Así también nacía una épica de resistencia *en* el gobierno. Comprendimos que tener el gobierno no era tener el poder y que nos debíamos una construcción de sentido más profunda.

Días después nos convocó Néstor a Olivos. Apasionado como siempre, nos bajaba línea sin parar. En un momento apareció la imagen de Luis D'Elía en un televisor y dijo: «Si no fuera por este, no sé si estábamos acá», con su particular dicción.

Las reuniones con él eran maravillosas; una topadora que hablaba sin parar. Sabiendo que su tiempo era escaso, nos bombardeaba con frases e ideas. Salíamos cargadísimos, muchas veces entendiendo parcialmente algunas cosas, que solo el tiempo iría ayudándonos a interpretar. La verdad es que aprovechábamos cada minuto con él. Lo vivíamos como un sueño.

Poco después tuvimos otra misión: bancar las carpas en la Plaza de los Dos Congresos. Cristina había decido trasladar el debate de la 125 al parlamento y nosotros debíamos generar un ámbito para que la militancia acompañe. La política, a la vez, mostraba sus miserias: el presidente que se había retirado con el 70 % de aprobación y la presidenta que había ganado por amplio margen las elecciones comenzaban a lidiar con el juego zigzagueante de la dirigencia frente al apriete del poder.

Para nosotros no cabía ninguna duda respecto a que Néstor y Cristina eran actores excepcionales de la política argentina. Sin embargo, para buena parte de la dirigencia (atravesada por los altos niveles de escepticismo, o por los aprietes del poder), el expresidente y la presidenta eran figuras de transición que habían iniciado su proceso de ocaso. Mientras parte de la dirigencia defeccionaba, quizás como le pasara a Juan Perón en las jornadas posteriores al 8 de octubre de 1945, algo que se venía gestando en el subsuelo de la patria comenzó a sublevarse.

Con mucho empeño y esfuerzo logramos poner en pie aquellas carpas. Junto a la militancia de todas las organizaciones, intendentes y sectores del movimiento obrero que no jugaban a las escondidas, pudimos bancar esas semanas de tensión permanente que derivaron en el voto no positivo. Y cuando todo parecía derrumbarse, como el ave fénix el proyecto político iniciado en el 2003, volvió a nacer.

Hasta había llegado a rumorearse la renuncia de Cristina. Los que «sabían» de política nos decían que no había forma de seguir, los que «no sabíamos» de política estábamos convencidos de que íbamos a seguir y por mucho tiempo. Cristina, la más firme de todas; y Néstor, con más ganas que nunca. A plena iniciativa salimos a jugar un segundo tiempo que parecía con resultado puesto. Contra todo, contra todos, salimos adelante.

Estatización de aerolíneas, recuperación de los fondos de los trabajadores en manos de las AFJP, matrimonio igualitario; esos y otros hitos nos permitieron recuperar la iniciativa. Como si no faltaran problemas, el mundo comenzaba a enfrentar la crisis económica más profunda desde el *crack* del 29.

Paralelamente, La Cámpora germinaba y comenzaba a tomar relevancia mediática. El poder había identificado ese dispositivo en el que Néstor ponía tanta atención, pero que casi pasaba desapercibido para la dirigencia en general (salvo honrosas excepciones que siempre acompañaron desde los inicios). A algún editorialista se le ocurrió denominarnos «falange kirchnerista» y Néstor se enojó muchísimo. «Salgan a responder, no hay que dejarla pasar», dijo. Y rápidamente nos pusimos a la redacción de un comunicado para responder la delirante acusación, que no tenía nada de inocente. Él lo sabía. Como harían desde ese día hasta el infinito, la demonización de la militancia juvenil fue el deporte predilecto de cierta prensa.

Llegó el 2009, en plena crisis y con la gripe A desplegándose, y se adelantaron las elecciones. El espacio había sufrido fisuras a partir de las tensiones por la 125, pero esos huecos fueron rebasados por una frondosa militancia que pedía más protagonismo y ponía todo sin condicionamiento alguno.

La campaña fue una maratón y Néstor se la puso al hombro. Sin especular se ubicó al frente en la defensa del gobierno de Cristina. Todas las personas tienen su ego y, más allá de los afectos, no cualquiera abandona la zona de confort de haber terminado la presidencia con altísimos niveles de aceptación para dar una disputa en el marco de las siete plagas de Egipto. De la misma manera que se privó de la relección que hubiera hecho justicia con el *ballottage* que no tuvo en el 2003, asumió el desafío de jugarse el todo por el todo, exactamente como haría Cristina en el 2017.

Nunca antes una campaña fue tan claramente calle contra tele. Néstor surcaba el conurbano para tratar de empardar esa distancia que la tele le saca a la realidad con su celeridad frenética. No se llegó a ganar, pero evitamos una derrota más abrupta que hubiera sido catastrófica. Aquel 28 de junio, ya madrugada del 29, en el hotel Intercontinental, búnker del FPV a la sazón, se marcaría otro de los hitos icónicos que marcarían a nuestra generación.

Mientras la carga de datos se mostraba hostil a nosotros, los fantasmas de la 125 comenzaban a sobrevolar nuevamente. Todo fue repentino y dantesco. Nosotros teníamos unas poquitas pulseras para poder entrar al búnker; afuera llovía y estaba la mayoría de nuestra militancia. Con las dificultades del caso, nosotros tratábamos de ir entrando por tandas a todos los compañeros y compañeras. En esa ardua misión estábamos cuando de repente, sin más, se produjo una estampida, y el hotel prácticamente se vació. La tendencia era irreversible: íbamos a perder la elección. Así que se fueron todos. Ante tan indigno espectáculo, se volvió fácil hacer entrar a la militancia.

Así que copamos el salón de actos y, como esas hinchadas que le reconocen el esfuerzo al equipo cuando la suerte resulta esquiva, comenzamos a cantar sin parar. Pueden haber sido un par de horas. Finalmente, apareció Néstor, acompañado del resto de los integrantes de la lista. Visiblemente molesto, no se dejó ganar por la bronca, reconoció el triunfo de quien hoy ya no es ni un recuerdo para la política argentina y enseguida marcó agenda de futuro y nos convocó a ganar en el 2011.

A la semana siguiente apareció de sorpresa en un plenario de Carta Abierta en el Parque Lezama. Habría entre cien y doscientas personas. Dio un discurso y redobló la apuesta. Era como esa película de los ochenta, *Retroceder nunca, rendirse jamás*, pero en la realidad. No existía la posibilidad de aflojar.

A la salida de las elecciones hubo cambio de gabinete y por primera vez tuvimos lugar en el ejecutivo. Mariano Recalde asumió como titular de AA; al poquito tiempo, yo fui convocado para ser funcionario de la Jefatura de Gabinete que estaba a cargo de Aníbal Fernández. En ese tiempo el acercamiento se consolidó. Empezamos a participar en ámbitos de mayor intimidad, como eran los picaditos de fútbol en Olivos y luego los asados. Ahí se podía hablar de otra manera, no tan apremiados por los tiempos de las reuniones y demás.

Un día nos dijo: «A cada lugar que voy en cualquier parte del país, veo una bandera de La Cámpora», y reventamos de orgullo. No había sido fácil para nosotros. Por una convicción personal que compartíamos con Máximo y que Néstor siempre sostuvo, no queríamos poner el carro delante del caballo; no queríamos apelar a una estructura hueca que resolviera la logística de una movilización sin que hubiera sólidos fundamentos ideológicos y militantes que dieran ganas de movilizar. Así era y lo sigue siendo: que la construcción política la sostengan los compañeros con su propio esfuerzo. Ya sea desde mantener las unidades básicas hasta pinar nuestras banderas y demás. En ese contexto, la frase era un bálsamo sin parangón.

Del esfuerzo de la campaña le había quedado una idea fija: después de entrar en casas y casas del conurbano profundo, su conclusión era que «faltaba llegar bien abajo». La respuesta fue la Asignación Universal por Hijo y el programa Argentina Trabaja. Porque más allá de la recuperación entre el 2003 y el 2007, el estancamiento del 2008 comenzaba a golpear especialmente a aquellos sectores que aún estaban rezagados.

Néstor ya estaba en campaña para el 2011. Hacía encuestas todo el tiempo, y todos los meses subíamos un puntito. La cuenta daba para llegar en el 2011 a los 40 puntos y ver que nadie reagrupe por encima de los 30. Cuando le preguntábamos qué pintábamos en las paredes, si su nombre o el de Cristina, decía: «Pinten Néstor 2011, así me llevo la marca».

Ya en el 2010 se lo veía bastante hastiado respecto al débil compromiso de ciertos actores. Solía repetir que ni él ni Cristina iban a ser candidatos para defender los negocios de la corporación política; lo serían solamente para consolidar la transformación. Se mostraba particularmente molesto con aquellos que no dimensionaban el carácter de la disputa. «Por un concejal rifan un proyecto de país», solía repetir.

El 11 de marzo había reasumido la presidencia del PJ (a la que había renunciado de manera verbal el 29 de junio del 2009, tras una conferencia de prensa junto a Daniel Scioli y Alberto Balestrini). Fue en un acto en Chaco junto al «Coqui» Capitanich. Como siempre estábamos ahí y nos volvíamos apenas terminaba porque al día siguiente Néstor participaba en un acto en Ferro del Movimiento Evita con Hugo Moyano, al que habían convocado a todos los sectores de la militancia. En aquel acto surgió el Nestornauta; nuestra convocatoria llevaba esa imagen, aunque esa vez pasó desapercibida.

Semanas después llegó el Bicentenario. La participación popular desbordó toda previsión y se transformó en el impulso que faltaba para llegar competitivos a las elecciones. Fue mérito excluyente de Cristina. Néstor no había creído mucho en aquello, pero con la realidad a la vista, no le quedaban dudas: se había producido un quiebre cultural que recomponía el vínculo del gobierno con la sociedad, sobre todo con los esquivos sectores medios.

Por aquellos días, Néstor quería que hiciéramos un acto que pusiera de manifiesto el crecimiento de la militancia juvenil organizada, un fenómeno que se desarrollaba, pero que aún no era percibido con justeza por el conjunto de la política ni por la sociedad. «Hagan un Luna», nos repetía; por alguna cuestión que todavía ignoro, ese era el lugar. Quizás porque ahí se conocieron Perón y Evita; no sé; la verdad es que a todos nos cerró y nos pusimos a trabajar.

La fecha original era el 16 de septiembre, por el Día de la Juventud, en homenaje a los caídos en La Noche de los Lápices. Pero tuvo que ser el 14, porque el 16 estaba reservado y resultó inamovible. Todos los viernes, Néstor mostraba su interés por el tema: nos preguntaba, nos corría con que si no armábamos el acto lo armaba él… La consigna era «Néstor le habla a la juventud, la juventud le habla a Néstor». Los afiches buscaban salir de la estética tradicional a los efectos de ampliar la convocatoria.

Néstor vivía la previa del acto como si lo estuviese organizando él; de alguna forma, así era. Nosotros teníamos confianza de llenar el estadio, pero nos embargaba el temor de enfrentar un desafío nuevo, que significaba un salto cuantitativo y cualitativo. En las vísperas, el viernes previo a aquel 14 de septiembre, fuimos a jugar al fútbol a Olivos. Antes de arrancar el partido, parado en la mitad de la cancha, me preguntó: «¿Cómo están para el martes?». Con prudencia, atiné a responder: «Bien, bien, creo que lo llenamos». Categórico, me dijo: «El martes explota, el martes entran en la historia», y se fue para la zaga porque en general se paraba de líbero. Me quedé regulando, dimensionando la situación. Después del partido nos fuimos a cenar. En la sobremesa se me acercó y estuvimos hablando un buen rato; me tocaba ser orador en el acto y, sin hacerlo explícito, íbamos moldeando el discurso.

Al día siguiente, como había ocurrido en el mes de febrero, lo internaron en la clínica Los Arcos. Apenas nos enteramos nos fuimos para allá. Una segunda intervención en tan poco tiempo generaba mucha preocupación. Casi que nos habíamos olvidado del acto, o descontábamos su suspensión. Apenas supimos que había recuperado la conciencia, vino Parrilli y me dijo: «Cuervo, dice Néstor que el acto se hace sí o sí». Bueno, órdenes eran órdenes, pero aún no nos quedaba claro cómo sería.

El lunes le dieron el alta. Los esfuerzos de Cristina y Máximo para que no asistiera fueron infructuosos; solo lograron que aceptara no ser orador. Hablaría Cristina. Rápidamente reconfiguramos todo. El martes, como él vaticinó, reventó el Luna y sus adyacencias. Sin duda se había configurado el acto de juventudes más importante de los 70 a la fecha. Su objetivo de recuperar el actor juvenil para la política argentina se había concretado.

Días después me envió a Venezuela en representación del FPV a las elecciones legislativas de aquel país. Al regreso, fuimos a acompañarlo a un acto en Río Gallegos, en el mítico Boxing. Estaban también todos los gobernadores. A la hora del discurso se lo notó visiblemente emocionado; llegó a quebrarse en un par de ocasiones.

Nosotros habíamos ido con un grupo de militantes; para la noche teníamos armado un asado con los compañeros y compañeras de Santa Cruz y con los que habían viajado. Néstor apareció de sorpresa en la sobremesa, momento en que deberíamos ser unos cien. Durante un largo tiempo no paramos de cantar ante él, para él; los más jóvenes no lo podían creer. Se quedó un rato charlando y sentenció: «Tenemos que lograr que en el espacio nacional y popular, ni la progresía ni los conservadores tengan la iniciativa, porque si no, eso puede ser un camino de derrota».

Al irse, nos despedimos en la puerta del predio. Cuando me saludó, me dijo: «Pensé que te quedabas con Chávez», en alusión al viaje que me había encomendado. Esa fue la última vez que hablé con él. A los días, el mundo se nos vino encima: nuestro Perón de carne y hueso abandonaba el mundo terrenal. Por el pueblo y por Cristina no nos permitimos ahondar demasiado en el dolor o la tristeza. Como él hubiera hecho, salimos para adelante, con aciertos y errores, pero salimos para adelante.

HUGO MOYANO

Exsecretario Gral. de la CGT. Dirigente sindical.

No hay nada más satisfactorio para un dirigente gremial que comunicarles buenas noticias a los compañeros trabajadores. Eso fue lo que sucedió una tarde luego de una reunión en el Ministerio de Trabajo junto a Carlos Tomada. Hacía muy pocos días que Néstor Kirchner asumía en su cargo y el ministro de Trabajo nos comunicaba que por decisión del flamante presidente de la nación se enviaría un proyecto de ley urgente para modificar la nefasta «Ley Banelco». El termómetro social de esas épocas marcaba siempre en la línea de las broncas y las desilusiones, pero poder volver a nuestra sede con esta noticia tan importante, fue un bálsamo. Pude decirle a los compañeros: «Ahora sí, este un gobierno peronista».

A Néstor Kirchner lo conocí cuando era gobernador de Santa Cruz, en los noventa. Fuimos junto a un grupo de trabajadores a agradecerle el terreno que nos había cedido para la construcción de la sede de nuestro gremio allá en el sur. Luego hubo algunos otros encuentros, pero la consolidación de nuestra relación fue sin duda cuando él se convirtió en presidente.

Kirchner era un tipo sencillo, un compañero trabajador con responsabilidades máximas.

Lo recuerdo por su humor, sobre todo por nuestras diferencias futboleras. Él blanquiceleste y yo del Rojo. Después todo era respeto mutuo y mucha confianza. Si existió alguna diferencia más aparte de los colores de nuestras camisetas, se trató de cuestiones numéricas. Néstor Kirchner siempre le dio respuestas al laburante, como buen peronista que era.

Recuerdo que en alguna oportunidad le comenté en su despacho que un intendente nos decía que no tenía plata para pagar el servicio de recolección de residuos. Hacía un tiempo ya que los trabajadores tenían atrasado su salario y el reclamo era urgente. Me sorprendió que Néstor me contestara con todos los números que las intendencias tenían depositados en sus cuentas. Como si se tratara de la economía de su propia casa, el tipo sabía al dedillo lo que pasaba, y claro... ese intendente faltaba a la verdad y tuvo que cumplir inmediatamente con la regularización de los pagos.

Néstor Kirchner para mí fue un tipo humilde, firme en sus convicciones, con toda la autoridad que le daba la historia de su juventud militante. Un hombre que vino a poner las cosas en orden en momentos muy difíciles para nuestro país. Pero siempre con un cariño particular y un chiste en el bolsillo. Cuando todo parecía tenso, él salía con una broma que descontracturaba cualquier situación. Como en aquella oportunidad en el acto de River Plate, cuando después de decir que soñaba con ver algún día a un compañero trabajador en el sillón presidencial, parafraseando a mi único referente norteamericano, el Dr. Martin Luther King, Cristina tomó el micrófono un poco molesta y dijo que ella también era una trabajadora. Sinceramente mi comentario no tenía la intención de ofender a nadie, el ambiente se puso un poco tenso, pero Néstor desde atrás me codeada socarrón mientras me decía: «Cómo metiste la pata, eh...».

Yo tuve una gran relación con Néstor, siempre de mucho respeto y afecto. Vi en él la construcción de un tipo que pasaría a la historia como uno de los mejores presidentes. Para mí, sin duda, después de Perón fue el mejor presidente de la nación que tuvimos. Nunca peleamos, tuvimos nuestras diferencias, pero como dije anteriormente, eran numéricas. Por eso recuerdo con dolor y bronca el día de su partida. El dolor que me produjo la voz de Julio de Vido del otro lado del teléfono diciéndome: «Se nos fue el jefe, murió el Flaco». Y la bronca por la maldad que regaron los medios de comunicación al decir que nos habíamos peleado. Eso es mentira, si habíamos hablado dos días antes, pero solo para acordar cuestiones relacionadas con la reunión en el PJ. Pero bueno, los peronistas tenemos los mismos amigos y los mismos enemigos, y por eso *Clarín* y compañía quisieron meter cizaña.

Lo importante, como dice la canción, es que todo queda guardado en la memoria. Y en la mía quedan los mejores recuerdos de un compañero trabajador que fue el presidente que le dio la mano a los laburantes y nos sacó del pozo.

JUAN CARLOS LASCURAIN

Expresidente de la UIA.

En los cuarenta y tantos años que llevo ligado a la industria, me han invitado muchas veces a escribir o presentar trabajos, y siempre, cuando pienso cómo abordarlos, surge una lucha interna, ¿corresponderá poner el tema en contexto?, ¿lo merece?; los resultados han sido diversos.

En este caso triunfó la importancia de la historia para poder contextualizar con qué se enfrentaba el presidente Néstor Kirchner al asumir los destinos de nuestra patria.

Y no es ponerse melancólico con nuestro pasado industrial, con aquello que nació con la presidencia del general Juan Perón, ese desarrollo que nos llevó a fabricar autos, barcos, vagones, comenzar con el sueño siderúrgico, el sueño nuclear, entre otros; en fin, el desarrollo de la industria nacional.

La segunda mitad del siglo pasado fue una lucha permanente entre el desarrollo o la dependencia (la lucha continúa); el sector productivo, sobre todo el de las pequeñas y medianas empresas, resistió las embestidas de los modelos neoliberales, y como a veces decimos entre amigos, esos empresarios pueden enseñar en cualquier universidad mundial cursos de supervivencia empresarial.

En lo personal me tocó vivir una experiencia única cuando era presidente de la Asociación de Industriales Metalúrgicos de la República Argentina, la crisis hacia fines de los 90 era de tal magnitud con el cierre de fábricas metalúrgicas, y por ende, caída de empleo metalúrgico (que era para otras actividades similar), que nos llevó a acordar con la Unión Obrera Metalúrgica y la Asociación de Supervisores de la República Argentina, a realizar una huelga de industriales y trabajadores.

Así fue como el 22 de junio de 1999, más de 60 000 trabajadores e industriales marchamos a la secretaría de industria en protesta por las políticas aplicadas.

Este hecho produjo repercusiones que fueron imitadas por otras organizaciones, pero lo cierto es que el modelo neoliberal continuó hasta la implosión de fines del 2001, que además del daño económico, social y político, dejó más de treinta muertos en nuestras calles producto de la represión. Quisiera señalar como dato sectorial que de los 500 000 trabajadores que tenía el sector metalúrgico en 1975, en esa época quedaban solo 70 000.

Se imaginan que mi recuerdo histórico aludido no finaliza en estas líneas, pero para tener una real dimensión, solo hace falta repasar el discurso de Néstor Kirchner el día que asumió la Presidencia de la Nación Argentina en el Congreso Nacional.

En el mismo hace una descripción tan exhaustiva del país que recibía, pero al mismo tiempo fue elaborando en su desarrollo su proyecto de nación y al cual nos convocó a los argentinos compartiendo lo que denominó su sueño.

Ahora lo único que restaba saber era si lo señalado en su discurso que entusiasmaba a una Argentina golpeada sería acompañado por sus acciones de gobierno, y por supuesto que cumplió con la palabra, algo que hacía muchos años no estábamos acostumbrados, de ahí la cautela.

Durante los años posteriores a 1975 hubo un continuo deterioro en la consideración de la educación en nuestro país y una fuerte decisión de sectores neoliberales de atacar la educación técnica, a tal punto de suprimirla en algunos distritos de nuestro país. Es evidente que esta decisión iba a contramano de la idea de reindustrializarnos y de generar empleos de calidad. Es por ello que durante su presidencia se sancionaron una serie de leyes, como la que fijaba un calendario de 180 días de clase como mínimo, y ya en el 2005, la ley de educación técnica profesional tan necesaria para el desarrollo industrial de nuestro país; también en la preocupación estaba presente cómo establecer un mecanismo de financiamiento, y entonces en el 2006, se promulgó la ley de financiamiento educativo que fijó un 6 % del PBI destinado a la educación.

No quiero referirme al impacto social de estas tres leyes, que es obvio, pero sí a la importancia que tuvo para la industria el volver a contar con jóvenes capacitados y con las perspectivas individuales de desarrollo en el campo de la producción, aquel que tiene un establecimiento fabril sabrá de qué le hablo ya que seguramente en su fábrica tendrá un egresado de escuela técnica luego ingeniero, para ello tuvieron condiciones que habían sido abandonadas durante largos años y ahora recuperadas.

Otro de los aspectos fundamentales estaba relacionado con el escenario internacional y el impacto que tuvo en el sector industrial la falta de administración del comercio con el consecuente impacto social.

El tema complejo fue abordado a partir de una definición muy sencilla, Argentina no podía establecer negociaciones de intercambio o política de apertura del comercio sin considerar el impacto que tendría en el empleo, cabe recordar que a esa altura los índices heredados de desocupación, pobreza e indigencia eran alarmantes.

Así fue como los negociadores argentinos concurrieron a la ronda de Doha con una clara instrucción en relación a las propuestas de apertura comercial que deseaban los países desarrollados sin compensaciones para los países emergentes. Recuerdo que en ese momento yo era presidente de la Unión Industrial Argentina y nos produjo un impacto altamente positivo que los negociadores argentinos estuvieran acompañados con los negociadores del sector privado escuchando las problemáticas que se presentaban, y cómo impactarían en nuestras industrias, las negociaciones que se pretendían llevar adelante

Pero veníamos de años de apertura indiscriminada y se hacía sentir todos los días, por lo tanto era necesario adoptar medidas de administración del comercio, y así surgieron las licencias no automáticas para sectores sensibles acompañadas por estudios de daños para aplicar medidas *antidumping*.

Argentina tenía negociaciones abiertas con la Unión Europea y en las mismas se decidió preservar a sectores industriales, y en las negociaciones Mercosur no se aceptó la implementación de los regímenes de factoría, manteniéndose los instrumentos de defensa comercial intramercosur.

En la IV Cumbre de las Américas, nuestro presidente definió claramente que los caminos de integración e intercambio no debían ser con beneficios en una sola vía, poniendo de manifiesto cuál era la posición de nuestro país, que no significaba arrogancia, sino la íntima convicción de defender los intereses de la nación.

Estas medidas sumamente importantes para los sectores con mayor participación de mano de obra generalmente calificada, fueron de vital importancia para su recuperación y proyección, y fueron acompañadas por otras de incentivo como el ligado a la fabricación de bienes de capital, ya para el año 2005, la alta ociosidad de la capacidad fabril instalada se había recuperado y comenzaba un proceso de inversión muy fuerte que siguió por varios años producto de una demanda creciente del mercado interno vinculada a mejoras salariales y baja en la desocupación, también cabe señalar el aumento de las exportaciones, con un incremento en la participación de las mismas de las manufacturas de origen industrial y agropecuario.

También estuvo presente en aquel discurso de asunción de Néstor Kirchner la actitud que habían adoptado los distintos gobiernos en materia de ciencia y tecnología, basta recordar aquella desafortunada –quizás no sea la palabra adecuada– mención que hizo un ministro de la nación recomendando ir a lavar los platos a nuestros científicos.

La política que imperaba tendía a incentivar la importación de paquetes tecnológicos desarrollados en el exterior, por lo tanto, la ausencia del Estado en su rol de promotor de la investigación, y el conocimiento que se manifestaba en los escasos presupuestos para esas tareas, comenzó a modificarse rápidamente, tarea luego profundizada con la creación del Ministerio de Ciencia y Tecnología e Innovación Productiva por la presidenta Cristina Fernández de Kirchner.

En mi opinión, si hay un sector que encierra en sí mismo la decisión de desarrollarse con un altísimo contenido de investigación y desarrollo a pesar de fuertes presiones internacionales, que puede derramar al conglomerado industrial local nuevas capacidades y que necesita una decisión política fuerte, es el sector nuclear.

Con el envío al parlamento de la que luego se convirtiera en la ley 26 566, se comenzaba el relanzamiento del plan nuclear, plan que contenía dentro de él muchos de los anhelos que un presidente que piensa en su patria quiere plasmar.

Me refiero en principio al desafío de terminar de construir Atucha II, la central que luego se llamó Central Nuclear Néstor Kirchner.

Esta central fue dejada casi en abandono en plena construcción, que había arrancado en 1981, y estuvo a punto de ser privatizada en los 90.

Así se convirtió en el primer reactor del mundo terminado por el adquirente, ya que la firma vendedora original de origen alemán se había retirado del mercado. Su finalización llevó seis años con una participación de antiguos técnicos y una nueva generación de técnicos que hoy forman parte de ese capital que Néstor Kirchner supo revalorizar.

Investigación, desarrollo de nuevas tecnologías para la industria local, desarrollo de técnicos y profesionales, desarrollo de nuevos materiales; en fin, lo que muchos países sueñan tener y que las políticas implementadas en el nuestro habían dejado de lado por ceder a imposiciones externas y por falta de voluntad política de imponer las decisiones favorables a nuestro desarrollo.

Resumiendo, este plan nuclear comenzado en el año 2006 y continuado durante las presidencias de Cristina Fernández de Kirchner, permitió encarar lo que fuera la extensión de vida de la Central Embalse con la participación de la industria nacional en el suministro de equipos, la continuidad del reactor de potencia CAREM y el diseño del reactor nuclear multipropósito para la elaboración de radioisótopos de aplicación médica.

Néstor y luego la expresidenta Cristina Fernández de Kirchner impulsaron la reindustrialización del país, recuperando a las pequeñas y medianas empresas, generaron empleo masivo, generaron derechos para el conjunto de la sociedad; y le dieron independencia de factores de presión externos y locales a nuestras políticas económicas.

En ese sentido, a raíz de las presiones señaladas en nuestro país, se había impuesto una liberalización a cualquier costo concediendo rebajas arancelarias y desregulaciones unilaterales, con una posición absolutamente pasiva frente a la globalización de la economía mundial, predominando el alineamiento a países centrales en detrimento de los intereses soberanos.

Predominó fuertemente la especulación financiera con la consecuente destrucción de capacidades tecnológicas, con caídas de puestos de trabajo y el desguace de los esquemas de industrialización.

El hecho de que no los mencione por razones de espacio no quiere decir que no se valoren todas las positivas políticas, lo realizado para el sector de la salud, viviendas, infraestructura; renegociación de la deuda en *default*, etc., etc.

Pero quiero volver a su discurso del 25 de mayo del 2003 y resaltar estas palabras: «Formo parte de una generación diezmada con dolorosas ausencias, me sumé a las luchas políticas creyendo en valores y convicciones a las que no pienso dejar en la puerta de entrada de la Casa Rosada».

En estas palabras, Néstor nos decía de dónde venía, y que iba a respetar su historia y los sueños que tenía como argentino, y vaya si lo hizo, además, tuvo la valentía, que se la daban sus convicciones, en la política desarrollada de derechos humanos, haciéndole saber a algunos sectores quién era el presidente.

Néstor nos convocó a un sueño en un momento de la vida política de la Argentina que venía de los cinco presidentes en una semana y la defección de las máximas autoridades. Él lo revalorizó, puso en valor la política en millones de argentinos, en miles de jóvenes que se arrimaron a la militancia política detrás de un ideal de patria. No es poco, como dije antes, dejó en el 2007 otra Argentina, para seguir construyendo su sueño; a veces uno se despierta y vuelve a soñar, por suerte la semilla que plantó el querido Néstor ha germinado y está floreciendo.

JUAN GELMAN

Escritor.

Una pérdida enorme para Argentina y para la unidad latinoamericana. Fue un político de garra, creador de un proyecto de país nuevo, que siguió impulsando a pesar de los obstáculos que los intereses de siempre, más atentos al bolsillo que al pueblo argentino, levantaron y levantan ahora ante la presidenta. Néstor Kirchner estableció que el respeto a los derechos humanos es una política de Estado y terminó con el muro de plomo de la impunidad que gobiernos civiles anteriores no quisieron o no supieron tocar. Su política económica permitió que la Argentina atravesara sin mayores sobresaltos la crisis mundial. Su política latinoamericanista acercó aún más el sueño de Bolívar.

Como a millones de argentinos, su muerte me afecta profundamente. En lo personal, le seguiré además eternamente agradecido por la voluntad que puso en que se aclare el destino de mi nuera, asesinada por la dictadura militar uruguaya, sin temor a las tensiones que eso pudiera crear con el país hermano. Actuaba sin miedo y fue un gobernante como hace decenios que el país no tuvo. Fue el que necesitábamos.

Se va tan joven y cuánto pudo haber hecho todavía.

Dejó un vacío sin fondo.

Juan Gelman,
a propósito de la muerte de Néstor Kirchner.

I

EDUARDO «WADO» DE PEDRO

Ministro del Interior de la Nación.

El hacedor

Antes de ponerme a escribir, hablé con compañeros y compañeras para saber qué esperaban de un texto sobre Néstor. Encontré opiniones diversas. Algunos pedían la reproducción casi textual de las charlas que había tenido con él, otros esperaban anécdotas más emotivas.

Después de pensar varios días, e imaginando que el resto de los colegas van a nutrir a este libro de amor y recuerdos de ese Flaco maravilloso, voy a aprovechar esta oportunidad para compartir con ustedes, a través de algunos recuerdos, la línea política, las ideas, los consejos y las reflexiones que Néstor nos brindó. La idea es tratar de contar lo que, a través de nosotros, él quería comunicar a la juventud y al resto de los actores políticos.

No soy bueno escribiendo, pero aprovechando que escribodecorrido, espero que los y las jóvenes que no pudieron tener la suerte de conocer lo, puedan escuchar su voz a través de estas palabras.

La primera vez que lo vi, fue en un acto en Casa Rosada, donde realizó un homenaje a los argentinos y argentinas asesinados el 19 y 20 de diciembre del 2001. Habían pasado poco más de tres años de aquel sangriento episodio. Allí, sin presentarme, me puse a su lado para la foto de los familiares de asesinados y víctimas de la represión.

En los comienzos de su gobierno, la Plaza de Mayo seguía repleta de protestas. En la Casa de Gobierno se trabajaba día y noche para resolver los problemas de gente que había sido olvidada durante muchos años. Se resolvían hipotecas, quiebras, alimentos para los más rezagados y todo tipo de urgencias. Reconocí a un presidente que venía a reparar todas las injusticias sufridas en distintas épocas de nuestra historia.

Sobrevolaba la idea de que, para empezar a ser un país en serio, había que sanar las heridas del pasado.

Lo escuché y lo observé tanto como pude. Su coraje para soñar una gran nación y para tomar las decisiones que muy pocos políticos se animan a tomar, su generosidad para dar a nuestro país hasta su último esfuerzo, me daban la sensación de haberlo conocido desde siempre.

De resistir a construir: la política como herramienta de transformación

Al cumplirse veinte años del golpe de Estado, yo tenía 19 años de edad. Ya hacía un año que los hijos e hijas de desaparecidos nos habíamos reunido en una sede de ATE a compartir nuestras historias y pensar nuestro futuro. El 24 de marzo de 1996, se produjo la primera marcha masiva reclamando «Memoria, Verdad y Justicia», y comenzaron a salir varios libros sobre la experiencia política de los 70. Parecía que la sociedad estaba recién asimilando los crímenes de la dictadura.

En ese contexto comencé la militancia en HIJOS (Hijos por la Identidad contra el Olvido y el Silencio). Estaba convencido de que el «Nunca Más» no iba a ser posible si no hacíamos algo con la impunidad que todavía existía en el país, y que me generaba también un sentimiento de compromiso personal. En ese contexto, muchos de los que después íbamos a integrar La Cámpora y otras agrupaciones nos fuimos encontrando en distintos espacios en plena gestación.

Formo parte de una generación que resistió en los 90, militando en organizaciones estudiantiles, gremiales y barriales. En aquel entonces conocí al «Cuervo» Larroque, a Axel Kicillof, a Mariano Recalde y a otros compañeros y compañeras. Fue cuando se cruzaron nuestros caminos, y hoy seguimos caminando juntos. Siempre confiamos en la fuerza de la gente organizada, en el poder de transformación de la militancia. Pero en esos días reinaba el «no se puede» y se discutía el fin de la historia.

Eran tiempos de mucha confusión. El entonces presidente Carlos Menem había traicionado todas las banderas del peronismo. El desprestigio de la política y el desinterés estaban de moda.

Después de Menem vino la primera Alianza. Recuerdo las jornadas del 19 y 20 de diciembre, cuando salimos a la calle a decirle que no al estado de sitio impuesto por Fernando de la Rúa. Durante esas jornadas nos volvimos a cruzar estudiantes, trabajadores y gente cansada de tanta mentira y manipulación. En esas jornadas terminé detenido, golpeado y picaneado en plena Plaza de Mayo, por interceder ante la represión a las Madres.

Luego de profundizar el ajuste y endeudarnos por generaciones con el Megacanje y el Blindaje, De la Rúa se fue en medio de protestas populares, con muertos y represión. Ese gobierno fue un símbolo de su tiempo: llegó sin armado político, escondido detrás de trucos de comunicación y protegido por los grandes medios. Años después llegaría una segunda Alianza, Cambiemos. Y cualquier similitud con aquella, no es mera coincidencia.

En ese contexto llegó Néstor. Después de semejante estallido, la convicción y la firmeza del Flaco nos devolvieron la confianza en la política. A quienes sabíamos que se podía recuperar esa función transformadora y construir un peronismo comprometido con su historia de justicia social, su irrupción en la escena nacional nos llenó de esperanza y de valor. Sabíamos que se abría un horizonte diferente. Venía algo nuevo y mejor. Fue la señal para poner en movimiento la energía y los aprendizajes de los años previos, pero para construir un futuro mejor. Pasamos de resistir a construir.

Años después, otra generación de argentinos y argentinas iba a transitar una experiencia muy distinta a la nuestra. Una época de increíbles avances en materia de ampliación de derechos e inclusión social, en la que se comprobaría la capacidad creativa de la actividad política, con un Estado capaz de promover la prosperidad de las mayorías. Cristina la bautizó «la Generación del Bicentenario».

Esa generación conoció un Estado que los cuidaba, que los convocaba a ensanchar los márgenes de lo posible y que los invitaba a participar de la transformación de la patria. Néstor y Cristina les enseñaron qué es y para qué sirve la política, tanto en palabras como en hechos.

La organización vence al tiempo

Néstor sabía de la debilidad de aquella joven democracia, todavía vulnerable a la influencia de poderes fácticos que suponen un contrapeso a las mayorías populares. Por eso apostó al fortalecimiento de las instituciones y los partidos políticos. Solía decir que la Argentina necesitaba un sistema político constituido por dos fuerzas políticas: una de centro-izquierda y una de centro-derecha, donde la alternancia no alterara el funcionamiento de los derechos esenciales de la gente.

Le dedicó cada minuto de su vida al armado político. Recibía y escuchaba a todos. Recibía a gremialistas, empresarios, gobernadores, candidatos, intendentes y concejales, a todos y todas. Siempre armando según criterios de contrapeso en su mapa de poder. Respecto de la juventud, junto a Máximo, nos convocó a formar una organización capaz de construir poder. Insistía en que, a partir de nuestro compromiso militante, debíamos convertirnos en dirigentes con capacidad de representar. Nos llamó la atención sobre la importancia de extender nuestra organización a nivel territorial. Nos encomendó la tarea de reunir hombres y mujeres, compañeras y compañeros con convicciones y valores firmes.

En un viaje a Calafate, caminando con Máximo por el jardín de su casa, nos dijo: «Hay que pensar que si perdemos una elección, tenemos que seguir construyendo. Para eso necesitamos un compañero en cada pueblo, que pueda ser candidato a concejal, que sea nuestro, alguien que si nos toca perder, no se acomode en la política, que siga del lado de la gente. Uno que no se venda».

Entre algunos papeles y anotaciones que guardo de aquellos años, encontré un documento. Sintetizaba las conclusiones de una reunión con Néstor, en la que nos invitaba a participar del Partido Justicialista. Esa «minuta» está fechada el 28 de febrero del 2008. La transcribo a continuación.

Se habló de la necesidad de rearmar el Partido Justicialista. Algunas de las líneas que me acuerdo son estas: tratar de renovar los lugares de conducción con cuadros nuevos, hacer un partido amplio, considerarlo la columna verte-

bral del movimiento, impregnarle una ideología de centro-izquierda, darle un sentido importante a la formación de cuadros técnicos. Habló de mantener el espíritu de unidad y amplitud.

A nosotros en particular nos encomendó armar la Juventud Peronista con la siguiente impronta: convocatoria amplia, dedicarse a la formación de cuadros, formación política y técnica, recuperar la mística, no repetir los errores de otras épocas.

Nos encargó que seamos los responsables de organizar la JP. Para ello definió dos ámbitos concretos: la militancia territorial y la universitaria. Habló de la necesidad de recuperar la militancia política en los jóvenes, en el sentido de un movimiento de masas. Habló de la militancia territorial junto a los sectores populares.

En materia de militancia universitaria fue muy preciso, dijo que hay que discutir un proyecto de universidad que esté en sintonía con el proyecto de país. Habló mucho de la formación de cuadros técnicos, como una necesidad actual y futura de la construcción. Ejemplificó la necesidad diciendo que hoy el proyecto se está nutriendo de cuadros que no comparten del todo el pensamiento actual del gobierno. Habló de la necesidad de contar con 5000 cuadros técnicos formados.

Le dio suma importancia a la formación integral de los miembros de la JP. «No hay que ir a un acto y cantar cualquier cosa, nosotros nos juntábamos a discutir mucho las consignas y cantábamos eso: una consigna que tenía una línea política discutida». También hay que formarse en economía, presupuestos, monitoreo de ejecuciones provinciales y cuentas nacionales.

La construcción de organización política desde la juventud fue una prioridad para él y lo demostraba en sus actos. El 21 de diciembre del 2009, Néstor se acercó para hablarnos en el encuentro de la militancia que realizamos en la Biblioteca Nacional. Habían pasado solo seis meses de la derrota electoral en la provincia de Buenos Aires, nos pidió convivencia, pluralidad, humildad, autocrítica, cercanía con el pueblo y profundización del proyecto colectivo con pasión, amor, sueños y convicciones.

Recuerdo otra charla del 2009, una larga sobremesa después de una cena en Olivos. Néstor, parado, se apoyó en el respaldo de su silla. Después de un silencio largo nos miró y dijo: «Aprendan bien cómo funciona el Estado para hacerlo ágil y práctico. Las políticas y los recursos tienen que llegarle a la gente. Si no, ¿saben qué pasa? Tenemos que seguir llamando a los tecnócratas».

Me incorporé al gobierno de Cristina como director de Aerolíneas Argentinas el 13 de julio del 2009. Un año después, en un viaje a España para reinaugurar la sede histórica de la empresa, Néstor me chicaneó: «Che, ¿ustedes llenan el Luna? ¿Cuándo van a hacer un Luna Park? Déjense de joder, con todo el potencial que tienen». Cuando volví a Buenos Aires, lo primero que hice fue hablar con Máximo, ir al Luna y reservar fecha para el 14 de septiembre.

La convocatoria tenía como consigna: «Néstor le habla a la juventud. La juventud le habla a Néstor». Pero el sábado 11, tras un chequeo médico programado, debió someterse a una angioplastia y le colocaron un *stent*. La noticia impactó de lleno en la militancia y generó mucha incertidumbre. Lo lógico hubiera sido suspender y reprogramar el acto, pero Néstor quería ir a toda costa. Aquella tarde, el Luna explotó de gente y miles se quedaron afuera viéndolo por las pantallas. El destino quiso que sea Cristina la encargada de hablarle a la juventud. Néstor, que no conocía otra forma de hacer política que no fuera poniéndole el cuerpo, allí estuvo. Desoyendo todas las indicaciones médicas, permaneció sentado, visiblemente emocionado, asistiendo al acto que terminaría siendo un bautismo de fuego para una generación de miles de militantes de la juventud peronista.

Apenas un mes después, cambiaría todo en un instante. Recuerdo la mañana del 27 de octubre del 2010 como si fuera hoy. Escribía ideas para un encuentro al que Néstor me había pedido que asistiera. «Wado, hay que armar masa crítica con los productores del campo. Las estructuras tradicionales están muy partidizadas. Hay que ayudar a que se organicen los productores. Los pequeños, los medianos, los grandes; todos los que están de acuerdo con la sinergia entre la industria y el campo, los que piensan en los argentinos y quieren mantener un modelo económico a largo plazo». El encuentro se iba a hacer en Mar del Plata y Néstor iba a participar. A media mañana prendí el celular y vi los mensajes. No lo podía creer. Puse algo de ropa en una mochila y salí hacia aeroparque, quería estar cerca. Al llegar a aeroparque recibí un mensaje que pedía que esperemos en Buenos Aires. Entonces fui hasta la casa de Juan Cabandié. Para muchos hijos de desaparecidos, la sensación había sido similar, nos atravesó tan fuerte como la muerte de un familiar, quizás, del padre que no pudimos despedir.

Soluciones para la gente

A la hora de hacer realidad el proyecto de país, Cristina y el grupo de hombres y mujeres que lo acompañaron eran incansables. Como saben bien quienes lo conocieron, Néstor estaba encima de todos los ministros, conocía todos los números de la economía y siempre estaba al tanto del avance de cada política.

Su primera acción de gobierno es todo un símbolo. A solo 48 h de haber asumido la presidencia, Néstor viajó a Entre Ríos para destrabar un conflicto docente. No pidió tiempo, no dijo que no había plata (que no había), no responsabilizó al gobierno provincial (que era responsable) ni organizó una mesa de diálogo. Néstor fue en persona, se hizo cargo del conflicto y lo resolvió. Su mensaje fue tan contundente como su acción: «Tenemos que trabajar mucho, tenemos que poner mucho esfuerzo, tenemos que estar donde están los problemas. Nos faltarán muchas cosas, pero no nos falta ni ganas, ni fuerza, ni decisión de construir una Argentina distinta».

Los ejemplos sobran. En cada recorrida por cada rincón de la patria dejaba la marca de sus convicciones. Lo que sucedió en el barrio de Villa Palito, en La Matanza, es otro testimonio fiel de su impronta de presidente militante. Todavía resuenan en la memoria de los vecinos y vecinas las palabras que pronunció aquel día en ese barrio tan postergado, y que decían mucho de él: «Queremos un Estado al que le duela lo que sufre nuestro pueblo. Tiremos los caños de agua y después discutimos. Solo les pido ayuda, yo voy al frente».

La gestión del Estado era muy importante para él. Una reunión días después de la derrota en las elecciones legislativas del 2009, me grabó a fuego esa idea. Néstor nos había convocado a encontrarnos en la casa de Máximo. Fuimos varias y varios de nosotros, con todos los diarios leídos y todas las teorías e hipótesis en las que no habíamos dejado de pensar desde la noche del escrutinio para entender por qué habíamos perdido la elección en la provincia de Buenos Aires. Néstor nos escuchó con atención. Cuando terminamos, en lugar de confirmar o refutar lo que habíamos opinado, nos empezó a preguntar: «¿Cómo están las veredas en la cuadra donde vivís? ¿Están trabajando bien los negocios de tu barrio? ¿Qué les cuenta la gente en los barrios donde militan? ¿Se viaja bien cuando vas a trabajar?». Nuestras interpretaciones podían estar bien o mal, pero la clave de la elección estaba en las respuestas a esas preguntas.

A principios de este año escuché otra historia que da una idea de su atención a cada detalle. Ya como ministro del Interior, me tocó acompañar al presidente Alberto Fernández a la provincia de Tucumán. En una reunión con el gobernador Juan Manzur, el intendente de Tafí Viejo, Javier Noguera, hablando de la necesidad de reactivar los talleres ferroviarios de la ciudad, nos contó que Néstor durante su gobierno llamaba personalmente por teléfono al jefe del taller para ver cómo venía la reparación de los coches y otros pormenores de su labor. Así era Néstor, un hacedor, comprometido con que las cosas ocurran e interesado en la gente que hace que las cosas ocurran.

Militantes territoriales, sociales y de organismos de derechos humanos, intendentes, gobernadoras, empresarios y ministras, cada una de las mujeres y los hombres que se dedican a la política y la gestión pública en nuestro país pueden contar historias parecidas sobre el entusiasmo de Néstor con el hacer. Lo interesante de esas historias no está en el retrato de un tipo inusualmente trabajador, exigente o atento, sino en la huella que cada una de esas intervenciones dejó sobre la vida de ciudades y de su gente, lugares de trabajo y hogares de todo el país.

La mejora de las condiciones de vida de las grandes mayorías, como dijo Cristina y nunca está de más repetirlo, no ocurre por arte de magia. Es el resultado de decisiones firmes, muchas veces contrarias a intereses muy poderosos, y del trabajo que requiere un cumplimiento minucioso de los compromisos asumidos con la gente.

Un proyecto de desarrollo para Argentina

El discurso de asunción del 25 de mayo del 2003 fue encendiendo luces que nos señalaron un camino. Anunció que llegaban al gobierno hombres y mujeres comunes. Habló de un capitalismo nacional que volviera a permitir que las nuevas generaciones tuvieran más oportunidades y mejores condiciones de vida que las anteriores. Propuso proteger a nuestros trabajadores, nuestras industrias y nuestros productores, vinculándolos al desarrollo de la ciencia y la tecnología, con una perspectiva geopolítica de Patria Grande, en un mundo multipolar.

Defendió el proyecto de un Estado igualador e integrador de los hombres y las mujeres, un Estado que debía trabajar día y noche para asegurar los derechos constitucionales a la salud, la educación, el trabajo y la vivienda para todas y todos. Hizo hincapié en las políticas económicas y sociales que permitirían eliminar la pobreza y saldar soberanamente nuestras deudas. Señaló que para alcanzar esos objetivos, era necesario sostener el crecimiento económico durante –por lo menos– quince años y distribuir los frutos de ese crecimiento de una manera equitativa a través del mercado interno como el motor de la expansión.

Todo esto podía parecer en ese momento una lista de deseos improbables. Néstor demostró pronto que el exagerado no era él, sino quienes antes habían magnificado los obstáculos para justificar el incumplimiento de sus compromisos electorales. Sin excusas ni demoras se puso a trabajar para recorrer el camino que había trazado.

Néstor entendió la política como una herramienta para fortalecer a la gente de a pie, especialmente a la gente más humilde, frente al avance de los poderes concentrados que no tienen que revalidarse en elecciones periódicas y no se someten al veredicto de la opinión. Son sectores que influyen cotidianamente en cómo estudiamos, trabajamos, nos informamos e incluso en cómo nos divertimos los ciudadanos y las ciudadanas de nuestro país. Esa idea de la política como resguardo es la que volvió a expresar Cristina Kirchner en un memorable discurso del 2012: «Que nadie se engañe, no somos nosotros el problema. El día que no estemos nosotros, como se los dije muchas veces a los trabajadores, irán por el verdadero objetivo que es volver a lograr mano de obra barata en la República Argentina, como la tuvieron durante décadas».

La experiencia de varios países hermanos y la del nuestro muestra que los poderes concentrados no han dudado en recurrir a estrategias golpistas y al abuso de los tribunales como recurso de persecución para conseguir lo que no pueden obtener en las urnas. En los últimos tiempos hemos comprobado el alcance de la red de complicidades judiciales y mediáticas que atacó de manera despiadada a Cristina durante todos estos años; una red de la que no solo participan intereses locales, sino todos los que esperan hacer un buen negocio del debilitamiento de las y los líderes populares de nuestro país.

Néstor creía, por su formación, pero también por su personalidad reacia a toda forma de sometimiento, que una nación no puede desarrollarse solamente en las actividades que otros le permiten o explotando sus supuestas ventajas naturales. Se imaginaba un país capaz de alcanzar una inserción internacional a partir del comercio de productos con alto valor agregado. Sabía que era fundamental estimular la producción de conocimiento y la innovación locales para que ese agregado de valor fuera significativo y estable. Y sentó las bases que demostraron que esa Argentina era posible.

Reconstruir un futuro industrial moderno para nuestro país implicaba desandar el camino que recorrieron todos los gobiernos neoliberales. Esos proyectos se propusieron desmantelar las bases de una estructura productiva que denunciaban como anacrónica e ineficiente.

Néstor sabía que la Argentina necesitaba un empresariado que entendiera y acompañara una política de desarrollo y crecimiento con inclusión, y que también era beneficioso para ese sector. Un fin de semana que pasé en El Calafate conversando con él y con Cristina, me dijo que había que organizar a la juventud del sector empresario. «Es necesario discutir con ese sector y generar una discusión sobre el rol de los empresarios en la construcción de la Argentina. Es necesario desarrollar una conciencia nacional en materia empresarial. Los jóvenes empresarios de hoy son los grandes empresarios del futuro».

La mejor escuela para nuestra generación de militantes fue ver a Néstor y luego a Cristina resolver la crisis de la deuda; decirle no al ALCA;

crear cientos de miles de puestos de trabajo; devolverle la dignidad a millones de personas que habiendo trabajado toda su vida, no tenían una jubilación; impulsar la construcción de rutas, gasoductos y puertos; hacer una red de fibra óptica y, con la misma atención y el mismo entusiasmo, atender las necesidades de una organización popular o ayudar a resolver el problema de una concejala. Si las tareas pequeñas no se concretan, las decisiones grandes se disuelven.

Argentina, un país en serio

La presidencia de Néstor en el 2003 retomó una historia interrumpida casi treinta años antes. Así, de la misma forma en que se construían escuelas o se tiraban caños en barriadas como Villa Palito, el Estado reinició el Plan Nuclear, comenzó la fabricación de satélites, la recuperación de las posiciones orbitales mediante la creación de Arsat y la fabricación de radares secundarios para controlar el tráfico aéreo en INVAP. Se sancionó la ley de Software y se puso en marcha el plan Raíces para impulsar la repatriación de científicas y científicos que no habían encontrado condiciones para seguir trabajando en nuestro país durante las décadas anteriores.

El proyecto se sostuvo y creció durante las presidencias de Cristina. La recuperación de YPF, las AFJP y Aerolíneas Argentinas, el desarrollo de Vaca Muerta y la creación de Y-TEC, confirmaron el compromiso de desarrollo federal con altos componentes de conocimiento y, en contra de todos los prejuicios neoliberales y el tratamiento sesgado de muchos medios, mostraron numerosos ejemplos de cooperación exitosa entre el Estado y el sector privado.

Ese sendero de crecimiento sigue vivo. La iniciativa de Néstor permitió poner otra vez en marcha un modelo de desarrollo y crecimiento a largo plazo. Él nos hizo entender que para construir el país que soñamos, con trabajo, industria, salud, educación, dignidad, y la posibilidad de que todas y todos puedan realizarse, hacen falta dirigentes con coraje que se enfrenten a múltiples obstáculos. Su vida y su trabajo inspiran a millones de argentinas y argentinos a no resignarse a su destino aparente y nos compromete a asumirnos como protagonistas de nuestra historia.

JUAN CABANDIÉ

Ministro de Ambiente y Desarrollo Sostenible de la Nación.

Escribir sobre Néstor produce sensaciones diversas. Alegría y tristeza. Lo primero está relacionado a los recuerdos imborrables de los momentos compartidos con él. Las conversaciones, sus palabras, discursos, acciones, pensamientos. Cuando las personas hacemos el esfuerzo de recordar algo, solemos mirar para arriba en diagonal como un acto reflejo creyendo que eso nos ayudará a recordar algo que anida en nuestra memoria y que deseamos profundamente que aparezca en el momento que lo deseamos. Cada vez que quiero recordar experiencias vividas con Néstor, suelo hacer esto mismo, intentando recordar aquello que está en el baúl de los recuerdos de las vivencias que pude compartir con una persona gigante. Un ser extraordinario con una cabeza y un corazón gigante. A veces logro recordar y otras no, pero siempre, siempre que lo recuerdo, se me dibuja una sonrisa en la cara. Es algo muy característico de los recuerdos buenos y gratificantes. Eso me pasa mucho con Néstor, recuerdo su tono de voz y su dicción tan característica y propia en él. Seguramente la sonrisa en mi cara también se produce porque la mayoría de las veces el recuerdo está atravesado por alguna broma u ocurrencia inteligente, tan comunes en Néstor.

La tristeza es la segunda sensación diversa que me produce la ausencia de Néstor. Cuando se produjo ese hecho inesperado, aquel 27 de octubre del 2010, invadió esa mañana un frío seco y un aire espeso en cada manzana del país donde habitaba un ciudadano que sufría y se conmovía ante semejante noticia. Esa mañana de Buenos Aires la recuerdo gris. Una mañana sin aliento por el volumen de la noticia inesperada. Sonó el celular siempre prendido por las dudas de que Néstor me llamara, pero en este caso el llamado se refería a la peor noticia sobre Néstor. Ese aspecto era algo que me marcó para siempre en mi vida. El celular por las dudas de que él me llame. Podía hacerlo muy temprano o muy tarde también. Me había pasado que una mañana de aquellos tiempos me llamó con la intención de hablar sin ningún requerimiento puntual. Solo hablar. Una forma de motivar al otro, de decirme «estoy presente». Quizás con la intención de mostrar que estaba en todos los temas, y que también estaba atento a las demandas de los compañeros y compañeras del proyecto político que junto a Cristina había tejido con tanta precisión. Un llamado de tantos, donde aprovechó para decirme que se daba cuenta de que yo estaba algo dormido. Me lo hizo saber con una broma. Como siempre hacía para casi todos los temas. Para enseñar, para retar, para indicar, para halagar. Era así, Néstor podía llamar y sorprender en cualquier momento. Podía preguntar sobre cualquier tema de coyuntura y pretendía que el otro pueda devolverle alguna reflexión razonable sobre el tema. En mi caso, nunca a la estatura de su análisis. Por esa razón, adopté el hábito del teléfono, de apenas despertar ponerme a leer las noticias y tener el celular siempre encendido, siempre despierto. Hoy en día tengo ese hábito incorporado a consecuencia de haber fallado en algunas circunstancias. No estar enterado de ciertos temas políticos de coyuntura o de gobernabilidad y no tener el celular listo para atender por si él, o después Cristina, llamaba. Son esas enseñanzas mínimas que forman y construyen responsabilidad, hábito, constancia, profesionalismo, dedicación y pasión por la tarea política.

Él fue un apasionado de la política. Nunca vi a alguien igual. Diría que Máximo se le asemeja mucho en ese aspecto. La política, siempre la política; como método de razonamiento, como estilo de vida, como bandera a la victoria de los objetivos trazados en el lugar que uno ocupa en el entramado político. Tuve la suerte de recibir su consejo, su cobijo, su afecto, su ternura. Néstor fue muy grande. Fue gigante. Lo sigue siendo. Sigue ejerciendo algo muy personal en mí, algo que me ha significado estructural en la construcción de mi identidad personal y sin duda en mi identidad política.

Recuerdo la primera vez que lo vi. Fue el 24 de marzo del 2003 en el acto de la memoria en la ex-ESMA. Ese edificio tan emblemático y de tanto dolor pasaba a manos civiles y ese hecho significaba una medida arriesgada, transgresora. Significaba jugar al límite. Algo que Néstor hizo continuamente en su gestión como presidente y en su vida política.

Para aquel entonces, la sociedad no estaba masivamente a favor de los juicios a los responsables de la última dictadura, o de los sitios de memoria. Tampoco la sociedad empatizaba masivamente con los organismos de derechos humanos, como sí sucede hoy. La gente, la ciudadanía, el pueblo, no demandaba la derogación de las leyes de impunidad ni mucho menos pedía que la ESMA pase a manos civiles. Es difícil pensarlo desde el presente porque tenemos a los derechos humanos tan naturalizados como si hubiese sido algo de vieja data, algo que siempre estuvo. Como ejercicio vale la pena recordar que en aquellos años no había feriado del 24 de marzo, ni contenidos curriculares en la educación acerca de la temática en cuestión. Tampoco había documentales en la televisión abierta o cable. Las marchas de los 24 no eran numerosas y comparables con las de los últimos años, es decir, se reducía al movimiento de derechos humanos que con una perseverancia y dignidad enorme, reclamaba «Memoria, Verdad y Justicia»; pero sin ser escuchados y escuchadas ni por los presidentes ni por los canales de TV, que por cierto eran bastante esquivos al tema. Es decir que todo lo que se produjo a partir de ese acto de aquel 2004, frente al emblemático y horroroso edificio de las cuatro columnas en el predio de la ex-ESMA, sobre la conocida Avenida del Libertador, fue a consecuencia de la maravillosa lucha y militancia sostenida por las madres desde los últimos años de la década de los setenta en adelante. También de los familiares, hijos, hijas y demás organizaciones históricas que han dado pelea incluso en tiempos de terrorismo de Estado.

Es realmente destacada la importancia que adquiere una política de Estado cuando se articula con la lucha que un sector de la sociedad viene llevando a cabo. El impacto que se produce es de tal magnitud que genera cambios y transformaciones de forma agregada en el seno de las sociedades como la nuestra. En síntesis, Néstor con la decisión de pasar a manos civiles al predio de la ex-ESMA y la derogación de la Obediencia Debida y Punto Final, transformó el posicionamiento de un sector muy grande de la sociedad. Logró un revisionismo histórico que se asentaría en esos años hasta llegar a producir una transformación profunda en nuestro pueblo.

Ese día tuve una participación en el acto llevado a cabo minutos después de la firma del convenio de traspaso, entre nación y ciudad, para pasar a manos civiles el predio que hasta ese día pertenecía a la Marina. Junto a unas pocas personas nos dirigimos sigilosamente y caminando por dentro de la ex-ESMA, hasta llegar a la calle lateral del predio llamada Comodoro Rivadavia; justo donde está el Club Defensores de Belgrano. Un club muy conocido por mí. Casi toda mi infancia la transité en esas manzanas. ¡Je! No solamente nací en ese horrífico lugar, sino que todos los santos días del fin de semana de mi niñez y preadolescencia, los viví en esa misma manzana. Ahí se encuentra el club Círculo Policial de la Policía Federal Argentina, donde la familia que me apropió asistía con asistencia perfecta y voluntad religiosa. En ese club tenía a mis amigos, nadaba, jugaba al fútbol y practicaba deportes. Desde ese club solía treparme por paredones altos y cruzarme a Defensores de Belgrano, para ver jugar a la primera del club, que militaba en categorías del ascenso. Por lo tanto, durante esa jornada de calor intenso, sentía una sensación rara, extraña. Había miles y miles de personas congregadas. Emocionadas, compungidas. Se veían rostros esperanzados, expectantes y desgarrados de emoción. Yo caminaba junto a mi hermana y dos personas más, pero en realidad caminaba solo, pensaba, observaba. En un momento escucho por los parlantes que decían: «Juan Cabandié». Vale la pena contar que hasta ese momento nunca había escuchado que me llamaran «Juan Cabandié». Hacía menos de dos meses que yo había recuperado mi identidad gracias a las Abuelas de Plaza de Mayo. Fue un 26 de enero. Ese día en la sede de la asociación de las Abuelas pude conocer a mi familia y reencontrarme con mi historia verdadera, con mi identidad biológica. Pero aquel 24 de marzo del 2004, encontré una pieza clave para completar el rompecabezas de la construcción integral de la identidad, que no se agota con conocer el nombre verdadero que me pusieron mi Mamá Alicia en Cautiverio, y con el apellido de mi Papá Damián. Cuando uno es adulto, y te sucede algo tan duro como lo que nos ha pasado a los hijos e hijas, y a los nietos y nietas, que conocimos nuestra historia de grandes, luego de haber vivido una gran cantidad de años con todo falseado; indudablemente, la identidad pasa a ser un proceso que lleva tiempo. Lleva años.

Vuelvo a la caminata por las calles internas del predio de la ex-ESMA. Tuve un vértigo fuerte al escuchar mi nombre por los parlantes. En esos días pensaba en reiteradas oportunidades cómo llamarme. Todavía la justicia no me había citado a modificar mi documentación donde acredita mi identidad. El juez que entendía en la causa de mi apropiación, «entendía» que para que yo tenga mi identidad, primero debía terminar el juicio iniciado a la persona que produjo mi apropiación y sustracción de mi identidad biológica y verdadera. Cosas incomprensibles de la justicia que todavía no cambian, pero que de a poco empieza a jubilarse. Por lo tanto, tenía frente a mí una decisión que aún no había tomado. Cómo llamarme. ¿Juan solo?, ¿Juan y el nombre falso que me habían puesto los que me robaron? o ¿primero el nombre de siempre, o sea, el falso, y después el nuevo nombre, el verdadero? Lo pensaba y no podía decidirme. Entonces, volví a escuchar el nombre Juan Cabandié. El vértigo aumentó, porque además me solicitaban a viva voz que me acerque al escenario, donde se desarrollaría el acto anunciado. Mientras esperaba a un costado de las escaleras del escenario, podía ver un tumulto que se acercaba hasta el punto donde me encontraba. Eran Néstor y Cristina rodeados de gente que querían saludarlos mientras ellos intentaban avanzar pero chocaban con la imposibilidad de hacerlo con fluidez, dado la cantidad de personas que se aglutinaban para saludarlos o extenderles la mano.

Llegó finalmente el inicio formal y mientras estaba parado justo atrás de Néstor, escuchaba los primeros acordes de guitarra eléctrica del himno nacional argentino interpretado por Charly García. La emoción invadía el aire irrespirable. Dedos en V y puños cerrados en alto. Desde ahí vi a Néstor mover sus manos con nerviosismo pero con pasión. Desde atrás de él, pude escuchar pronunciar un discurso tan bello y sentido, que quedaría en la historia. «Vengo a pedir perdón en nombre del Estado», dijo. Y desde ese día nada fue igual. El Estado de derecho comenzó a ser una realidad por primera vez sin la contradicción aberrante de tener una república democrática con asesinos y criminales de lesa humanidad, caminando por las calles de nuestro país. El presidente en ese entonces, lo expresó con mucha claridad. «No es rencor ni odio lo que me guía y nos guía, es justicia».

En esa jornada solo tuve oportunidad de saludarlo escasamente y sin posibilidad de dialogar con él ni con Cristina. Sí pude hacerlo brevemente con Alicia Kirchner, a quien le dije que siga adelante con las políticas sociales. Me sonrió, me saludó y siguió caminando aunque me sostenía la mirada mientras se alejaba de mi saludo. Una mirada como pensando algo. Veinte días después me llamó y me invitó a conversar con ella, cosa que hice. La reunión se desarrolló en el Ministerio de Desarrollo Social y la charla duró dos horas y media. Fue muy amena y me invitó a trabajar con ella.

A los pocos días de trabajar en la oficina privada de la ministra de Desarrollo Social, Alicia Kirchner, el presidente convoca a los organismos de derechos humanos a tener una reunión con él en el despacho presidencial. Néstor siempre daba señales y comunicaba con hechos. Nada era improvisado o azaroso. Algo muy característico en él. Resulta que Blumberg, el padre del joven asesinado Axel Blumberg, había convocado a una movilización contra la inseguridad. A dicho acto habían asistido miles y miles de personas, con todo el derecho para llevarse a cabo. En el mismo acto donde se multiplicaban las velas frente al palacio de justicia de la ciudad de Buenos Aires, Blumberg hacía un cuestionamiento al acto realizado por el Estado nacional en la ex-ESMA, y la política de derechos humanos en general. Por esa razón, Néstor pretendía dejar claro un mensaje a la sociedad. Convoca a los organismos al despacho presidencial.

Entramos de a uno a la reunión. Estela de Carlotto primera, luego algunas madres, familiares, hijos, y por último me tocó entrar a mí. Néstor estaba parado en la puerta de su despacho e iba saludando y brindando la bienvenida a cada uno de los ingresantes. Cuando fue mi turno, Néstor me saluda y comenta que Alicia, su hermana, le había hablado muy bien de mí. Mi asombro fue tan grande que el comentario me cortó el aire. No entraba en mis planes que un presidente supiera de mí, y que tuviera alguna referencia sobre mi persona.

Con el tiempo pude ir conociéndolo más y verlo con mayor frecuencia. Recuerdo cuando un día estando en la oficina privada del Ministerio de Desarrollo Social, una asesora de la ministra me dice que dentro de dos días íbamos a acompañar al presidente a la ciudad de Corrientes. Mi asombro desbordante se generaba porque compartiría un viaje en avión con el presidente de la nación. Al bajar, y subirnos a las camionetas que nos trasladaban del aeropuerto hasta el estadio, la gente se agolpaba al costado de la ruta para saludarlo. Era una provincia con dificultades sociales y políticas, con una tradición adversa para nuestro partido, pero Néstor era el presidente de todos. La gente depositaba en Néstor esperanza después de tantos años de gobiernos que propiciaban olvido y desprecio hacia los más humildes.

Todavía no sé cómo sucedió, pero de repente todos los viernes desde el año 2005 en adelante, me encontraba jugando al fútbol con quien admiraba profundamente. Los partidos comenzaban con la caída del sol y se prolongaban hasta que el equipo de él lograba ganar o empatar. Jugador táctico y de pantalón largo, con camiseta de Racing, a diferencia del resto de los jugadores. Marcador central si el equipo ganaba y ocasional delantero si necesitaba ganar. Después de los partidos, la jornada terminaba con un asado al que no asistía en los primeros tiempos quizás como una forma de enseñarme algo. Entender los procesos, llevar de a poco a alguien que está en etapa de aprendizaje; dejar una enseñanza. Lo cierto es que durante un tiempo fue de esa manera y mis ansias crecían aunque hoy, con el diario del lunes, entiendo que fue lo mejor que podría haber hecho. Entender los procesos y practicar la paciencia fue una de sus enseñanzas importantes.

Una noche luego de la cena, Néstor me invita a pasar a una sala para hablar junto a Máximo de política. Indescriptible la sensación que me invadía. En aquel tiempo yo había presenciado muchas conversaciones políticas, había estado en muchos actos, había visto por televisión muchos de sus discursos; como joven militante había participado de muchas reuniones, decenas de debates, varias jornadas solidarias en barrios, ya había fiscalizado en la elección del 2005, debatía y compartía discusiones políticas con muchos compañeros y compañeras de mi generación, habíamos intentado conformar algunas columnas de militantes para diversos hechos políticos, pero todavía la memoria del descreimiento sobre la política estaba muy presente y eso llevaba a un marcado distanciamiento con la política, propio del descreimiento tan profundo en el que cayó nuestro país como consecuencia de las políticas llevadas a cabo por sucesivos gobiernos que perjudicaban a las mayorías y beneficiaban a unas pequeñas minorías con políticas económicas neoliberales. Las acciones militantes eran nutridas pero no masivas, como lo serían algunos años después. Gran parte de la sociedad confiaba en el liderazgo político del presidente pero no terminaba de confiar en la política como instrumento virtuoso de cambios positivos. Néstor ya había renovado la Corte Suprema, había ido en persona a Entre Ríos a restablecer las clases y los salarios de los docentes postergados durante muchas semanas y donde no se hacía realidad el inicio de clases. Néstor se había enfrentado a las empresas de servicios públicos que pretendían subir las tarifas porque consideraban que estaban atrasadas, cuando el atraso lo tenía el país como consecuencia de las malas decisiones y el desprestigio a la política que imperaba en ese entonces y que al mismo tiempo debilitaba a los sucesivos gobiernos para poder tomar decisiones de Estado. Gobernar es tomar decisiones, y Néstor lo estaba haciendo en favor de las mayorías y elevando el rango de la autoridad presidencial tan degradado por propios y ajenos, por argentinos y por extranjeros. También había estatizado el correo argentino y también Thales Spectrum, empresa francesa que perdía la concesión del espectro radioeléctrico de nuestro país. Si uno lo analiza a la distancia, se da cuenta de lo profunda que fue la caída en la autoestima que produjo en nuestro pueblo, el descreimiento, el desánimo. El presidente nos invitaba desde la campaña previa a su asunción a construir una Argentina normal, en esos primeros años la retórica continuaba en esa misma dirección y Néstor reiteradas veces pedía a la ciudadanía que ayude a un pingüino que vino desde el sur para dar las batallas necesarias para poner al país en la senda del crecimiento y la productividad. Realmente era muy convincente y lo demostraba con hechos reales y concretos. En esa noche de viernes pospartido de fútbol y asado, Néstor en presencia de Máximo, nos miró y nos dijo: «Armen, construyan una juventud comprometida. Sueño con recorrer el país y desde el escenario de los actos políticos, ver llegar la columna de la juventud cantando con sus banderas. Los voy a apoyar sin condicionamientos». En mis oídos, en mi retina, en mi mente, esas palabras retumbarán para siempre. Hoy en día puedo pensar esa misma escena en imágenes y recuerdo su gestualidad, su pasión, su empeño. Néstor Kirchner me estaba dedicando minutos de su valioso tiempo para decirle unas cuantas y contundentes definiciones políticas a un pibe como yo, advenedizo en política que recién estaba acomodando su cabeza ante el cimbronazo a partir de conocer su identidad y todo lo que eso implicaba. No era lo mismo para Máximo, que se había formado al calor de dos enormes cuadros políticos como sus padres, que traspasaron las fronteras de lo imaginable y que integran las páginas principales de la historia de nuestro país. En esas tres oraciones estaban concentradas varias definiciones que tanto el gobierno de Cristina y de Néstor iban a plasmar. Tanto desde lo político como desde la gestión que se nutría de definiciones políticas. *Armar y construir* como principios básicos para gobernar la coyuntura, pero sobre todo para darle continuidad en el tiempo. *Una juventud comprometida*, era una definición en sí misma. Tenía reminiscencias a la década de los setenta, donde Néstor se había formado y apasionado junto a su generación de compañeros y compañeras de agrupaciones militantes de base y estudiantiles de la ciudad de La Plata. Época que lo marcaría a fuego porque la juventud constituye una etapa temporal pero intensa para cualquier ser humano, pero más en aquellos que abrazaron la política en la década de 1970, siendo una época trascendental en nuestra historia como también a nivel global. Sin duda, Néstor pretendía revivir esa mística de la que él había sido parte y que a partir de esa experiencia había podido acuñar principios y convicciones que lo llevaron a gobernar su amada provincia de Santa Cruz, y la Argentina. *La columna de la juventud con sus banderas* conlleva no solo una escenografía muy típica de la época, y una mística popular característica del peronismo, sino que él dijo que soñaba *verlo desde el escenario*. O sea, la institucionalidad de gobierno junto a la mística militante. Al mismo tiempo, sus siguientes palabras fueron, «los voy a apoyar sin condicionamientos». Sin pretender entrar en debates atemporales sobre las columnas yéndose de la plaza o las columnas echadas de la misma, quedaba claro que para él debía existir una sinergia entre gobernar y el activo militante y organizado. *Sin condicionamientos*, podría parecer hoy en día algo sacado de contexto e insignificante, pero intenté referirme en algunos párrafos anteriores al desánimo y descreimiento de gran parte de la sociedad sobre las posibilidades de la política y del Estado, para transformar positivamente las condiciones de vida de la gente. Sinceramente, creo que fue muy pertinente de parte de Néstor que se haya expresado de esa manera. Yo mismo era alguien incrédulo, en ese entonces, de las transformaciones que podía alcanzar la política. Era algo característico de mi generación, ya que teníamos el 19 y 20 de diciembre fresco, reciente.

Como solía hacer cada vez que tenía una charla con él o cuando integraba una conversación junto a Néstor y otras personas, esa noche tarde, muy tarde, llegué a mi casa y anoté los conceptos vertidos de su boca. El efecto causado de esa conversación fue tan aleccionador que los días posteriores tuve que pedir consejos a compañeros mayores que yo y de mucha experiencia política para que me ayuden a descifrar algunas claves de esa misma conversación. También me recuerdo conversando con otras personas de mi generación, contando las buenas nuevas. Relatando la conversación con Néstor y las ganas que había de parte del gobierno de construir una fuerza política que pueda ser eje de trasformaciones. Es decir, estábamos cumpliendo el mandato que nos dio en esa noche de invierno entrada la madrugada. Fueron unas cuantas semanas y meses de reuniones intensas en búsqueda de ir conformando grupos de debate con el objetivo de juntarnos y confluir a distintos espacios que venían de distintas experiencias. Algunos de experiencias políticas territoriales y sociales, otros y otras de experiencias políticas universitarias, como también de experiencias militantes dentro de la agrupación HIJOS, del movimiento de derechos humanos.

En esos años se irán conformando los primeros espacios juveniles kirchneristas y al mismo tiempo y en paralelo, el desánimo empezaba a ser un elemento del pasado. La autoridad presidencial, el rol del Estado, la política de derechos humanos, la expansión económica y el liderazgo de Néstor, producían un combo contundente que nos permitía soñar y ser parte de un proceso trasformador que dejaría marcas imborrables.

Néstor tenía un estilo propio, no había nada parecido a él hasta entonces. Un hombre extraordinario que se animaba a correr los límites como nadie antes había hecho en los últimos 60 años de historia. Un presidente tan cercano a la gente como no se había visto antes, un presidente transgresor en los temas de fondo pero también en los cotidianos. Un presidente despojado de las formalidades de ocasión de los altos cargos, que muchas veces poseen una agenda cargada de formalidades y protocolos que no hacen otra cosa que configurar una agenda que solo sirve a los poderes concentrados de los países. Néstor rompió con ese registro y configuró una agenda de la gente, de los que nunca son escuchados. Podríamos sintetizarlo gráficamente rescatando un recuerdo de aquel tiempo, como por ejemplo cuando Néstor firmaba los actos de gobierno, como estatización y recuperación del correo argentino, con una birome Bic de bajo costo, de uso popular.

Para el final de su mandato, Néstor y los jóvenes teníamos una importante empatía, había alcanzado una estatura muy alta en la valoración de la política y de la sociedad apática de los temas políticos y públicos. Lograba conformar una imagen altísima que alcanzaba aproximadamente el 70 %. No era de extrañar ya que tenía logros importantes sobre sus hombros. El principal para los que abrazamos la política, sin duda era la recuperación de la política y la autoridad presidencial, que había tenido un revés tan grande en las últimas décadas. Una sociedad que pasó de querer irse del país, a proyectar otra vida alejada de sus raíces, a una sociedad que recuperaba iniciativa. Comenzaba a recuperarse la producción, el aumento del empleo, rápidamente volvíamos a tener un robusto y pujante mercado interno que movía la economía desde el consumo. Se había reestructurado la deuda con el Fondo Monetario Internacional, nuestro país obtenía reconocimientos internacionales por la rápida recuperación pero también el reconocimiento lo recibíamos por parte de naciones centrales debido a nuestra política de derechos humanos. En ese mismo contexto, el presidente empezaba a insinuar que él no iba a reelegirse, pero al mismo tiempo proponía el juego dialéctico del pingüino o la pingüina. Claramente estaba demostrando astucia refinada en el arte de la política. En los grupos juveniles y militantes era una característica que enamoraba a todos. Su picardía, su simpleza, su conceptualización nacionalista y popular, su capacidad de sorprender a todos. Una vez más lo iba a hacer, pero esta vez se iniciaría un camino áspero no deseado con los factores del poder real de nuestro país. La decisión de que fuera Cristina no era del gusto de los poderes concentrados. ¿Acaso intuían que nuestro proyecto político podía prolongarse más de lo que ellos deseaban? Seguramente esa fue una de las razones de la despiadada batalla campal arbitrada para perjudicar a Cristina y a nuestro proyecto de país, que le hacía bien a la gente.

En alguna oportunidad escuché de su boca un relato detallado y descriptivo de la capacidad de Cristina, que tiempo después pudimos ser testigos y comprobarlo. A la vista de todos estaba la profunda admiración que tenía de su compañera. «Ella es mejor que yo», llegó a decir una madrugada, y los elogios se repetían mientras Cristina dormía o quizás leía en su habitación, luego de una nueva jornada de fútbol, asado y política.

El magnetismo de Néstor y el pueblo tuvo un epicentro épico en el conflicto. Néstor no era amante del conflicto y la confrontación, era amante y apasionado de la justicia, de la justicia social. Sin duda que la etapa del conflicto agrario por la resolución 125 fue un momento álgido para todos. Tuvo condimentos inimaginables. Errores de cálculo económicos, errores de cálculo políticos, improvisaciones de gestión, malicias al límite de lo delictivo por parte de grupos desestabilizadores de la democracia, tanto de grupos empresariales y mediáticos, pero también tuvo algo inimaginable en el cálculo político de quien pensaba que transgredir los límites era una manera de configurar una mejor sociedad. Durante el período de ese inolvidable 2008, tuve varios momentos de conversación con Néstor en Olivos. Además, en medio de todo eso, en el mes de mayo, decide normalizar el Partido Justicialista y presidirlo. De esa manera no habría posibilidad de sacar los pies del plato para algunos compañeros apegados a la retórica y liturgia del partido. Como manda la tradición, el hecho político de normalización del partido se realizó con un acto peronista, en este caso se llevó a cabo en el estadio de Almagro, en el partido bonaerense de Tres de Febrero. Fiel a su estilo, volvió a transgredir con la decisión de elegirme como presidente de la juventud peronista del partido que él presidiría a partir de ese mismo día. Cabe aclarar que la trasgresión se dará en este caso porque yo no estaba afiliado a pesar de ser peronista, porque tenía poco tiempo de militancia y porque no tenía tradición partidaria alguna. No la poseía porque mi generación fue atravesada por el descreimiento absoluto de las instituciones del Estado, y por las instituciones partidarias también. En aquel momento, los politólogos y sociólogos hablaban frecuentemente a cerca de la crisis de representación partidaria. Néstor siempre fue de la idea frentista y siempre fue peronista. Repetía frecuentemente que con el peronismo solo no alcanzaba, y esa frase producía dolor de estómago a los compañeros y compañeras más apegados a lo partidario. Néstor proponía una idea diferente a la tradición del peronismo, como alguna vez dijo. Recordemos que en Santa Cruz, años antes de llegar a la presidencia, Néstor había conformado el Frente para la Victoria de Santa Cruz, con la misma idea frentista. De hecho, muchos de los primeros funcionarios de cargos relevantes en el primer gobierno 2003-2007, eran santacruceños provenientes de otros partidos y que se habían sumado al Frente para la Victoria de Santa Cruz.

La idea del Partido Justicialista *a priori* podía chocar con la visión frentista original, pero no sucedería con el correr de los meses. Por aquellos tiempos, Néstor había asumido a pleno el rol partidario y se comenzaron a realizar actos provinciales del PJ, donde asistía y desplegaba todo su arsenal conceptual e ideológico, y plasmaba su cosmovisión del país que deseaba y había ejecutado en su gobierno, y que naturalmente Cristina lo llevaba a cabo desde su presidencia con estilo propio. Desde el atril proponía una discusión sobre los temas de fondo, solicitaba que cuidemos a Cristina, invitaba a abrazar los principios y las convicciones de los militantes del campo popular y no ser tentados por el *statu quo* que no transforma y que es funcional a que nada cambie. «Cambio es el nombre del futuro», propuso en el discurso inaugural del 25 de mayo del 2003 en el acto de asunción. En esos actos del PJ y a mi forma de ver las cosas, en el conflicto con las patronales agrarias, intentaba dar esa discusión de la Argentina desigual, de las dificultades de la distribución del ingreso. Acertado o equivocado, militaba de sol a sol por esas convicciones, y miles y miles lo acompañábamos y admirábamos por su valentía. Era la época de las dos carpas del Congreso, de los actos en Rosario, de las placas partidas de los canales de noticias, de los móviles de noticias que convocaban a cortar rutas y de los cortes de ruta desabasteciendo pueblos. En aquel momento militaba en La Cámpora y junto a varios militantes, armábamos la carpa, hacíamos actividades, charlas y actos. Era un tiempo de mucha discusión en la calle, de movilizaciones y de ejercer el derecho democrático de expresarse, cosa que el gobierno de Cristina siempre respetó a rajatabla.

Toda esa empatía e imagen positiva que perdía nuestro gobierno en la transición entre el gobierno de Néstor y el inicio de Cristina, se derrumbaba en poco tiempo, como el agua que se intenta retener con las dos manos. La mayoría lo sufríamos, aunque con gran fidelidad confiábamos en quienes conducían el proceso. Estaban también los que no podían comprender la dimensión de la confrontación aunque se tratase, como en este caso, de una manera de llegar a un objetivo noble. Es claro que no todos están dispuestos a extender las fronteras de lo posible, y que transformar, cambiar, modificar, conlleva una cuota de astucia y valentía, pero también de trasgresión. Quizás esto último se veía como un elemento simpático en una personalidad muy marcada de Néstor, pero la real dimensión es que los gestos y las palabras constituyen realidades, y Néstor lo estaba llevando a cabo. A los ojos del análisis doce años después, uno puede decir que quizás no fue del todo correcto o no se implementó de la mejor manera, pero repito, con el diario del lunes es más sencillo plasmar una sentencia. Ahora bien, no quiero resignarme a caer en un lugar común y decir solamente lo que dije porque estarán resonando siempre las palabras que una tarde le escuché decir a Néstor, cuando analizaba la situación del conflicto por la resolución 125, y la discusión por la ley de medios. «A largo plazo vamos a ganar la discusión porque la política en la que creemos es de largo plazo y los grupos mediáticos como *Clarín* son cortoplacistas, con tres tapas voltean a cualquiera y con nosotros no pueden».

Ahora bien, esa frase parafraseada que escuché decir a Néstor, nos lleva doce años después a analizar si tenía razón o no. Creo que tenía razón. Ganar o perder en la mirada cortoplacista se reduce a una votación en el Congreso. Es sabido que esa votación se perdió, pero ¿acaso esa extendida jornada no dio nacimiento a una enorme cantidad de gente que se fue incorporando al análisis profundo de las deudas sociales pendientes de la Argentina? ¿Acaso esa jornada extensa no permitió masificar conceptos como la distribución justa del ingreso? ¿Acaso esa jornada extensa de la discusión por la resolución 125 no incorporó a una camada de muchísimos jóvenes a pelear por su presente y su futuro? Ahí radica mi afirmación de que Néstor tenía razón, el largo plazo del que él hablaba se cristalizaría en esos y esas jóvenes.

El 2008 no fue un año fácil y tampoco lo sería el 2009, años de elección de medio término, donde nos jugábamos mucho dada la necesidad de validar la gestión de Cristina, que estuvo en gran parte atravesada por la situación mencionada anteriormente. Es cierto también que en las elecciones de medio término solemos bajar el porcentaje de votos. Todos estos factores presagiaban un año complejo.

Como recordarán, la situación no fue fácil porque sumado a los temas internos, comenzaban a aparecer las dificultades económicas externas como la caída estrepitosa del Lehman Brothers y el colapso financiero mundial que afectara la economía real del mundo. Con un contexto muy adverso por la situación económica global y de afectación local, naturalmente. Con un conflicto tan grande que había marcado un antes y un después en la configuración de la sociedad, en las alianzas de sector, en el humor y en los equilibrios de la sociedad. Teníamos una herida de relación con un sector productivo de mayúscula importancia, al mismo tiempo se puso en discusión la ley de medios de la democracia, tan justa y necesaria pero que llevaba consigo una explícita tensión con un grupo empresarial mediático y con sus aliados. Sería redundante explayarme sobre la robusta impronta de poder que existe alrededor de la concentración mediática y los riesgos que significan para una sociedad. En nuestro país existía desde hacía décadas una verdadera concentración de medios y eso significó un factor determinante en las decisiones de sucesivos gobiernos, en las decisiones económicas y en los resultados electorales. El desafío que imperaba en nuestro proyecto político era revindicar el rol de la política, que en definitiva es quien tiene que validar electoralmente cada dos años. La centralidad de la política, el rol del Estado, la justa distribución de la riqueza, eran conceptos muy repetidos por aquel entonces en la arena pública. Nunca antes estos conceptos habían saltado de la academia a la esfera pública como en aquel tiempo. En las radios, en la tele, en los bares, en los círculos sociales, se debatía. Existía una magistral discusión pública y democrática agregada en nuestro país. Sin duda que las sociedades crecen cuando se abre el debate. Siempre fuimos partidarios de que a mayor participación de la sociedad, menor es el margen de error de la política. Y en ese tiempo, eso fue efectivamente una realidad, pero también teníamos como desafío ganar una elección de medio término en un contexto donde los poderes fácticos se habían juntado en nuestra contra y en especial contra Cristina, quien recibía todas y cada una de las furibundas críticas, y era autora de todos los males habidos y por haber para ese sector que lograba influir formando opinión en distintos ciudadanos, incluso en quienes meses atrás habían votado a Cristina, conformando el 46 % de votos de un triunfo contundente con más de 20 puntos de diferencia sobre la segunda fórmula. A partir de errores de cálculo sobre el real y profundo entendimiento de lo que estábamos haciendo, entramos en comprensión de algo no tan novedoso pero contundente. Advertir que una porción importante de la clase media asalariada tenía posiciones empáticas con sus propios verdugos en términos socioeconómicos. La concentración económica ejercía una custodia tan grande de sus privilegios que impedía mejorar las condiciones de ingreso de asalariados y de sectores vulnerables. Sin poder comprender estos aspectos, lo cierto es que por diversas razones, donde incluiría la necesidad de diferenciarse de sectores asariados de menores ingresos y con patrones socioculturales de tradición popular, ese grupo de la sociedad prefería empatizar en el lugar incorrecto para el prisma de mi análisis. El factor aspiracional ejercía una posición contundente y distante de los valores plasmados por nuestro gobierno en busca de la mejor distribución del ingreso.

Entrada la campaña electoral, y en busca de canalizar las críticas hacia su persona, intentando correr la desmedida, furibunda y machista crítica sobre Cristina, Néstor diseñó un esquema electoral jugado y arriesgado, como creo que fue gran parte de su vida. Él como primer candidato a diputado nacional por la provincia de Buenos Aires, y en su lista irían desde el gobernador de Buenos Aires, Daniel Scioli, pasando por ministros e intendentes. Como rebote del año anterior, los medios jugaron fuerte, pusieron toda la carne al asador, como también lo haríamos nosotros. Todos y todas a militar, funcionarios, legisladores, las unidades básicas, todos los espacios políticos. Néstor caminaba, como le gustaba hacer. Caminaba los barrios y escuchaba. Estaba cerca de la gente, como siempre había hecho. Los grupos mediáticos inventaban fórmulas, historias épicas irreales de la vida de los candidatos opositores, se realizaban imitaciones en programas de TV de altísimo *rating*. Se construyó por unos meses un enorme relato ficcionado sobre el empresario De Narváez, que lo ubicaba en el lugar de un mesías al que se le daba un cheque en blanco y las llaves del auto sin preocupación. Realmente, una irresponsabilidad de los medios, sobre todo porque ya sabemos el resultado posterior; donde finalmente el empresario ganó la elección y por un puñado de meses se lo erigía como el próximo presidente de los argentinos. Sumado a otro puñado de meses, el panorama era totalmente distinto. El empresario era uno más, no tenía prensa ni cámaras las 24 horas del día a su disposición y no sería presidente porque era nacido en Colombia. Dato que en la campaña 2009, nadie se encargó de aclarar. Fue un período donde pude compartir bastante con Néstor, y una nueva enseñanza rubricada quedara de ese tiempo. Una buena noche posfútbol, Néstor pregunta a la mesa de los que estábamos con él si tenía que ir al programa de Marcelo Tinelli, donde habían ido todos los candidatos y donde De Narváez tenía un lugar destacado junto a su imitador, que se había convertido por unos pocos meses en un personaje de TV simpático donde sumaba millas televisivas solo diciendo: «Alica, alicate». Néstor también tenía su imitador y la presión del programa era muy fuerte para que fuese al estudio en vivo a entrevistarse con Marcelo Tinelli, junto al imitador de Néstor.

Ante la pregunta, Néstor dejó que cada uno planteara si tenía que ir o no. Uno por uno, con algo de tensión. Cada cual medía las palabras intentando decir algo inteligente o lo suficientemente convincente para que suene razonable. Todos dijimos que tenía que ir, menos él, Néstor. «Si para ganar una elección tengo que disfrazarme y hacer el ridículo, prefiero perder», dijo. ¡¡¡Dios mío!!! Cuánta sabiduría, la historia le dio la razón, hay ridículos que ganan elecciones pero tienen pasos fugaces y efímeros. En cambio, él, que buscaba hacer crecer a la POLÍTICA como herramienta de trasformación para que los poderes fácticos no la reduzcan ni la arrodillen, decidió perder pero pasó a la historia y dejó marcas y decenas de pieles tatuadas como la mía, con su cara, con su nombre, con su legado.

El año 2010 sería un año muy malo, cargado de imborrable tristeza, pero también sería un año que marcaría un camino. El 8 de febrero tendríamos un gran susto porque por primera vez internan a Néstor en la clínica Los Arcos a consecuencia de un malestar de pérdida de sensibilidad en la mano, y como consecuencia de eso, se descubrió una obturación en la carótida. Obviamente los que estábamos cercanos a él, nos alertamos, aunque la recuperación fue rápida y a los pocos días estaba llevando una vida normal. Por lo que recuerdo, Néstor tenía una vida saludable. Jugaba al fútbol, comía sano, carne magra, no fumaba. Seguramente lo que le jugaba en contra era el estrés que le producía la tarea política incesante que desarrollaba a toda hora y todos los días. Las reuniones en jefatura de ministros eran frecuentes; mientras Cristina estaba en la Casa Rosada, Néstor atendía en Olivos y se juntaba con todos los dirigentes y las dirigentes. Sobre su escritorio siempre una encuesta, de su boca siempre una reivindicación a la política. Cada tanto veía a Néstor a la mañana o a la tarde en Olivos. Era habitual que si hacía frío, caminara por las calles dentro de la quinta, con teléfono en la oreja y con su campera verde inglés, con camisa a cuadritos de tono celeste y los infaltables mocasines. Pasados varios meses, el 11 de septiembre volvieron a internar a Néstor en la misma clínica, como había sucedido la vez anterior; ni bien me enteré, fui a la clínica. Esta vez era de preocuparse porque volvía a suceder. Los que estábamos en la entrada de esa clínica nos mirábamos con preocupación y temor. Pasaron los días de la segunda intervención y Néstor se reponía. Con insistencia nos decía que hagamos un acto de juventud. Lo reiteraba permanentemente. Hacía bromas al respecto, que si no teníamos la capacidad suficiente, él le pediría a otras agrupaciones para que lo hagan. Era muy gracioso escucharlo, pero en su estratégica cabeza, vislumbraba que había tierra fértil para empezar de verdad a construir una generación militante y protagonista de una nueva etapa. Creo que él nos asignaba, en su mente, que nuestra generación sería quien defendería a Cristina. A la luz de los hechos, no se equivocó en lo más mínimo. El acto se desarrolló el 14 de septiembre en el Luna Park y los médicos le pidieron que no asista, pero como ya sabemos, no les hizo caso a los médicos. Lo único que aceptó es no hablar y Cristina tuvo esa tarea. Su cabeza presagiaba lo que efectivamente sucedió, el acto juvenil con más mística y alegría del que hubiera participado. Me tocó estar en el escenario al lado de Néstor, y cuando lo vi y miré, percibí algo distinto en él. Miraba con atención a la militancia, veía su sueño realizado. Estábamos dando el primer paso a esa frase que en el 2005 nos había dicho a Máximo y a mí. «Los voy a apoyar sin condicionamientos». Como era habitual en él, apenas nos sentamos se despachó con una broma. «Estoy mejor que vos», me dijo al oído.

El 9 de octubre Néstor vuelve a Río Gallegos después de mucho tiempo. Encabeza un acto federal sin precedentes: 15 gobernadores presentes y 15 mil personas en el Boxing Club de la ciudad. Un estadio cerrado enorme, que él mismo había construido como gobernador. La provincia estaba movilizada pero lo llamativo fue el discurso de Néstor. «Vengo a poner mi domicilio nuevamente en Río Gallegos»; todos nos miramos asombrados sin entender a qué se refería. Por delante teníamos la elección presidencial en 2011, y era cierto que Néstor y Cristina miraban cada detalle de lo que sería esa contienda electoral. La imagen del gobierno había comenzado a crecer pero seguía lejos de lo deseado para asegurar un triunfo. Había diferentes opciones en la mesa de arena para definir la ingeniería electoral. Era habitual la narrativa acerca de lo nuevo, apelando a una generación comprometida. Una noche de esas inolvidables de los viernes de fútbol, Néstor diría una de esas frases con concepto incluido, que ameritó anotar cuando volví a mi casa. «Quiero ser lo primero de lo nuevo, y no lo último de lo viejo. Después de

Cristina y de mí, están ustedes». Y seguido a eso aparecía la motivación a respetar los principios y las convicciones del proyecto nacional y popular, del peronismo que trasforma. Aquella vez, después del acto en el Boxing Club, los compañeros y compañeras de La Cámpora habían organizado un asado en el autódromo de Río Gallegos. Promediando la noche, con su campera verde inglés y con las manos en los bolsillos, entró Néstor al predio donde estábamos comiendo un asado. Nos agolpamos a la entrada. Cantamos las canciones típicas de militancia y que a él tanto le gustaban, porque también a él lo habían marcado a fuego en su juventud. Esa noche dijo, «no confíen ni en la progresía ni en los conservadores». Plasmando una invitación a construir un proyecto de trasformación que no se quede quieto sin transformar y que no se pierda en los postulados bien intencionados del progresismo que no cambia ni trasforma.

Al escribir me atrapa el recuerdo y la emoción de vivir en imágenes esos momentos excepcionales que tanto me marcarían. Para terminar no quiero dejar de escribir algunas cosas que explican quién era ese compañero gigante que tuvimos y tenemos. Existe un dato llamativo en la descripción que podemos hacer sobre Néstor Kirchner. Un dato que no se suele usar por temor a reducir su grandeza, pero yo creo que lo enaltece. Néstor nunca ganó una elección por fuera de Santa Cruz. Esa es la razón por la cual apelaba permanentemente, «Cristina es mejor que yo». Ella podrá hacer las trasformaciones necesarias. Seguramente sea reducirnos, si tomamos esa frase como un hecho taxativo. Los dos son los mejores, porque como alguna vez dijo Alberto Fernández: «Uno lo tenía al otro y viceversa».

Siempre pensé la muerte de Néstor como un hecho de profunda injusticia. Un presidente que tenía todo el sistema médico al alcance, pero sin embargo se fue a los 60 años. Hoy en día las personas viven muchísimo tiempo más. Otras veces pensé que Néstor debía hacerle más caso a Cristina cuando ella se enojaba, con amor, pidiéndole que no haga cosas que lo expusieran, como cuando jugamos el último partido de fútbol con él en vida. Esa noche de fresco e intensa lluvia, Néstor metió dos goles. Recuerdo el último con precisión fotográfica. Arquero adelantado, Néstor por la izquierda y con espacio, le pega a la pelota de emboquillada, «vaselina», dirían los españoles. Contundente partido y gol de Néstor que ameritaba el fin del partido para luego ir a bañarnos y comer un asado. En esa oportunidad, la charla se prolongó hasta las 5 a. m. La pasión por la discusión política es algo que arrastra o lleva en sus espaldas desde joven. Algo que heredó Máximo también. Las ideas construidas, las reflexiones, el intento de hacer circular la palabra entre los presentes. Tarea difícil, porque uno siempre prefirió escuchar y aprender de semejante cuadro político. Cristina pedía, incluso en una interrupción de esa madrugada, que Néstor se cuide, pero él prefirió dejar todo armado para que la cuidemos a ella. Una vez le dije: «Néstor, cuidate», pero él había decidido cuidar a los más desprotegidos. Eso lo vi con mucha claridad en un viaje de campaña de Máximo diputado en el 2015. Recorriendo la provincia, fuimos a Río Turbio en el oeste de la provincia de Santa Cruz. Ahí se puede ver la mano de Néstor impulsando la actividad productiva con trabajadores de toda la Argentina, con los humildes de toda la Argentina que vieron en Río Turbio la oportunidad de progreso. Néstor cuidaba.

Yo también pensé en eso mismo cuando buscaba mi identidad y esperaba el resultado de ADN para saber quién era y quiénes eran mis padres. Fue en el año 2003, luego de hacerme el análisis de compatibilidad genética en el Banco Nacional de Datos Genéticos, en ese momento en el Hospital Durand. Tenía intranquilidad y ansiedad por saber mi verdadera identidad, y una tarde se me ocurre llamar a la persona que me apropió, a la cual no veía desde hacía tiempo. Era un violento, golpeador y apropiador de mi identidad, pero yo no sabía a ciencia cierta si era o no era hijo de desaparecidos, porque aún no estaban los resultados genéticos. Tan solo había ido a Abuelas y al Hospital Durand. Cuando me comunico con el apropiador, le espeto que yo no era su hijo y que quería saber toda la verdad, y que me diga quiénes fueron mis padres. La respuesta fue un balbuceo atónito que intentaba salir de entre las cuerdas con palabras intimidatorias. En una búsqueda salvadora ante semejante imperativo, me pregunta quién más sabía esto que yo estaba diciendo. Mi respuesta fue: «Lo saben Néstor Kirchner y Estela de

Carlotto». Yo no conocía ni tenía contacto alguno con ninguno de ellos. Pero sí presagiaba que Néstor me iba a cuidar, nos iba a cuidar. Como hizo y hace. Néstor fue esencial en la construcción de mi identidad política, en mi identidad.

A diez años te recuerdo con admiración y amor infinito, te recuerdo con alegría y tristeza. Gracias, Néstor.

ALEJANDRO DOLINA

Escritor.

Un viejo arsenal de pensamientos burgueses garantiza la conveniencia de buscar acuerdos. Se ha llegado a decir que, en realidad, todos deseamos lo mismo y solo discrepamos en torno a las metodologías. Acompaña a esta pintura esperanzadora un continuo elogio de las buenas maneras en las discusiones políticas y aun en los conflictos sociales. El paradigma de esta etiqueta es el príncipe sonriente ante el disenso, o los antagonistas que se dispensan elogios durante las negociaciones. Sin embargo, la idea de que el mundo está en guerra permanente por el mero capricho de personas malhumoradas es difícil de saludar.

Pido entonces permiso para no ovacionar de pie los dictámenes precedentes y para exponer un tímido elogio del desacuerdo, de la bifurcación, de la heterodoxia, de la herejía. Después de todo, las revoluciones son hijas de la discrepancia. El hombre es un mono disidente. Es un hecho que las fotografías de los muertos se modifican en secreto mientras duermen en los cajones. Siempre son pequeños detalles: una corbata distinta, una alteración en el orden de las personas, una tendencia de los rostros a relacionarse con su propia historia.

Las fotos de Kirchner nos dicen hoy cosas que tal vez no percibíamos antes, y él mismo, ahora con facciones de indudable exilio, parece reprocharnos la tardanza de nuestras epifanías. Ahora lo vemos, por fin, como un venturoso gestor de discrepancias. Él recorrió caminos que nadie se atrevía a transitar y que parecían alejarse de las avenidas centrales que recomendaban los poderosos del mundo global.

Y se metió por calles ya olvidadas cuyos nombres solo se conocían en los foros estudiantiles, en las reuniones de soñadores y en rincones siempre alejados del poder. Esos caminos de insurrección, que estuvieron durante décadas invadidos por yuyos de olvido, pueden ahora reconocerse. Poetas de mistonga inspiración proselitista podrían explicar que uno de esos senderos conduce al crecimiento del mercado interno, el otro al control del comercio exterior, el de más allá a la intervención del Estado.

Mencionarían luego el bulevar de la justicia y los derechos humanos, la esquina de la ley de medios, la plaza de la Asignación por Hijo y a la peatonal del desendeudamiento. Podrían decir también que algunas de estas callecitas ya han sido recorridas por otro señor en 1946.

Cuando un gobernante se atreve a caminar estos senderos termina por llegar a un distrito donde el poder político no está en el mismo lugar que el poder económico. Esa es la verdadera geografía que Kirchner descifró. La bifurcación inevitable para quien quiera oponerse al neoliberalismo global.

Las corporaciones no ven nada nuevo en estos retratos. Describen a Kirchner como un hombre confrontativo y áspero. En verdad, ningún otro presidente, salvo aquel otro señor de 1946, les había parecido tan desagradable. Pero la verdad es que no se trataba de una cuestión de carácter: el tipo había tocado sus intereses. Todo eso nos dicen estas fotos. A veces no hay más remedio que disentir, que persistir en el desacuerdo aun cuando parezca que son pocos los que opinan como nosotros.

Pero aquí viene el último acto de insujeción de este hombre que ahora se ha ido. Al morir, encendió la luz. Y como en un refucilo, vimos algo que la cerrazón de los medios había ocultado en la oscuridad: las calles laterales, los senderos humildes, los caminos que nunca habían recorrido los poderosos estaban llenos, llenos, llenos de gente.

NILDA GARRÉ

Exministra de Defensa de la Nación (2005-2010).

Néstor, el gobierno político de las Fuerzas Armadas

Mi primera conversación con Néstor fue un día del 2002 en una entrevista en la Casa de Santa Cruz. Yo quería conocerlo. Atravesábamos los días turbulentos posteriores al fracaso del gobierno de De la Rúa y al colapso político, económico y social que lo continuó.

Todos buscábamos una luz al final del túnel atento además las elecciones del año próximo. Especialmente los militantes que siempre habíamos creído en la política y que, en consecuencia, en ese momento pensábamos que era del seno de la política de donde debían surgir los hombres y las mujeres que fueran capaces de reencauzar ese camino tan difícil que nos esperaba para devolverle a nuestro pueblo un futuro con crecimiento, distribución, empleo y esperanza. Más aún, necesitábamos un liderazgo capaz de conducir ese proceso.

Yo me senté en un sillón de la oficina y Néstor también lo hizo por breves momentos para después levantarse y empezar a caminar de un lado a otro a lo ancho de la habitación mientras me explicaba la grave situación del país y, área por área del Estado y del esquema productivo, qué medidas debían tomarse.

Era un torbellino que expresaba ideas, propuestas, soluciones, gestión. Con increíble entusiasmo, con precisión, con convicción.

Me despidió muy cálidamente y le dije que iba a trabajar para ayudar a concretar esas propuestas.

Me fui pensando que ese hombre no solo era un político con conocimiento de la realidad argentina y con una larga experiencia de gestión en los más importantes cargos públicos de su provincia, sino que seguía siendo un militante, un luchador lleno de pasión, de fe, de esperanza. Un sembrador de ideas. Y esas eran las cualidades indispensables para salir de la compleja situación que sufríamos. Pensé que si no pudiese ganar la próxima elección a la que se postulaba, triunfaría en la siguiente. Porque me pareció evidente que tanta convicción, tanta voluntad de transformación del país, tanta fuerza, iban a ser aprovechadas por la historia.

Y así fue, afortunadamente, en la primera ocasión que tuvo. El día que asumió como presidente de la república, el 25 de mayo del 2003, es para mí una fotografía fiel de quién era y cómo era Néstor Kirchner, y cuáles serían los ejes, los principios y las formas de su accionar.

En primer lugar, cómo tomó el bastón de mando y lo mostró al pueblo con la alegría de lo finalmente obtenido para hacer lo que debía empezar a hacerse impostergablemente. Esa actitud transgresora de revolear el bastón de mando reflejaba además su relativización valorativa por los símbolos formales del poder, cuya naturaleza él conocía muy bien, y también quiénes eran sus actores.

En su mensaje al Congreso de la Nación asumió el compromiso público de no dejar en la puerta de la Casa de Gobierno las convicciones que habían inspirado su vida política. Y vaya si lo cumplió. Cada día de su mandato.

Después de recorrer la atestada Avenida de Mayo y la plaza, apenas un rato después, pronunció su discurso de presidente en la Casa Rosada, en el que recordó que hacía treinta años, también un 25 de mayo, él había estado en el acto de asunción del presidente Héctor Cámpora, que ponía fin a la dictadura militar de ese momento. Había estado en la plaza, cantando la victoria, disfrutando la esperanza.

Dijo también que rendía su homenaje a todos los que permitieron que aquel triunfo y el actual fueran posibles. Fue un reconocimiento histórico de gran contenido emotivo para muchos que estábamos ahí escuchándolo, fue un hecho de justicia. Quizás no era políticamente correcto, seguramente iba a granjearle enemigos. Pero él decidió ser fiel a su pertenencia, a su historia y a sus ideas. Porque como ya había dicho, no las iba a dejar en la puerta de la Casa de Gobierno.

Un sábado de los primeros días de diciembre del 2005, siendo yo embajadora en la República Bolivariana de Venezuela, recibí un llamado de Néstor que me propuso ser su ministra de Defensa. Me dijo que hubiera preferido hablarlo personalmente, pero que tenía urgencia de hacer ciertos anuncios. Después de la obvia sorpresa que me produjo el ofrecimiento, le manifesté mi disposición permanente a colaborar en todo lo que pudiera ser útil al proceso que él conducía, pero le pregunté si estaba seguro de que este era el caso. Me contestó diciendo que él creía indispensable lograr el gobierno político de las FF. AA. que durante años las autoridades políticas habían renunciado a ejercer, permitiendo dosis cada vez mayores de autonomía de estas. Que creía que yo entendía perfectamente esa necesidad y que podía lograrlo. Además, me dijo que yo tenía una trayectoria en la lucha por los derechos humanos y que eso iba a ser una clara señal al interior de las fuerzas de la posición que íbamos a tener en ese tema trascendente. Por último, agregó que él creía que conmigo podía jugar de memoria, una frase de confianza que guardo entre mis recuerdos más preciados.

El 29 de mayo del 2006, Día del Ejército, como siempre en esa ocasión, el presidente en su carácter de comandante en jefe de las FF. AA., asistía a la conmemoración que se realizaba en el Colegio Militar de la Nación.

Unos pocos días antes, el 24 de mayo, se había registrado un inadmisible hecho de indisciplina de claro significado político cuando cinco militares –que inmediatamente fueron sancionados– habían participado de un acto «en memoria de los militares muertos por la subversión» realizado en la Plaza San Martín.

Ese era el clima preexistente el día que fuimos al Colegio Militar.

El presidente bajó del helicóptero y rápidamente, con sus largos pasos que yo tenía el difícil desafío de seguir, se encaminó hacia el vehículo que nos indicaban para pasar revista a los cientos y cientos de tropas allí formadas. Hicimos el recorrido del contorno del despliegue en un profundo silencio solo interrumpido por las habituales marchas militares. Al terminar, Kirchner se ubicó en el palco destinado a las autoridades civiles y militares, escuchó el discurso del jefe del Ejército y se aproximó al atril para pronunciar el suyo. Desde allí vio que algunos militares de las graderías a su izquierda giraban para darle la espalda. En ese marco y el de los días previos era previsible un discurso duro en el que ratificaría su autoridad. Efectivamente, aludió a las palabras recientemente pronunciadas por oficiales a las que calificó de apología del delito. Dijo que queríamos el ejército de San Martín, Belgrano, Savio y Mosconi, y no el de los que asesinaron a sus hermanos, el de Videla, Viola, Galtieri y Bignone. Y agregó en un grito enérgico: «No tengo miedo ni les tengo miedo».

Y sin ver el clásico desfile de estas ceremonias, abandonó rápidamente el palco y se retiró del acto.

Había mostrado una vez más su decisión irrevocable de conducir el instrumento militar de la nación sin aceptar presiones de ningún tipo. Y su decisión de rescatar a nuestras FF. AA. para seguir la trayectoria de sus patriotas más destacados.

Esa noche en una reunión con el jefe del Ejército para discutir las sanciones que se aplicarían a los responsables de los graves hechos de indisciplina de ese día, ordenó que fueran a los verdaderos responsables y no a oficiales de rango inferior que no eran los que debían dar las órdenes ni tomar los resguardos. En esa ocasión expresó también que no quería generales kirchneristas porque eso generaría generales antikirchneristas y politizaría y dividiría a la fuerza. Recordó para ilustrar su idea las frases de Perón sobre la generación de anticuerpos. Terminó afirmando que quería militares que respetaran la Constitución y los derechos humanos, y que acataran la autoridad del presidente de la república en su carácter de comandante en jefe de las FF. AA.

Eran criterios muy acertados en este tema de fundamental importancia para el sistema de defensa.

Su llegada al gobierno produjo el acercamiento de muchos que vieron que otra Argentina estaba naciendo, que lo que parecía imposible estaba empezando a ser posible.

Su coherencia con el objetivo de «Memoria, Verdad y Justicia» lo hizo posible a pesar de todos los inconvenientes y todos los enemigos. La política de DD. HH. fue una política de Estado que permitió terminar con la impunidad.

Desde la renegociación de la deuda hasta la defensa de la industria nacional y la creación de empleos, desde la construcción de infraestructura estratégica hasta la de naturaleza social, desde la inversión en educación hasta el apoyo a la ciencia y técnica, desde la recuperación del rol del Estado hasta la de la autoestima de los argentinos, en todos estos temas y muchos otros rompió con las tortuosas políticas que lo habían precedido.

Impulsó, en coordinación con Hugo Cháves y Lula da Silva, un latinoamericanismo auténtico que nos acercó al sueño de San Martín y Bolívar.

Fue el que necesitábamos.

Su muerte sorpresiva e inesperada mostró en el dolor del pueblo la importancia de su acción, y la obligación histórica y estratégica de continuarla.

Colas interminables se formaron para despedirlo y un grito espontáneo brotó de todas las gargantas: «Gracias, Néstor; fuerza, Cristina».

Frase síntesis de la valoración de su obra y de la confianza en la figura que era capaz de continuarla.

EDUARDO VALDÉS

Diputado Nacional por CABA.

Cristina y Néstor, Néstor y Cristina

«El Topo» Devoto me cuenta que compilará un libro de anécdotas sobre Néstor Kirchner. Nada más justo que esto. En la ciudad de Buenos Aires y toda el área metropolitana, Liliana Mazure y el compilador de este libro eran quienes nos invitaban a reuniones más sociales que políticas en ese primer tiempo cuando Néstor ambicionaba ser gobernador, corría el año 1991. Los cumpleaños de ambos eran cita obligada y las vacaciones en enero también.

En 1994 tuve la suerte de compartir tres meses en la ciudad de Santa Fe, en la Convención Constituyente. Fueron muy intensos, creo que allí construimos una relación completa. Sesionábamos todos los días, y las cenas con Néstor y Cristina eran de un debate permanente.

Néstor y Cristina. Cristina y Néstor. ¿Se puede pensar a Néstor sin Cristina? ¿O a Cristina sin Néstor? Imposible. Ellos me demostraron que la vida es de a dos, que se puede vivir a lo Benedetti: «Si te quiero es porque sos / mi amor mi cómplice y todo / y en la calle codo a codo / somos mucho más que dos».

En 1996 hicimos el primer acto con ellos fuera de Santa Cruz. Fue en Villa Lugano (capital del peronismo de la ciudad de Buenos Aires), el 24 de febrero de 1996. A cincuenta años del primer triunfo de Perón, organizado por el entrañable Tito Pandolfi, el tipo más peronista que conocí. Perdón, su mamá Irma lo es más. Ese día hablaron mi compañero de la vida Jorge Argüello y Gustavo Béliz, a quien soñábamos para ser jefe de Gobierno ese año, y cerraron Cristina y Néstor.

Empezamos a imaginar una proyección nacional. ¿Néstor presidente? Lanzamos junto al matrimonio La Corriente Peronista. Fue en septiembre de 1996 en mi estudio jurídico. Estaba Oscar Parrilli, con quien compartí la escuela Don Bosco de Neuquén y tuvo mucho que ver con mi ingreso a los 18 años en la militancia peronista; y también participó Sergio Acevedo en su condición de peronista y santacruceño, pero también compañero de estudio de Jorge y mío en la Facultad de Derecho.

Ese año creo que fue la cena en la que presenté a Néstor con Alberto Fernández. Nunca vi a alguien que me persiguiera tanto para que le presentara al matrimonio. Un día Alberto publicó una columna de opinión que a Kirchner le gustó mucho, y entonces fue Néstor quien me pidió conocerlo.

Cenamos en Teatriz, restaurante porteño preferido de los santacruceños. Fuimos Cristina, Néstor, Alberto y yo. A los diez minutos parecían conocerse de toda la vida. Allí salió la idea que concretó Alberto del Grupo Calafate, y siguió creciendo. Siguió hasta todo lo que es más público.

Con permiso del compilador, agrego un fragmento de la gran nota de León Rozitchner, que escribe mejor que yo. La nota fue publicada en *Pagina/12* el 10 de noviembre del 2010. Describe este sentimiento entre ambos de manera perfecta, pero antes vuelvo al poeta Benedetti que dice: «Y porque amor no es aureola / ni cándida moraleja / y porque somos pareja / que sabe que no está sola. / Te quiero en mi paraíso / es decir que en mi país / la gente viva feliz / aunque no tenga permiso».

Un nuevo modelo de pareja política

Por León Rozitchner.

Néstor Kirchner no hizo, es cierto, la revolución económica que la izquierda anhela: inauguró una nueva genealogía en la historia popular argentina: «Somos hijos de las Madres y las Abuelas de Plaza de Mayo», nos dijo, abriendo los brazos de una fraternidad perdida. Fue capaz de hacer reverdecer un lugar en el espacio político que, según es pensable, los hombres les debemos a las madres, al menos a las de la primerísima infancia, sin las cuales el anhelo de una vida feliz no hubiera sido posible. Viniendo desde el horror que los asesinos habían marcado en el cuerpo de cada argentino, abrió el lugar a una Justicia que no venía solo del derecho: venía desde ese «otro derecho» que es un orden previo a la ley que la violencia sostiene, engendrado desde el cuerpo amoroso de las Madres, no del cuerpo del Estado y del Padre Terrible. Esa es desde entonces nuestra nueva ascendencia política. Había que tener, para hacerlo, una fuerza afectiva y un coraje que venía desde más abajo y desde algo más profundo para hacer reverdecer en el cuerpo de la ciudadanía aterrada una imagen de cobijo y de vida. [...] Podemos decir que fueron las Madres y las Abuelas, aquellas que en medio del horror implacable [...] inauguraron un nuevo espacio político –el espacio del amor generoso materno en el campo patriarcal impiadoso–. [...] Y es lo que la derecha no podía imaginar siquiera que le pasara a tanta gente cuando muere Kirchner. No entienden a estas, nuestras madres que lloran con Cristina la muerte de un hombre que por lo menos no quiso ser déspota: que tenía algo de madre y de femenino en su destartalada estampa. Por algo los blancos pañuelos de las Madres fueron el sudario que cubría los restos de Néstor. [...] El hombre y la mujer, cuando sus cuerpos en verdad se aman y se compenetran, intercambian las figuras de los amores que los hicieron nacer a la vida como semejantes en la diferencia. Así también se hicieron los Fernández-Kirchner: un modelo de pareja humana que corrige y amplía a la pareja del primer peronismo, donde Evita sumisa proclamaba la necesaria adoración al hombre que la había escogido sacándola de la turbiedad de las candilejas porteñas. Ella era solo el complemento sumiso: hacía por caridad cristiana, para ayudarlo, lo que Perón hacía por ley del Estado, mientras les pedía a los descamisados que lo amaran al coronel con la misma devoción femenina –no materna– con que ella lo amaba. [...] Cristina Fernández es una mujer que se unió a un hombre desde otro lugar corporal histórico: donde el encuentro de la heterogeneidad de los sexos en la militancia temprana no se impuso como sumisión, sino como igualdad dentro de esa diferencia. [...] Cristina no es más buena ni más mala que Evita: es una mujer histórica distinta, aunque algo las una y otro algo las separe. Cristina es un animal político femenino en pie de igualdad con el animal político masculino de su marido Néstor, cosa que no pasaba con Perón y Evita. Ocupa un rango superior a Evita en la escala de Richter de la evolución femenina. Aquí las diferencias no se contraponen, sino que se complementan, como se complementan los cuerpos que al amarse se unen. De allí surge, desde muy abajo, otro modelo político. [...] Y por eso también desde allí surge ese odio nuevo, tan feroz y mucho más intenso, que se apoderó de gran parte de nuestras clases media y alta argentinas. Por eso, tantas mujeres sumisas y ahítas de alta y media clase, tan finas y delicadas ellas, no nos ahorran sus miserias cuando se muestran al desnudo al dirigirle sus obscenas diatribas: no ven lo que muestran. Son mujeres esclavas del hombre que las ha adquirido –o ellas lo hicieron– y al que se han unido en turbias transacciones, donde el tanto por ciento y las glándulas se han fusionado en una extraña alquimia convertida en empuje que llaman «amoroso». La envidian a Cristina desde lo más profundo de sus renunciamientos que el amor «conyugal» exige pero no consuela. Cristina las pone en evidencia a todas: se han quedado, sin *jeans* que las ciñan, con el culo al aire. Ella tiene, teniendo lo mismo o más de lo que ellas tienen, lo que a todas juntas les falta. Pero saben que tampoco podrían nunca llegar a tenerlo. Por eso, ellas no la envidian: la odian como a una traidora de clase –de clase de mujeres, digo–. La han cubierto de insultos y desprecios: de las ignominias más abyectas que nunca vi salir antes de esas boquitas pintadas de servil encono. Cristina las pone fuera de quicio. Esto también constituye el suelo denso y material de la política, tan unido a la lucha de clases entre ricos y pobres. Ellas también son el resultado de la producción capitalista de sujetos en serie: mercancías femeninas con formas humanas, con su valor de uso y su valor de cambio.

¿Y del odio de sus maridos? De esos machos viriles que ven en Cristina, mezclados con sus maduros atractivos femeninos que les hacen cosquillas desde el cerebro hasta sus partes pudendas, a esa mujer que un flaco feo y bizco ha conquistado, no se la tragan. Primero los humilla que sea el suyo un tipo de mujer que nunca ni siquiera podría posar en ellos su mirada, y que los supera con su inteligencia. Segundo, y como consecuencia, ven avanzar el peligro en la amenaza de un modelo femenino que termine con la sumisión de sus mujeres en las cuales ellos han invertido tanto: toda una vida de negocios turbios y de duro trabajo de oficinas, de atender la clientela, de contar ganado o hectáreas de soja, y de *groups* financieros para poder «mantenerlas» [...]. Sienten en la figura femenina desafiante de Cristina –aunque exageren– la revolución en marcha.

VÍCTOR HUGO MORALES

Periodista.

El mundo que había antes de Néstor

Cuando los horrores económicos del siglo XX presentaban su factura a los países emergentes, la derrota que venía en su vientre significaba la derrota final.

No había forma de pagar esa deuda y la independencia, la soberanía, la libertad existían tan solo en las hojas amarillentas de los proyectos fundadores de las patrias.

Este periodista había escrito un libro hacia 1997 llamado *Un grito en el desierto* (1998, Editorial Continente), ensayo novelado sobre la desocupación que dejaron los 90.

Era una visión desesperada del porvenir.

Sobre las ruinas humeantes del siglo, asestaba un hachazo a la esperanza.

No contaba con Néstor.

De ahí que el texto estuviera traspasado por la certeza de un fracaso inevitable de lo que vendría. La Argentina era un país arrodillado por sus deudas. El gobierno ejercido por ministros de Economía de poder avasallante respondía estrictamente a los intereses de una elite sin patria. El poder financiero internacional estaba sentado frente al timón, y los acólitos locales solo acercaban algún pedido desesperado de la tripulación.

Le echaban un vistazo desconfiado, y lo lanzaban al aire.

Era impensable un Néstor.

«¿Y quién está para decir basta? ¿Un poder que actúa de la misma manera? ¿Un mundo que se quedó sin proyectos políticos, porque los que planifique no serán permitidos por los ministros de Economía y sobre todo por el poder económico mundial? Al diluirse la responsabilidad de

la política en aras de la economía, el mundo ha quedado en manos de grupos de señores que no están obligados a una ética de servicio como la que deberían tener los hombres que representan a sus pueblos».[1]

¿No era así antes de Néstor?

«... Ese hombre que pasa frente a las tropas, con aire de prócer, en cuyo honor se toca el himno del país que visita y el de su propio país, ese hombre que camina por una alfombra roja, protegido por decenas de personas, es... nada. Mientras la televisión nos muestra ese mundo de apariencia, en un impersonal hotel de alguna ciudad, arriba, en un piso alto, por unas horas otro señor de dos iniciales y de apellido Spencer, o Won, acaso Chang, coloca unos papeles sobre la mesa, recaba ciertas firmas, cena sin excesos, cierra su maletín, pregunta quién es ahora el presidente, dice ¡ah sí!, y se va a dormir lo antes posible porque su avión parte mañana temprano.

En su proyecto de presupuesto para 1998, la Argentina destina U$S 6 770 millones para pagar los servicios de su deuda externa. Los servicios –se subraya–. Mientras que para educación habrá solo 3200».[2]

No sería así con Néstor.

No sería así con Chávez, Correa, el Frente Oriental, Correa, Evo, Lula.

«... Los nuevos pobres durarán poco. El retorno a la clase media es imposible, la caída, en cambio, incontenible. Los contactos se van perdiendo y así como un pulpo moribundo va aflojando cada tentáculo, así el nuevo pobre va soltando la preciada condición de aquello que lo define como una clase media. Se abandona como el maratonista que se cae solo y en eso encuentra su alivio. Da la última y precaria pelea con el ahínco de un montañista que resbala... los competidores que nunca verán la meta son millones en América... Siempre millones hasta que "millones" pasa a ser nada, nadie, nunca...».[3]

No era imaginable una Patria Grande, distinta, antes de Néstor, Hugo, Tabaré, Pepe, Rafael, Evo y Lula, y Cristina.

«Esa sed de justicia que surge innata en el corazón del hombre ha sido aplastada, porque la libertad no es tal si no es un bien que se goza con

1. Morales, V. H. *Un grito en el desierto,* págs. 30-31, Editorial Continente, 1998.
2. Morales, V. H. *Un grito en el desierto,* págs. 33-34, Editorial Continente, 1998.
3. Morales, V. H. *Un grito en el desierto,* pág. 120, Editorial Continente, 1998.

el único límite del otro. El hombre cada día hace menos lo que anhela para preservar sus libertades. Es prisionero de la libertad. Para mantener su derecho al trabajo, a la educación, a la salud, el hombre no acepta su obligación de voto... y vota que lo priven de todo al cabo de la más curiosa parábola de la historia de las ideas. Y entendida su voluntad como un pronunciamiento soberano, el ciudadano resulta ser quien lo ha querido así. Las mayorías son las que tienen razón. ¿Qué otra salida podría adoptarse? Lo que hay que hacer, entonces, es dominar a las mayorías para que elijan aquello que conviene a las minorías, dándole, además, el salvoconducto de que eso es lo que el pueblo ha querido... siempre estará el recuerdo de controlarlas privándolas de su "dignidad de mayorías"».[4]

Hasta que un hombre pudo cambiarlo todo.

Sería quien habría de condenar a una extraña forma de «frustración» al libro *Un grito en el desierto*. Cuando se escribían aquellas páginas, lo que habitaba al autor era la certidumbre de que todo estaba perdido, que no había margen para la siempre impostora esperanza.

Sin embargo, ese pesimismo exacerbado era una consecuencia lúcida de la entrega de la clase política. En el 97 la oposición al gobierno neoliberal prometía lo mismo. Aquello de la convertibilidad era defendido con idéntico ahínco al de quienes estaban en la Casa Rosada. Después ponían palabras que salpican los discursos desde el fondo de la historia. Pero los criterios no se alejaban mínimamente de un poder ejercido por criterios economicistas a cargo de los empleados del *establishment* financiero internacional.

En el vientre de América había una revolución hecha en democracia. Pero no había dado a luz, todavía. Es sorprendente intentar una mirada al futuro desde 1997. ¿Cómo adivinar lo que estaba por suceder en el lustro siguiente?

¿Cuál indicio se tenía de la llegada de un Néstor a la Argentina?

«El aval perfecto, la legitimidad y la justificación moral de este mundo de insatisfacciones plenas es el voto. Pero poco puede hacerse para preservar ese valor si las mayorías son obedientes ante quienes vigilan

4. Morales, V. H. *Un grito en el desierto,* pág. 123, Editorial Continente, 1998.

la democracia y la justicia: las minorías ilustradas. Cuando no es suficiente poner éter en los ojos a través de la televisión, cuando la incultura y la humillación no alcanzan para asegurar el control, se procede por vías menos sofisticadas. Como no se conoce nada más perfecto que la decisión a través del voto, no habiendo otra salida que sea más criteriosa para concederle al hombre una última dignidad, lo que se hace es dominarlo, o corregir los efectos».[5]

«Simone Weil sostenía que la opresión invencible no da lugar a la revolución sino a la sumisión. Pero también afirmaba que el único camino hacia la verdad es a través de la propia aniquilación, debiéndose soportar durante un largo período un estado de total y extrema humillación. ¿A cuánto tiempo se referiría? ¿Y cuál será la verdad que puede esperar el mundo después de una escala que se parece demasiado a la última?».[6]

No llegaba aún la verdad de los Néstor.

Lo que nació en el 2003, acaso una casualidad de la historia, una etapa que va entre los guiones que corrigen el proceso brutal del capitalismo, fue la respuesta.

Nada fue como era entonces en esos años de recuperación de los trabajadores, de protección a los más desvalidos, de apuesta a la educación, que se originaron con la llegada de un hombre diferente. Del político que pondría la economía al servicio de los sectores vulnerables desplazándose en la continuidad de su esposa hacia un enfrentamiento feroz de los sectores dominantes del país. Y que debió pagar con su propia vida la osadía.

«Hundieron en millones de personas las garras del economicismo pero no se conformaron con apropiarse del bulto grande que encontraron... a la mayoría le vaciaron de lo importante y de lo mínimo, le arrebataron hasta los últimos vestigios de la dignidad. Y lo han hecho con frivolidad insultante, golpeándose el pecho, acomodados en el rincón tibio de la historia que ellos mismos escriben. ¿Qué mecanismos les permiten celebrar en un mundo de barrios privados? ¿Cómo

---

5. Morales, V. H. *Un grito en el desierto,* pág.124, Editorial Continente, 1998.
6. Morales, V. H. *Un grito en el desierto,* págs.124-125, Editorial Continente, 1998.

consideran ellos el sentimiento de los que miran desde afuera de los muros y los alambrados de las manzanas protegidas?... El período de total y extrema humillación que mencionaba Simone Weil transcurre. Y no hay verdades al final del camino».[7]

Salvo que el Dios de nuestro corazón aparezca y nos dé señales más evidentes.

Faltaban seis años para que apareciera la señal de Néstor.

En el camino sinuoso de la comprensión política hubo, para el redactor de estas líneas, una cierta alternancia de los entusiasmos y las decepciones. La cercanía con el sector mediático dominante de los primeros años ponía un velo sobre los cambios que iban apareciendo.

Una quita fabulosa a la deuda externa y la estampa libertaria ante el poder internacional excitaba el aplauso. ¿No era acaso lo que pedía en aquellas imprecaciones del libro?

Luego llegó en el final del mandato un privilegio a los medios que cambió el futuro. Un error que, propio o ajeno, le responsabiliza del desencanto provocado.

Y luego estaba la materia más compleja desde que la elite le declaró la guerra, el tema de la corrupción. Hasta los episodios del 2010, cuando una crítica feroz a Néstor terminó en aquella llamada telefónica que permitió enmendar una injusticia, los vaivenes de la corrupción abrían una brecha en la aceptación del personaje.

Es cierto que los periodistas son ciudadanos también expuestos a lo que machacando denunciaban los medios más poderosos. No era sencillo descubrir las cartas de otro mazo intercaladas con las propias. Llegar a una radio para conducir un programa y ver las tapas y los ataques de los diarios con las presuntas pruebas y oír el silencio de los acusados, no dejaba margen para apartarse de la idea que otros ponderaban como verdades que no podían ignorarse. Creer en las denuncias era un proceso inevitable y solo se podía sobrevivir desde la militancia, la que pone su fe y no exige explicaciones. En cambio el periodista que elude su conciencia, el que tiene sobre la mesa los títulos y las crónicas y elige ignorarlas,

---

7. Morales, V. H. *Un grito en el desierto,* pág. 133, Editorial Continente, 1998.

se convierte en un cómplice. Los hechos parecían demasiado evidentes, hasta que empezaron a desmoronarse, lo cual impregna también al presente, diez años después de la muerte.

La llamada del 2010 levantó definitivamente las defensas. Hubo que detectar las falsedades de los medios, comprender el interés que había detrás, ver expedientes, estudiar los casos metiéndose en ellos hasta donde fuera posible. Y salir como de un túnel, a la luz más plena.

Aún resuenan en la memoria de este periodista las aseveraciones sobre la corrupción de esos años. Hasta terminar poniendo las manos en el fuego por Cristina en un reportaje del portal de noticias más poderoso varios años atrás. Cuando buscaban las pretendidas fortunas en los bancos de todo el mundo. Y hacerlo con la más plena convicción y saborear el hecho de haberse pronunciado con un énfasis infrecuente sobre la inocencia en uno de los ámbitos de más severo cuestionamiento.

«La dignidad solo recibe agresiones del poder... la oposición debiera ser, por su naturaleza, la salvaguarda política de los derechos humanos, la justicia social, la educación y la cultura. Es curioso que los hombres de la oposición, sabiéndose más útiles desde la vereda de enfrente, quieran estar del lado del poder real. Sueñan un mundo (es lo que dicen) y sin embargo se condenan a traicionarlo. ¿Qué tiene que hacer en el gobierno alguien que quiere luchar por un reparto no criminal de los bienes. Ser una oposición lúcida es vivir peleando, investigando, confrontando, denunciando. Es darse un discurso creíble y noble, es ofrecerse dignidad para que la tengan todos».[8]

Sin embargo, Néstor demostró que era posible y más aún, necesario, hacerlo desde el gobierno. La convicción en 1997 era que las oposiciones sostenían al sistema como la naturaleza tiene sus propios equilibrios. En política sería resistir, impedir, la acción depredadora de quienes ostentan el poder. Una vez en el gobierno son lo mismo que los que habían combatido. Más aún, si como sucedía al final del siglo las propuestas de los adversarios del gobierno, eran las mismas que habían terminado con el empleo y la justicia social. Pero el hombre que llegó al poder sin

8. Morales, V. H. *Un grito en el desierto,* pág. 149, Editorial Continente, 1998.

que nadie atinara a pedirle explicaciones, porque lo desconocían, tenía las manos libres y las usó con un sentido de la libertad que tiene escasos parangones.

«No es aconsejable pegarle tanto al hombre. En el piso 25, en la mesa del directorio, hay una cierta tranquilidad. Pero está la calle allá abajo, y están los hijos y están los amigos. No hay un botón eyector para quitarse de encima a esos millones de postergados, desocupados, ofendidos, hambrientos, y un mal día revanchistas. La vida no puede valer tan poca cosa. Y si un hombre no vale nada, si es solo un número, la vida de nadie (por más custodios que se tengan y barrios cerrados que se habiten), ninguna vida vale demasiado. Miles de personas han delinquido en los últimos años sin haber imaginado nunca que serían capaces de hacerlo...».[9]

Néstor llegó para quedarse en el alma de lo que llamamos pueblo. Lo hizo uniendo el barro y el cielo de la política. Porque fue estrictamente lo que define a la misma. La negociación, la astucia, el control, la cesión, el palo y el perdón.

Tomó la libretita de cuando hacía cuentas como estudiante y pidió cada día los datos salientes de la economía. Y se colocó por encima de ella. Sus ministros fueron los técnicos de sus ideas. Así como dicen que Gardel no sabía de música, pero silbaba los temas para sus canciones.

Este periodista no conoció a Néstor. Lo más cercano que hubo fue aquella llamada de febrero del 2010. Cinco años antes, a través de su entonces vocero Miguel Núñez, ofreció la presidencia de ATC y ese día, luego de no aceptar la propuesta, Miguel sugirió conocerlo. «Está detrás de esa puerta, dale». Pero no hubo coraje. Una pena. No todos los días se puede conocer a un hombre que supo poner a la historia de la Argentina patas arriba. Su valentía y la de su esposa, son los pilares de cualquier intento reivindicador de las clases populares. De ese pueblo cuya fidelidad lo ha reivindicado una vez más un poco antes de cumplirse diez años de su partida, y puede decirse ahora, para siempre.

---

9. Morales, V. H. *Un grito en el desierto,* págs. 155-156, Editorial Continente, 1998.

I

PABLO GRIPPO

Arquitecto y amigo de la familia Kirchner.

A veces pareciera que el tiempo no pasa. Sin embargo, hace quince años que hablé por primera vez con Néstor Kirchner. Fue a fines del 2005. En ese momento regresaban él y Cristina a El Calafate después de las elecciones legislativas en las cuales ella había ganado por la provincia de Bs. As. Yo había terminado el primer trabajo que Cristina me había encargado; una casa de huéspedes. Si bien empecé el trabajo a principios del 2005, mi trato era con ella y alguna que otra vez lo saludaba a él con un «cómo le va» cuando entraba a la cocina. El comedor de ese lugar era el que Cristina elegía para ver los planos y colores, ya que hay una luz natural como si uno estuviese al aire libre.

Yo estaba en la obra «que ya no era obra», y los veo bajar del auto y que vienen directamente sin entrar primero a su casa, Cristina adelante, atrás Néstor que venía charlando con Alberto Fernández... No quiero recordar los nervios que tenía. Habían estado meses sin venir por la campaña de Cristina y prácticamente ella no había visto nada de los últimos meses de la obra.

Cuando terminamos la recorrida, ya con el alivio de ver que le había gustado mucho –digo «le» y no «les» porque él miraba y no hablaba, solo le mostraba a Alberto la distribución del lugar–, y mientras caminábamos hacia su casa, al despedirme le pregunto a Cristina si lo podía saludar al presidente.

–¡Por supuesto, Pablo! Acompañame. –Y fuimos al *living* donde estaba él.

–Néstor, Pablo te quiere saludar.

Automáticamente se paró, y cuando estiró la mano, le dije que le agradecía mucho que hayan confiado en mí, que me sentía distinguido por ellos y que lo admiraba mucho.

–Gracias a vos querido, ¡a tus ordenes! ¡Está contenta! –me dice.

(Con el tiempo entendí que era lo que más le importaba, si había una ventana torcida, ni cuenta se daba. Para los detalles estaba ella).

Comenzó a preguntarme cuánto tiempo hacía que vivía en Calafate, de dónde venía y demás…

Esos cinco minutos de charla me bastaron para darme cuenta de que era alguien distinto, tenía algo que atraía de manera natural, sin ningún tipo de esfuerzo. Fue muy cálido y atento a lo que yo le contaba.

Luego seguí con otros trabajos y cada vez que iba a la casa (rollo de planos en mano) a sentarme con Cristina en el comedor, aparecía Néstor siempre para hacer algún chascarrillo y luego se volvía al *living*.

–Ojo con este que te va hacer todo torcido… –le decía a Cristina.

Yo al principio me preocupaba y cuando él se iba, Cristina me decía…

–Preocupate cuando te ignore.

Después entendí que era la forma que tenía de demostrar cariño.

De ahí en más, con el correr del tiempo, se sucedieron cientos de anécdotas que voy a atesorar para siempre… A algunas les puse título, porque siento que forman parte del libro de mi vida.

«Asesino»

El viernes de Semana Santa del 2007, me llama Cristina a la tarde para que lleve unos planos que quería ver, yo acababa de atropellar al perro de mis hijos con el auto saliendo de casa. Llego como siempre, planos en mano, me siento en el comedor de la cocina y cuando entra ella desde el patio me dice:

–Pablo, ¿qué te pasa? ¿Por qué tenés esa cara?

–¡¡No sabe lo que hice…!! Atropellé al perro de los chicos con el auto saliendo de casa y se murió.

–¡¡¡No te puedo creer!!! –Cristina adora a los perros.

En ese momento viene Máximo, se sienta con nosotros y entre los dos intentan consolarme un poco mientras hablábamos de cómo le iba a decir a mis hijos la terrible noticia. Al rato, Máximo se levanta y se va al *living* donde estaba Néstor mirando televisión y le cuenta lo que había pasado.

Cinco minutos después, él viene a la cocina y apenas asomando la cabeza por el marco de la puerta me dice:

–Asesiiinooooo… Asesiiinooooo.

–¡Por favor, andate de acá! –le dice Cristina enojada.

Él se acerca, me toca la cabeza y me dice:

–No te hagas problema, ¡es un perro!

Y Cristina interrumpe:

–Nosotros le vamos regalar uno a los chicos cuando volvamos.

Al tiempo viajaban a Río Gallegos, estando arriba del avión en Bs. As., ya por salir, me llama un secretario de Cristina.

–Hola, Pablo, estamos saliendo para Gallegos, llevamos un perrito para vos. ¡No sabés lo que grita y llora! ¿Vos tendrás a alguien en Gallegos que lo vaya a buscar cuando lleguemos?

En eso Néstor le saca el teléfono y me dice:

–¡¡Vení a buscar rápido a este perro porque vos mataste al primero y yo voy a matar al segundo!!

No podía parar de reírme.

«La gente buena también se equivoca»

Un sábado a la tarde estábamos en la obra con Cristina y le cuento que me tenía que ir al aeropuerto que llegaban mis padres que venían de Monte Buey. Por supuesto que los conocían sin conocerlos de tanto que yo les había hablado de ellos, en síntesis, mi mamá antiperonista y mi papá peronista.

Ese día a la noche comimos un asado en casa y cuando ya habíamos terminado, alguien golpea la puerta. Cuando abro era Néstor.

–Vengo a tomar un *whisky*, ¿me invitan?

Sin contestarle y sorprendido lo hago pasar. ¡No puedo describir la cara de mi papá cuando lo vio entrar! Casi muere, encima Néstor le dice:

–¡¡¡Miguelitooo!!! –Se acordaba el nombre que vaya a saber cuánto tiempo antes se lo había dicho.

Se sentó en la mesa y mi mamá estaba haciendo dormir a mi hijo menor en su dormitorio, por ende, no lo vio entrar. Cuando aparece, no podía creer lo que estaba viendo, y yo le digo a Néstor:

–¡¡A ella no le dé ni bola, Néstor, que le da con un caño!!

Y él me dice guiñándome el ojo:

–No tenés que ser así, ¡la gente buena también se equivoca!

Por supuesto que todos nos largamos a reír y estuvimos hasta las tres de la mañana con charlas y discusiones inolvidables para todos nosotros... Las discusiones con mi mamá eran la mayoría referidas al tema del campo, Monte Buey es un pueblo rural donde nacimos y tenemos nuestras familias tanto mi esposa como yo hasta el día de hoy. Es la capital de la siembra directa y mi familia materna tiene campo, y esto fue en octubre del 2008, así que todavía estaba reciente el tema de la 125.

Al otro día, cuando me levanto, uno de mis hijos me dice: «Papá, pasó Kirchner y dejó esto para la abuela». (A las ocho de la mañana ya había salido a caminar).

Era una copia de un artículo de ese día: «"El campo perdió por no acatar la 125". Para Ana. Con cariño, NK».

Cuando se lo di a mi madre, no podía parar de reírse, lo tiene en su mesa de luz hasta el día de hoy.

«Un sojero gorila»

Allá por mayo del 2009 vino a El Calafate Hugo Chávez, y yo le comenté a Cristina que me gustaría saludarlo si se podía en algún momento. Ellos habían organizado una cena en el hotel Los Álamos.

–Venite esta noche a la cena que yo te lo presento –me dice.

Cuando la cena ya estaba terminando, Cristina mira hacia mi mesa y me doy cuenta de que se acuerda de mi pedido. Le empieza a hablar a Chávez mientras me hace señas para que me acerque. Cuando llego, Hugo con esa voz inconfundible me dice:

–Pabloo, ¡qué gusto! ¡Eres arquitecto! ¿Conoces Caracas?

Yo lo saludo y comienza una charla como si lo hubiese visto más de diez veces. En eso veo de reojo que Néstor se viene para nuestro lado.

Conociéndolo y con la cara que venía, pensé, ¿qué va a hacer este ahora?

Cuando llega, señalándome le dice a Chávez:

–Ojo con este, Hugo, ¡¡que es un sojero gorila!!

Por supuesto que la carcajada fue unánime de todos los que estaban cerca.

«Ya me la vas a pagar, acordate»

Un domingo casi al mediodía estábamos con mi esposa en casa, yo mirando el TC y ella en la mesa del comedor. De pronto se escucha un piedrazo fuerte en un vidrio, cuando corro la cortina, lo veo a Néstor con las dos o tres personas que siempre lo acompañaban a caminar, que salían corriendo.

Al instante me llama uno de ellos y me pasa con él:

–¡Levantate! ¡Mirá la hora que es!

–¿Ustedes están todos locos? ¡Rompieron el vidrio! –le digo.

Él se queda unos segundos sin hablar y me dice:

–¡Andá a comprarlo! ¡Fue Tatú!

Y le digo:

–Además estaba el nene cerca y un vidrio le lastimó la mano.

Ahí se quedó helado, y me dijo:

–¡Es mentira!

–¡Es verdad! –le retruco.

Ahí terminó la charla. En realidad, no se había roto el vidrio, ni nadie se había lastimado, se lo había dicho a propósito para agrandar la situación.

Ese mismo día a la tarde me llama Cristina para que vaya a verla porque se volvían a Buenos Aires y quería coordinar algunos trabajos. Cuando entro por la puerta de la cocina, él estaba en el *living*, escucha mi voz y me llama... Con cola de paja me dice:

–Ese Tatú es un boludo, ¡cómo va a hacer eso! Al techo tenía que tirar.

Por supuesto que conociéndolo no tenía ninguna duda de que la piedra la había tirado él.

Baja Cristina del dormitorio y me ve en el *living* con él.

–¿Llegaste? No me avisaron.

Se sienta con nosotros, en un momento se hace un silencio y pensé... ¡esta es mi oportunidad! Y digo sin dirigirme a nadie:

–¡Qué boludez lo que hicieron hoy!

–¿Qué cosa? –dice Cristina, mientras él miraba fijo el televisor.

–Lo que hicieron estos hoy en mi casa. Tiraron un piedrazo, rompieron un vidrio y el más chico se cortó una mano...

Cristina lo miraba sin sacarle la vista y le decía:

–¡Decime que es mentira!

Él miraba el televisor como que no estaba escuchando mientras ella le seguía preguntando. En un momento Néstor le contesta:

–¡Es mentira de este! ¿No lo conocés?

¡Por supuesto que yo decía que era verdad y ella enojadísima le decía de todo a los gritos!

–¡Estás loco! Yo no puedo creer que hagas esas chiquilinadas. ¡¡¡¡No lo puedo creer!!!!

Cristina sale enojada hacia la cocina, y cuando quedamos los dos solos en el *living*, él me mira con cara desencajada y me dice:

–¡¡¡Ya me la vas a pagar, acordate!!!

¡Hasta el día de hoy nos reímos con Cristina de ese día!

Podría seguir con muchas anécdotas más, pero lo que quiero reflejar con estos recuerdos es que lo que hacía distinto a Néstor era su sencillez, su humildad, la sensibilidad para ver lo que otros no veían… o no querían ver. Ese tipo despojado de las formalidades, los protocolos, y preocupado realmente por lo importante.

Hay algo que me quedó grabado de él, yo no lo conocía personalmente todavía y ya era presidente. Se inauguraba una fábrica en José León Suarez y uno de los empresarios le agradeció que estuviese presente en ese momento y dijo que él, como hombre común, se sentía muy contento con su presencia… Era el presidente, ¿no?, pensaba yo. Y Néstor, cuando tuvo la palabra, primero le agradeció que lo hayan invitado, y seguido le dijo que él también era un hombre común con responsabilidades temporales importantes, pero nunca iba a dejar de ser un hombre común, porque el día que dejara de serlo, ya se vio lo que le pasa a la Argentina.

Y era así. Néstor no actuaba.

Yo creo que esta es la síntesis de él. Un hombre común… que de común no tenía nada.

Ese hombre que estaba en todo, desde el manejo de un país, de pensar una América distinta, hasta de acordarse, veinte días después, si una persona que le había contado su problema en la calle ya lo tenía resuelto…

Ese que me llamó por teléfono media hora después de haber terminado su discurso ante la Asamblea de las Naciones Unidas para preguntarme si había terminado de techar (un mes antes le había dicho que para esa fecha iba a estar el techo terminado). Yo no lo podía creer.

Ese que llamó a mis padres cuando falleció mi hermano en un accidente acá en Calafate para decirles simplemente: «Soy un soldado de ustedes, hago lo que me digan». Y en realidad él sabía que había hecho lo máximo que podía para aliviarles un poquito el alma en el peor día de sus vidas, llamándolos.

Ese que se preocupaba, y ocupaba, por la enfermedad de la madre de un compañero de la escuela primaria. ¡¡¡Sí!!! De la primaria.

El que se angustiaba y le dolía en el alma la necesidad de la gente; se le notaba en la cara…

El que quería visitar la obra cuando toda la gente estuviera trabajando, saludándolos uno por uno, preguntando de qué lugar habían venido, escuchando sus historias de vida. ¡¡Y no lo hacía por compromiso!! Al contrario, le importaba realmente. Hasta pidiéndole él a la gente sacarse una foto con ellos, (leyeron bien, la foto la pedía él) mientras le sacaba el casco de protección a algún obrero para ponérselo, sacarles una sonrisa y salir en la foto con el casco puesto. Y por supuesto, nunca faltaba el chascarrillo. «¿Este les paga? ¡Si no, me avisan, eh! Por supuesto, todos se reían.

Y sí, era la forma que tenía de cargar toda esa interminable energía que tenía, estar en contacto con ellos, que tanto defendía. Esa es la conclusión que saqué con el tiempo, pensaba que desde su asunción como presidente, en un acto o una recorrida por algún barrio, siempre terminaba fundido entre toda esa gente que a él realmente le importaba. «Es muy fácil y cómodo ponerse del lado de los más fuertes», lo he escuchado decir mil veces.

Néstor era así de simple y así de especial, con una cabeza que no volví a ver y una capacidad de trabajo que te cansaba verlo. ¡¡¡¡Y eso que a Calafate venía a descansar!!!! No estaba en su diccionario la palabra descansar.

Hasta que ese 27 de octubre del 2010, soleado y sin viento, ese cuerpo flaco, torpe y desgarbado no aguanto más. Y… pobre cuerpo, había que tener esa cabeza arriba.

Fue como si el día hubiese sabido lo que estaba pasando… Todo fue calma, un día diáfano, raro en octubre, cuando el viento parece un ser vivo y enojado.

Eran las ocho de la mañana y estaba durmiendo, escucho que suena el teléfono, mi esposa atiende, se sienta en la cama y casi sin querer decirlo me dice: «Llamó una amiga que fue a llevar al bebé a la guardia del hospital… y… y me dijo que falleció Néstor». En el momento pensé que no podía ser cierto, yo había estado en su casa el día anterior y me costaba creerlo.

Me cambié y fui al hospital; luego, la intimidad en su casa. Una Cristina que enternecía con su entereza, baja la escalera y me dice: «Viste, Pablo, tuvo que ser en Calafate».

Y así se fue sin irse, hasta el día de hoy lo veo sentado en el sillón del *living*…

En ese funeral en Buenos Aires, donde miles y miles de personas lo despidieron, también fue como si el día supiese lo que pasaba… La lluvia se confundía en lágrimas.

Estoy seguro de que dijo desde el cielo: «Para la historia».

¡¡¡Te abrazo desde el sur, amigo, se te extraña!!!

EDGARDO DEPETRI

Subsecretario de Ejecución de Obra Pública de la Nación.

Elegí algunos momentos vividos con Néstor para escribir en este aniversario de su temprana partida física. A medida que bosquejaba las primeras líneas, me nació un hilo conductor que marcó nuestra militancia y nuestro encuentro en la política: los Yacimientos Carboníferos de Río Turbio y los trabajadores mineros. Si bien esta es una de las etapas más importantes, porque fue donde nos conocimos, a lo largo de este capítulo me propuse hacer una recorrida por los momentos más importantes de nuestra historia compartida.

A Néstor lo conocí en Río Turbio en 1982, para ese momento, la dictadura militar había decidido cerrar el yacimiento de carbón, y nosotros en respuesta habíamos promovido una masiva afiliación a ATE Río Turbio, que estaba intervenido. A partir de ahí, la comunidad entera se movilizó para evitar el cierre. Nuestro movimiento se sumó a la lucha contra la dictadura y a la exigencia de recuperación de la democracia. Éramos todos pibes, teníamos entre 20 y 25 años, algunos más grandes venían del exilio interno y habían militado en la Tendencia, otros de experiencias más tradicionales.

Corrían esos tiempos oscuros mientras el sindicato buscaba abogados, y por referencias de los compañeros, lo buscamos a Néstor. Mientras tanto, el conflicto de Turbio había ingresado en los medios de comunicación y la noticia irrumpió en la agenda política. En ese entonces, el interventor de facto de la provincia de Santa Cruz era el brigadier Antonio López, de la Armada, y en la nación estaban los dictadores Viola, Galtieri y Bignone. La dictadura, aún en retirada, hacía daño.

Hicimos una asamblea de delegados y trabajadores en Río Turbio y decidimos contratar como abogado a Néstor Kirchner, «el Flaco», o «Lupín», como lo conocían popularmente por su parecido a la caricatura del aviador. Después nos dirigimos a la capital de Santa Cruz, a sus oficinas ubicadas en la calle 25 de Mayo, y acordamos su incorporación en ATE.

A nosotros, Río Gallegos nos quedaba lejos, teníamos que cruzar rutas intransitables de ripio y las nevadas en invierno muchas veces nos dejaban aislados. Así que el acuerdo incorporó en uno de sus puntos que Néstor tenía que ir al yacimiento a atender las demandas de los compañeros. Una vez que firmamos el contrato que detallaba los términos del asesoramiento: convenio colectivo, accidentes laborales, reclamos salariales y previsionales, definimos los días de atención. Así llegamos al primer encuentro y desde ese momento dejó en claro su pensamiento: «Bueno, compañeros, hay que pelearla. No hay solución al yacimiento si no hay política que incorpore el carbón a la ecuación energética nacional». Ese fue el puntapié para comenzar un largo camino, él como abogado y yo trabajando dentro del movimiento sindical en el yacimiento minero.

Recuerdo que en algunas oportunidades, su presencia en la cuenca coincidía con los plenarios de delegados o asambleas generales, que las hacíamos en el cine local, y me quiero detener en una de ellas, donde se estaba tratando un conflicto por reclamo salarial. Él estaba en el sindicato y uno de los afiliados levantó la mano y nos pidió la presencia del abogado en el orden del día, Néstor se dirigió a la asamblea y a la vez que daba su aporte jurídico y su mirada de cómo abordar la cuestión legal, terminó bajando línea política, repudiando al gobierno militar y bancando a los trabajadores. Para la gran mayoría de los compañeros, él era el abogado del gremio, el que sistemáticamente llevaba cada uno de sus reclamos. Para la dirigencia política y gremial, para la interna, el Lupín, aparte de cumplir su trabajo, buscaba posicionarse en la pelea por el peronismo.

Otros vientos empezaban a correr mientras la dictadura, jaqueada por las protestas, la derrota de Malvinas y las denuncias de los organismos nacionales e internacionales, se veía obligada a transitar la vuelta a la democracia. En Turbio empezaron a abrirse las primeras unidades básicas, y con los compañeros y compañeras que venían de la Tendencia se fundó el Ateneo Eva Perón, que luego fue la lista blanca con la que Néstor y su agrupación disputaron la provincia.

Río Turbio y su comunidad soportaron embates de la dictadura militar, del gobierno de Alfonsín, del menemismo y de la Alianza, que una y otra vez intentaron cerrar la empresa o achicarla. Despidos encubiertos, ajuste presupuestario, concesiones ruinosas, jubilaciones anticipadas y abandono, postergaban el enorme potencial de esa riqueza mineral. Más de 700 millones de toneladas de carbón en reservas comprobadas, según el Banco Mundial.

Néstor estaba en su primera gobernación cuando el país vivía el auge del neoliberalismo que tenía en acuerdos con el FMI la plena vigencia de la convertibilidad, que significaba privatizar, cerrar o concesionar la totalidad de las empresas públicas.

Asumió una Santa Cruz en llamas: endeudada, desfinanciada, con salarios impagos, conflictos sociales y ahogada por el gobierno nacional de Menem, que asfixiaba y ponía en riesgo pueblos enteros que dependían de empresas nacionales; como pasaba con el nuestro que se sostenía por el carbón, o Caleta Olivia y Las Heras, cuya vida giraba en torno al petróleo.

En noviembre de 1994, estalló en Río Turbio un conflicto provocado por el abandono estatal, los reclamos salariales y los despidos. Néstor desde la gobernación y nosotros desde ATE Nacional, unificábamos estrategias para exigir una respuesta a la empresa y al ejecutivo nacional.

El conflicto se profundizó con la toma del yacimiento en la Unión 24 de las galerías 1P5 y 2P5. Más de 500 mineros permanecieron ocupando las profundidades del socavón durante once días. El protagonismo de Néstor como gobernador y la legitimidad y firmeza de los reclamos, nos permitió arribar a un acuerdo discutido con el propio presidente Menem. La asamblea de trabajadores exigía la presencia del gobernador para levantar la toma.

Néstor llegó al interior de la mina con el casco y la lámpara de minero encendida, se subió a la cinta transportadora (que hacía de improvisado escenario) y comenzó a hablar. Los mineros lo esperaban con ansiedad, expectativas, pero también con reclamos, hacía once días que convivíamos durmiendo en el piso, comiendo allí; once días sin ver a la familia, sin ver el sol. Antes de sus palabras se hizo un minuto de silencio en memoria de los caídos en el laboreo minero; hecho el homenaje, se encendieron las luces y Néstor empezó a hablar. Expuso que venía a reconocer la lucha de los trabajadores, a defender el yacimiento y su reactivación. Vino a poner el cuerpo y se comprometió a tomar las decisiones que hicieran falta para que el carbón sea parte de política energética nacional. En sus palabras, hizo autocrítica, fue duro con Menem y con la empresa privatizadora que estaba al frente de la administración. En ese clima difícil, las tensiones iban bajando y los mensajes del gobernador comenzaban a ser apoyados con aplausos. Ahí estaba Néstor protagonizando un hecho histórico a 300 metros debajo del cerro y a 5 kilómetros de la boca de mina. La comitiva salió, yo me quedé y empezamos a preparar el fin de la toma. Pude comprobar el debate que produjo su presencia. «Bien el Lupín», decían los viejos.

La historia cambiaría años después, el 25 de mayo del 2003, Néstor asumió como presidente. Nuevos y mejores tiempos se avecinaban para la cuenca, sin embargo, el destino nos volvía a golpear. El 13 de junio del 2004, alrededor de las 22:00, un incendio desató la tragedia. El sobrecalentamiento en uno de los rodillos de la cinta transportadora de la galería 1P5, en la Unión 9, habría iniciado el fuego por el polvo de carbón que se generó en los puntos de trasvase. Al mismo tiempo se preparaban para el cambio de turno los trabajadores salientes, mientras ingresaban los que cubrían la noche. El fuego se propagó por los tablones de madera que se usan para entibar. Comenzaron los derrumbes en varios sectores y se produjo un corte en las comunicaciones que impidió dar aviso a los mineros para que pudieran salir caminando contracorriente por el chiflón 7. Salieron en el camión, el cual chocaron por la falta de visibilidad, se bajaron del vehículo y a pie atravesaron la columna de humo y monóxido de carbono. Fueron 14 los fallecidos.

Allí quedaron para siempre: Julio Álvarez, Miguel Cardozo, Odilón Vedia, Héctor Rebollo, Nicolás Arancibia, Ricardo Cabrera, Silverio Méndez, José Armella, Jorge Vallejo, José Chávez, Oscar Marchant, Sixto Alvarado, Víctor Hernández y José Hernández.

El feroz ajuste que denunciamos incansablemente en la época de los 90, el vaciamiento y el deterioro de las instalaciones de seguridad y equipamiento preventivo, fueron la causa principal de aquella tragedia que era transmitida en vivo por los medios. Néstor me llamó: «En una hora salgo para el Turbio, en este momento tan duro no voy a dejar a la gente sola. Si querés, venite, hay un lugar en el avión». Fue un vuelo largo. Néstor estaba consternado mientras recibía los informes donde le anunciaban el rescate de los primeros cuerpos sin vida.

Previa escala en Río Gallegos, llegamos con la comitiva al yacimiento y ahí nos esperaba el intendente Matías Mazú y el compañero de ATE Lino Heredia. Fuimos directo al Centro Cultural donde ya se había iniciado el velatorio de los primeros compañeros y el pueblo se agolpaba estremecido. Recuerdo un silencio atronador, solo interrumpido por los llantos de las familias. Néstor avanzó entre la multitud, saludó, compartió un largo rato, y despidió a los trabajadores. Unas horas después, yo me fui al sindicato y él al hospital a visitar a los sobrevivientes que llegaban para ser atendidos.

Tiempo después, en la Casa Rosada, con la presencia de una delegación de mineros, Néstor firmó el decreto convocando a la licitación de la construcción de la superusina en boca de mina, un reclamo de los pioneros. Ratificando su compromiso histórico de darle sentido y salida a la producción de carbón, como lo había hecho en 1998 siendo gobernador, mediante el DNU que constituyó la comisión que tendría a cargo el estudio de prefactibilidad de ese proyecto.

Le tocó a Cristina inaugurar el primer módulo de 120 megas. La reconstrucción del yacimiento se había puesto en marcha: 240 megas de potencia, para darle energía al país e incorporar el yacimiento a la ecuación energética nacional, como dijo Néstor cuando era abogado de los trabajadores. Néstor lo cambió todo.

Los recuerdos se entrecruzan. Cuántas historias junto a Néstor. Corría el año 2001, el comienzo de un nuevo siglo. Él ya se había consolidado en el gobierno de Santa Cruz y era una referencia importante para el movimiento popular de la Argentina. Su compañera, Cristina, desde las bancas que ocupó en el Congreso Nacional interpelaba con fuertes cuestionamientos a la gestión menemista y a la de la Alianza, que gobernaba aplicando las mismas políticas neoliberales y de ajuste, de la mano de Cavallo.

Nosotros, desde la CTA y en unidad con el MTA, fuimos parte activa de la resistencia de esos modelos de recesión y le dimos cauce organizativo y político a los movimientos sociales que en todo el país realizaban cortes de rutas y de calles denunciando el aumento de la pobreza y la desocupación.

El 23 de mayo, la Federación de Tierra y Vivienda (FTV) y la Corriente Clasista y Combativa (CCC), habían organizado una enorme movilización y toma de la ruta 3, en el kilómetro 23. Era el segundo «Matanzazo» y en él se expresaba la denuncia y la resistencia al plan económico que condenaba a millones de compatriotas a la pobreza. Fueron 19 días de protesta. Recuerdo que cuando terminó, los compañeros iban retirando las gomas quemadas de las vías y limpiando el lugar. Estábamos con Luis D'Elía cuando me sonó el celular, era Néstor desde Santa Cruz. Tengo muy presente ese diálogo, como si fuera hoy: «Te estoy viendo, estás en un corte en La Matanza. ¿Cómo terminó, bien?». «Esperá que ya te paso con Luis para que te cuente», le respondí. Me acerqué unos pasos y le dije: «Luis, es Néstor Kirchner, atendelo que quiere hablar con vos». Y Luis, con cara de ironía, me preguntó: «¿Quién es?». Con un tono molesto le dije: «Cortala, loco, siempre igual vos. Es el gobernador de Santa Cruz, el esposo de la senadora Cristina Fernández». Luis tomó el teléfono y le comentó cómo había terminado el conflicto. Antes de despedirse, Néstor le expresó: «Bueno, Luis, te felicito, esta es una gran conquista. Cuando yo sea presidente, ustedes no van a vivir más estas injusticias que sufren ahora». Finalmente cortaron la comunicación, me devolvió el celular y me preguntó entre risas: «Che, Edgardo, tu amigo me dijo que va a ser presidente. Hay que ser boludo, ¿no?».

El sistema político había entrado en crisis. A los paros, las movilizaciones y cortes de ruta, un conjunto de organizaciones sindicales, políticas y religiosas, constituíamos el Frente Nacional contra la Pobreza (FRENAPO). El gobierno de De La Rúa debatía dolarizar la economía o devaluar la moneda, y tenía en su agenda como prioridad el compromiso fiscal firmado con el FMI, que implicaba un congelamiento por cinco años del mal llamado «gasto social». Frente a esa coyuntura, el FRENAPO impulsó una consulta popular que se llevó adelante los días 14, 15 y 16 de diciembre, donde se proponía la creación de tres instrumentos como salida a la crisis: un seguro de empleo y una remuneración mensual para cada jefe o jefa de hogar desocupado, una asignación universal para cada hija o hijo de hasta 18 años y otra para mayores de 65, que no percibieran jubilación ni pensión. Fueron más de 3 millones de votantes los que asistieron a las urnas en todo el territorio nacional. Pero el único gobernador que acompañó la iniciativa y que convocó legalmente a la elección, fue Néstor Kirchner en Santa Cruz, donde la provincia obtuvo el porcentaje nacional más alto en participación por cantidad de habitantes.

La situación en el país iba empeorando, De La Rúa hizo caso omiso a esa propuesta, que promovían más democracia, distribución del ingreso y soberanía popular. El gobierno nacional se debilitaba y los grupos económicos discutían salir de la convertibilidad con más ajuste. El hartazgo de la sociedad que se perpetuaba en la miseria explotó el 19 y 20 de diciembre. El gobierno se derrumbó, y con él, el modelo convertible. Un mes después, en enero del 2002, empezaba otra etapa que nadie veía venir. Me encontré con Néstor en El Calafate y su sueño presidencial cobraba más fuerza.

Como dije al principio, seleccioné contar estas vivencias con Néstor, dejando de lado muchas otras, porque creo que reflejan parte de su esencia: la de un hombre que al único poder que reconoció y obedeció fue al del pueblo. Tuve la oportunidad de conocerlo y la suerte de caminar con él por casi 30 años, y desde nuestro primer encuentro en el yacimiento hasta su partida física, iniciamos un camino en el que en cualquier circunstancia nos mantuvimos unidos.

Se me vienen a la cabeza muchos momentos, desde nuestros encuentros en el bar Molière de la calle Arenales o las charlas en la sede de la Casa de Santa Cruz, donde él armaba las reuniones con dirigentes y militantes, ya con objetivos claros para lanzar su candidatura presidencial. En una oportunidad coincidimos en El Calafate y aunque casi siempre nos reuníamos en la Casa de Residencia, esta vez me dijo que iba a pasar por el hotel donde yo me hospedaba. Terminó llegando como dos horas más tarde, porque había venido desde su casa caminando y los vecinos lo paraban para saludarlo y conversar. Todo lo opuesto a lo que sucedía con la mayoría de la dirigencia nacional, que era repudiada.

Era enero del 2002, ya habían pasado cinco presidentes en una semana, y ahora Duhalde gobernaba. Era el tiempo de «piquete y cacerola, la lucha es una sola». La Argentina estaba en plena conmoción, y Néstor era uno de los gobernadores más importantes en negociar desde el PJ, los rumbos y el futuro del país. Lo que siguió es de público conocimiento: el acuerdo con Duhalde, los tres candidatos a presidentes y la campaña.

Para ese entonces, Néstor tenía un nivel de conocimiento bajo ante el electorado y a eso se le sumaba un sistema político en el que la mayoría de la gente descreía, estaba muy presente el «que se vayan todos». Desde la política la cosa tampoco resultaba sencilla, se había diseñado un sistema electoral que priorizaba los intereses de cada una de las provincias por encima de la elección nacional, es decir, un desdoblamiento.

Durante la campaña, la estructura partidaria del PJ bonaerense le garantizaba estructura, territorialidad y movilización, pero el discurso de Néstor no encajaba del todo para ellos: sus invocaciones a la patria, a los compañeros desaparecidos, a los vivos que se llevaban la plata y a terminar con la pobreza, cuanto menos era una anomalía para una dirigencia que mayoritariamente había sido parte del problema.

El día de las elecciones, Néstor me llamó y me preguntó cómo veníamos, yo estaba en la CTA y le respondí que venía muy bien: «Se está cayendo el voto a Carrió, y la mayoría de los trabajadores te votan a vos, contra Menem». Ese día era mi cumpleaños, así que se lo recordé antes de cortar y en tono de broma le pedí que me saludara, me dijo: «Esta noche a festejar por partida doble».

Ya como presidente, lo recuerdo diciendo reiteradas veces: «Tengo más desocupados que votos». Sin duda, la voluntad es política, porque con todo el viento en contra y con el impulso de ese casi 23 por ciento de los votos; ordenó la calle, creó empleo y mejoró salarios, reestructuró la deuda y le pagó al Fondo Monetario. Reactivó el aparato productivo nacional. En materia de derechos humanos, revivió la consigna «Memoria, Verdad y Justicia», y puso en alto las banderas de lucha de las Madres y las Abuelas de Plaza de Mayo, cuando hizo bajar de las paredes del Colegio Militar, los cuadros de los genocidas Jorge Rafael Videla y Reynaldo Bignone.

A lo largo de este capítulo, tuve que hacer mucha memoria sobre los recuerdos, más que nada porque algunas épocas han quedado sin registro fílmico o fotográfico, la tecnología no era la misma cuando estábamos en el Turbio, que la que registraría los acontecimientos tantos años después. Pienso mucho en eso, cuando veo las fotos de la cuarta cumbre del ALCA. El 2005 fue un año clave para América Latina por ese acontecimiento y para el gobierno de Néstor también, ya que se avecinaba la elección de medio término que iba a definir su gobierno. Los ojos del mundo estaban posados en Argentina.

El ALCA era lisa y llanamente la anexión de América Latina al territorio norteamericano. No hay duda de que su derrota fue posible por el triunfo de los gobiernos populares: empezó con Chávez, siguió con Lula, Mujica y Néstor.

Creo que todos los que estuvimos ahí tenemos muy presente ese 5 de noviembre. Habíamos llegado a la madrugada a Mar del Plata, llovía, la ciudad estaba sitiada, pero también movilizada. Marchamos por las calles en caravana, veníamos desde todos los puntos del país y nos concentramos en el estadio José María Minella, para escuchar a Chávez: «ALCA, ALCA, AL CARAJO», era el punto final de una gesta histórica que cambió la política argentina y latinoamericana.

En ese año, la fractura con Duhalde era un hecho. Cristina encabezaba la lista de senadores y era claro que esa elección definía el destino del gobierno y la jefatura del peronismo. El debate electoral de la provincia de Buenos Aires se había nacionalizado y significaba un plebiscito a favor o en contra del proyecto.

Se estaba discutiendo la lista de diputados nacionales, y los movimientos sociales éramos una parte importante del dispositivo político de Néstor. Nos incorporamos a la lista del Frente para la Victoria, un legislador por cada sección electoral, principalmente de la primera y la tercera del conurbano, que era donde mayor representación teníamos.

A eso de las nueve de la noche, Néstor me llamó y me dijo que vaya para Casa Rosada, que necesitaba hablar conmigo. «El candidato a diputado tenés que ser vos, venís del movimiento sindical, sos mi amigo y me tenés que acompañar, tenemos que avanzar y transformar. Hablá con los compañeros y explicales», me dijo. Su decisión me sorprendió, le pedí un rato para pensarlo, además necesitaba hacer un par de llamadas, me dijo que no: «Firmá y después llamás». Pasé al despacho de Alberto Fernández y firmé.

Cristina arrasó con el 46 por ciento de los votos, superando por más de 26 puntos a Chiche. El gobierno se consolidó y Néstor se constituyó como el líder del peronismo. Esa elección rompió el récord de participación ciudadana. La Argentina iniciaba así un período de reconstrucción, primero resolviendo la crisis de representación política jaqueada por años de desconfianza, la baja concurrencia, abstenciones y el voto en blanco.

Néstor hizo un enorme aporte al rol del parlamento. Ya en 2004 había enviado la ley que derogaba la flexibilización laboral, conocida como «ley Banelco», un histórico reclamo del movimiento obrero. Además se declararon nulas las leyes de Obediencia Debida y Punto Final. Con la legitimidad de la última elección, profundizó el debate de leyes fundamentales enviadas por el poder ejecutivo. Se aprobó la unificación de las elecciones legislativas y se avanzó con la reforma del Consejo de la Magistratura.

En el marco de la movilización de trabajadores docentes, defendí en el recinto un proyecto emblemático de su gestión; la ley de Financiamiento Educativo, que aseguraba un aumento progresivo de la inversión en educación, ciencia y tecnología, hasta alcanzar el 6 por ciento del PBI en 2010. Gracias a esa norma se recuperaron y fortalecieron las escuelas técnicas y se garantizó hasta el 2009 el Fondo Nacional de Incentivo Docente, una reivindicación de la carpa blanca.

Envió al Congreso la ley de estatización de Aguas Argentinas, la vieja y querida Obras Sanitarias de la Nación, que había sido concesionada durante el menemismo al grupo francés Suez. Me tocó fundamentar, como presidente de la Comisión de Obras Públicas, cargo que ocupé a propuesta de Néstor, la estatización de esa empresa que no solo no garantizaba el agua potable para los habitantes del conurbano, sino que la proveía contaminada con arsénico, a la vez que facturaba las tarifas en dólares. Néstor promovió junto con los trabajadores una empresa pública, un derecho, un bien social y estratégico. Un camino que se iba a profundizar con Cristina.

Me acuerdo de un diálogo que tuvimos en Olivos: «Tu reelección viene fuerte, vas a ganar caminando», le dije. «No, no voy a ser candidato», me respondió. «Vos tenés la elección ganada, además todo el mundo pide que seas vos». Me miró y con firmeza continuó: «No, va a ir ella, hace rato que se viene preparando, estudia muchas horas, va a ser mejor presidenta que yo».

Cristina fue candidata y ganó en primera vuelta. Tuve el privilegio de recibirla en el Congreso el día que él le traspasaba el mando y ella asumía como presidenta.

Apenas iniciada su gestión, los sectores dominantes se alinearon en contra de Cristina. Una de sus máximas expresiones fue el paro y corte de rutas de las patronales sojeras, por su resistencia a la resolución 125, que establecía retenciones a las rentas extraordinarias de la producción agropecuaria.

Las reacciones eran muy violentas: cortes de rutas, desabastecimientos y escraches a los diputados y a los dirigentes que defendíamos la aplicación de esa norma. Néstor se había puesto al frente de la defensa del gobierno, estaba convencido de que la rebelión campestre nos quería llevar puestos. Nos dio instrucciones claras; había que ganar la calle. La pelea duró cuatro meses y nos marcó a fuego, vivimos movilizados, por momentos exhaustos. Recuerdo que una vez hicimos una vigilia en la Plaza de Mayo, porque una columna enorme de caceroleros marchaba a la Casa Rosada. Néstor se apareció como a las doce de la noche a saludar y darle fuerza a los compañeros.

El bloque de diputados estaba muy tenso, y se produjo la primera fractura. Felipe Solá y varios legisladores se alinearon con la mesa de enlace, a esa altura del conflicto el bloqueo patronal provocaba escasez de alimentos, y la alianza agraria y mediática había resuelto ir por la caída del gobierno. Néstor venía observando que varios de nuestros diputados estaban dudando o querían modificar el proyecto, entonces nos convocó a Olivos y con un tono firme y serio nos dijo: «¿Qué pasa muchachos? En estos momentos es donde más hay que bancar a la presidenta». Después de extensos debates y reuniones en Diputados, la resolución fue aprobada ajustadamente y luego pasó a la Cámara Alta donde el voto no positivo de Cobos o Judas, dejó sin efecto la medida.

Terminamos a las cinco de la mañana y a las ocho me llamó Néstor: «Perdimos, nos vamos, que vengan ellos a hacerse cargo del gobierno». Solo atiné a decirle: «Pará, esto se va a acomodar». Sentí que sus palabras eran más que nada un reclamo hacia el interior de nuestra fuerza, por los propios que habían votado en contra. Estaba con mucha bronca.

Después de ese conflicto, la derecha se reagrupó y se envalentonó. Las operaciones mediáticas y destituyentes siguieron con más fuerza: denuncias, campañas sucias/machistas, descalificaciones como «Chorra, puta y montonera», y tantos otros agravios, se mostraban a toda hora en las pantallas de televisión. Ese odio fue la base de la conformación del grupo A, que se perfiló para competir en el 2009.

Néstor sabía que las elecciones de medio término venían complicadas. En la provincia de Buenos Aires, el PRO armó listas con el peronismo disidente y también se conformó un frente de centro-izquierda. Ante esta situación decidió encabezar la lista de diputados nacionales, que integré con el número 17. Los resultados hicieron que entraran 12 legisladores, perdimos la mayoría en el Congreso.

En diciembre me llamó para ofrecerme un lugar en el gabinete: «Me parece que el mejor lugar es que estés cerca de Cristina». Asumí como subsecretario de Relaciones con la Sociedad Civil. Desde ese lugar lo acompañé a varios actos y uno de los más significativos fue el del 25 de mayo del 2010. En esa fiesta del Bicentenario, Cristina recibió en Casa Rosada a los presidentes de Latinoamérica. Ese día acompañé a Néstor y al resto de los mandatarios, que caminaron por toda la Plaza de Mayo, hasta llegar al Cabildo, donde se proyectaron imágenes que narraban la historia argentina. Luego siguieron a pie unas cinco cuadras por Avenida de Mayo. Era imponente y conmovedor.

El último acto público lo hicimos en el aniversario del Foro de San Pablo, donde fue el orador central, ante una numerosa delegación internacional.

Me preocupé muchísimo cuando en septiembre se enfermó. Poco antes del acto que los pibes armaron en el Luna Park, después de su recuperación, lo seguí viendo en Olivos o en la Cámara de Diputados, desde donde ejerció el rol indiscutido de líder y conductor. El 20 de octubre se produjo el asesinato de Mariano Ferreyra en manos de una patota de la Unión Ferroviaria, que conducía José Pedraza. Aquella manifestación de trabajadores tercerizados que pedían el pase a planta permanente generó una verdadera conmoción en el país y en Néstor en particular. Ese día me llamó por lo menos cuatro veces y en todas esas conversaciones me contaba sobre el avance de las investigaciones y me repetía: «Nos tiraron un muerto, hay que denunciarlo. Hablá con los compañeros, ayudemos, necesitamos encontrar a los responsables».

El 27 de octubre, día del censo nacional, recuerdo que en casa, aunque era feriado, nos levantamos temprano. Me había llamado la atención haber recibido mensajes de texto y de voz en el contestador, de compañeros dirigentes preocupados por Néstor. Llamé a su secretario Juan «Tatú» Alarcón: «No puedo hablar, Edgardo, pero sí, está muy grave». Al rato, en cadena nacional, los medios confirmaron su fallecimiento. Tengo presente que en ese momento me abracé con mi compañera de vida Graciela y lloramos juntos.

El celular no paraba de sonar, eran los compañeros que una y otra vez preguntaban: «¿Vamos a la plaza?». Alrededor del mediodía, una marea humana se convocó en la Plaza de Mayo. Me encontraba haciendo la vigilia cuando me llamó Héctor Icasuriaga: «Estoy con Cristina. Me dice que vos vas a asumir la banca en el lugar de Néstor».

El 3 de noviembre, la Cámara de Diputados me tomó juramento. Tuve sensaciones contradictorias, nunca hubiera querido asumir en esas condiciones, pero lo hice con lealtad y compromiso. Hay un poema que recitó Néstor y que nos quedó a todos guardado en la memoria, *Quisiera que me recuerden*, de Joaquín Areta, compañero detenido y desaparecido. Ese día de tantas emociones encontradas decidí parafrasear ese maravilloso texto y recitarlo cuando juré en su lugar. Y dice así:

«Quisiera que me recuerden / sin llorar / ni lamentarme / quisiera que me recuerden por haber hecho caminos / por haber marcado un rumbo

/ porque emocioné su alma / porque se sintieron queridos, protegidos y ayudados / porque interpreté sus ansias / porque canalicé su amor. / Quisiera que me recuerden junto a la risa de los felices / la seguridad de los justos / el sufrimiento de los humildes. / Quisiera que me recuerden con piedad por mis errores / con comprensión por mis debilidades / con cariño por mis virtudes, / si no es así, prefiero el olvido, / que será el más duro castigo por no cumplir mi deber de hombre».

Traté en ese momento de reflejar ese sentimiento que aún hoy está presente. Néstor fue un gran presidente, tuve el orgullo de ser su amigo y compartir el proyecto que él lideró junto y con Cristina. Siempre digo, antes que nada, Néstor fue una buena persona.

ÁNGEL MAZA

Exgobernador de La Rioja.

Recuerdo que conocí a Néstor Kirchner cuando yo era secretario de Minería de la Nación, él ya era gobernador de la provincia de Santa Cruz y se comenzó una etapa con mucho consenso, de la dirigencia política de todos los partidos, tratando de hacer a la minería argentina más atractiva, para que vengan inversiones al país.

En ese momento, todas las provincias tenían empresas mineras del Estado y con un nuevo marco jurídico, con seis leyes sancionadas por unanimidad, se hizo a Argentina mucho más atractiva y confiable. Santa Cruz fue una las provincias que obtuvo muchos beneficios con las explotaciones mineras, que hasta hoy las sigue teniendo.

Pero antes de eso, con Néstor nos encontrábamos en el Consejo Federal de Inversiones (CFI) cuando se discutía la coparticipación o se reunía la Comisión Federal de Impuestos. Y desde esa época, Néstor siempre trató de diferenciarse de los otros gobernadores haciendo declaraciones políticas que dejaban traslucir sus aspiraciones para algo más grande. Recuerdo que eso causaba escozor en varios participantes de aquellas reuniones, porque Néstor era el que hablaba primero, el que pegaba primero. Eso denotaba que no era un gobernador más. En esos tiempos me di cuenta de que Néstor tenía apego a las reformas profundas. No era alguien que su gestión iba a pasar desapercibida, no iba a dejar las cosas como estaban, sino dejar su impronta, su huella: ser innovador. Y en ese sentido, cuando fue el tema minería, él apoyó abiertamente. Lo mismo cuando fue el tema del petróleo, que le llegaron las regalías por ser las provincias, las dueñas de los recursos del subsuelo.

Luego vivimos una etapa de mucha vinculación y conocimiento mutuo, que fue la etapa más dura que nos tocó vivir, cuando fue el gobierno de la Alianza, de De la Rúa, en el año 2000, donde prácticamente los gobernadores teníamos que estar semanas enteras en Buenos Aires ayudando a la gobernabilidad del país.

En aquella época, teníamos reuniones casi todas las mañanas, desayunábamos juntos Adolfo Rodríguez Saá, Néstor y yo, que teníamos tres improntas distintas. Adolfo que tenía mucha experiencia en la gestión y también tenía aspiraciones, y Néstor, que era un hombre agudo, intenso. Yo siempre opté por un perfil bajo porque tenía la responsabilidad de gobernar, es decir, conseguir lo mejor para la provincia de La Rioja. Y en ese sentido, yo noté que Néstor me tenía confianza política.

En aquel tiempo del gobierno de la Alianza, como obviamente yo estaba en el sector de mi comprovinciano Menem, todas las veces que nos veíamos con Néstor, él me preguntaba: «¿Qué hace el Turco?». Por supuesto que yo le comentaba cosas de Menem, de la gestión. Creo que de alguna forma, Néstor lo respetaba a Menem, porque veía que tenía un carisma natural y una osadía para aplicar reformas en la gestión. Creo que por eso muchas de las cosas que hablábamos de Menem eran sobre su parte humana, sobre sus formas de relacionarse con este, con aquel, con la gente. Yo a veces le decía: «¿Para qué me preguntás tanto de Menem?».

Una vez charlamos sobre el tema de la famosa Ferrari y le expliqué que en La Rioja, la cuestión del caudillo tiene mucha preeminencia en la sociedad, y le hice el paralelismo: «¿Vos te imaginarías a un Facundo Quiroga andando en un matungo? No. Tenía el mejor caballo. Menem tenía esa misma concepción». Eso también pinta que a Néstor también le interesaba la parte humana de los dirigentes, de las personas.

Hoy pienso en todo lo que hizo Néstor; todo lo que construyó políticamente, lo hizo con mucho esfuerzo, con mucho trabajo, con mucha militancia, le costó mucho más que a otros. Es uno de sus grandes méritos, el premio a la voluntad, a la persistencia.

Otra etapa comenzó cuando se va De la Rúa y nuevamente el justicialismo tuvo que hacerse cargo de la conducción del país. Entonces, los gobernadores comenzamos a reunirnos, ahí el consenso era que el candidato fuera Reutemann, el encargado de conducir la salida de la crisis, una nueva etapa de la Argentina. Pero Reutemann no quiso, dando una respuesta elíptica. Así que no se veía una salida porque no había una figura importante que tomara las riendas.

Así fue que vino todo el período del Adolfo Rodríguez Saá, que al principio dio señales buenas, pero después apareció como que quería estirar un poco más la situación, continuando como presidente. Y la provincia de Buenos Aires esto no lo veía bien, porque la principal misión que se le había encomendado a Rodríguez Saá era preparar el camino para llamar a elecciones, y entonces se profundizó la crisis.

Entonces, los gobernadores, un poco para darnos apoyo entre nosotros, comenzamos a hacer reuniones en distintas provincias. Se hizo una en Chaco, también en Jujuy, también en La Rioja, y todos querían saber si iba a estar Menem en la reunión que hicimos en nuestra provincia.

Kirchner no fue al encuentro de La Rioja, pero después organizó en El Calafate otra reunión de gobernadores, a la cual solamente asistí yo por la provincia de La Rioja y Carlos Manfredotti, gobernador de Tierra del Fuego, que obviamente era «como de la casa». Manfredotti, si bien era entrerriano, vivía en el sur desde la década de 1970. Había sido gremialista. Creo que no fue ningún gobernador, porque todos querían estar prescindentes en ese momento, porque ya era como que Kirchner estaba lanzado. Sí fueron a Calafate muchos dirigentes nacionales, como Duhalde, Moyano, De Mendiguren y otros, un vuelo chárter lleno. Para mí, el haber ido a esa reunión era una cuestión de respeto, más allá de nuestras adhesiones políticas. Creo que también viajé a Calafate porque tenía cierta afinidad con muchos de los que asistieron, ya que en épocas juveniles había militado en organizaciones de superficie de la denominada «la Tendencia» dentro del Movimiento Nacional Justicialista. Además, muchos compañeros de aquel entonces apoyaban a Néstor. También pensaba en el futuro de mi provincia, porque sabía que la lucha iba a ser intensa, como toda lucha en el justicialismo.

La recepción de Néstor fue muy buena, muy receptiva, más allá de los orígenes distintos, de las posiciones distintas que teníamos en ese momento. Porque coincidimos en la necesidad de priorizar buscar una salida a la crisis. Esa reunión fue un poco como el inicio de su carrera a la presidencia, y aun sabiendo eso, creo que a partir de ahí, nuestra relación en el aspecto humano se afirmó.

Al poco tiempo, surgió el tema de ver quién iba a ser el candidato (el peronismo fue con tres: Néstor, Adolfo y Menem). Sucedió que el candidato en el que primero pensó el presidente Duhalde era De la Sota, pero el dirigente cordobés empezó a caer en las encuestas y ahí Duhalde se fijó en alguien nuevo, que fuera parecido, que estuviera establecido pero que pudiera crecer en la opinión pública, en la intención de voto.

Así fue como Duhalde propone la figura de Néstor Kirchner. Yo no estuve en las decisiones directas porque mi responsabilidad era cuidar a La Rioja, pero pregunté por qué la decisión de ponerlo a Néstor como candidato y me dieron esa respuesta de la caída de De la Sota y la posibilidad de crecimiento que tenía Kirchner.

Lógicamente, después vinieron las elecciones, que las ganó Menem, pero no le alcanzó el porcentaje, había sacado el 29 % y quedó planteado el nuevo escenario del balotaje entre Menem y Kirchner, al cual Menem no se presenta, sabiendo de una derrota en esa instancia. También lo hizo para priorizar acuerdos que aseguraran la gobernabilidad de nuestro país, pero la gente que apoyaba a Kirchner lo tomó como que hubiera tenido más legitimidad si hubiera tenido un triunfo amplio en esas elecciones.

Cuando Néstor Kirchner ganó las elecciones presidenciales, los primeros tiempos fueron duros para La Rioja, porque nosotros apoyamos naturalmente al candidato de nuestra provincia hasta que logramos vencer ese vacío integral. Eso fue con el homenaje a monseñor Enrique Angelelli, que le hicimos en el lugar donde lo mataron, en las cercanías de Chamical en el corazón de los Llanos riojanos.

Angelelli era una bandera de los derechos humanos por su «opción por los pobres» desde la época de la represión. Y si bien el exobispo estaba en la memoria de todos, a partir de ese acto, que no fue en la capital de La Rioja, sino en Chamical, a 150 km de la capital provincial, tuvo trascendencia nacional.

En ese homenaje asistió mucha gente humilde y simple, que es lo que le gustaba a Néstor, y eso se notó en su complacencia de participar en ese acto, donde fue el protagonista principal. También allí quedó en claro que Néstor venía a poner el tema de los derechos humanos como uno de los temas principales y más importantes de la agenda pública que iba a llevar adelante. Y gracias a Néstor, monseñor Angelelli y toda su tarea pastoral de acercamiento y trabajo con los pobres, de renovación de la Iglesia católica argentina, tomó dimensión nacional, se puso en el tapete de los acontecimientos públicos del país y hasta del mundo, porque hasta en Roma tomaron en cuenta la nueva política de Néstor. Recuerdo que ese día aterrizó en la base aérea de Chamical, era el 4 agosto del 2004 al mediodía. Lo acompañaban el jefe de Gabinete, Alberto Fernández; el ministro del Interior, Aníbal Fernández, y el secretario de Derechos Humanos, Eduardo Luis Duhalde. Subimos en una combi para ir al acto, pero una cuadra antes, Kirchner decidió bajarse y caminar entre la gente.

Cerca del palco, que se instaló frente a la plaza Castro Barros, Kirchner entró en una casa que prestó un vecino para que pudiera reunirse con militantes de derechos humanos, familiares de desaparecidos, expresos políticos de la dictadura y sacerdotes, que estaban en el Encuentro Nacional por la Soberanía Popular.

Recuerdo que los curas de los Llanos le mostraron a Néstor una cruz de madera que había sido ametrallada y dinamitada durante la dictadura, pero había quedado íntegra: Néstor la tomó en sus manos y la besó, y eso impactó mucho a la gente.

Aquel día Kirchner tuvo definiciones importantes: «Defender la justicia y defender la verdad lleva a que me agredan, a que me insulten –dijo en su discurso–, pero no me interesa, porque lo valen la justicia, la verdad y la memoria. Voy a estar firme como el algarrobo». Y sobre Angelelli fue explícito: «No murió en un accidente, terminemos con la mentira y con la hipocresía, lo mataron por defender la verdad y la justicia».

También el presidente de la nación, en ese momento, anticipó su pensamiento sobre la deuda externa cuando dijo: «Lo mismo, desde esta querida Rioja, de esta Rioja que es sentido de nacionalidad y de patria, desde las calles de La Rioja les digo a aquellos que conducen el Fondo Monetario Internacional (FMI) que vean cómo está cambiando la patria, y que vamos a negociar, que nos vamos a desendeudar, pero con dignidad, con justicia y sin hambre para el pueblo».

Desde aquel acto en Chamical en adelante, fue otro el trato hacia la provincia, porque se rompió ese hielo que las circunstancias políticas habían ido creando. Como no habíamos tenido fondos para construir casas, decidimos ganar tiempo construyendo solo «lotes con servicio» con toda la infraestructura, mientras duró esa sequía económica. Esa fue la base, que después permitió la construcción de miles de casas, varios barrios enteros, en lo que muchos llegaron a decir que se fundó una Nueva Rioja. Eso también nos permitió recuperarnos políticamente con la sociedad, a través de la gestión.

Estoy convencido de que la tarea de los gobernantes es crear las condiciones para que la sociedad se desarrolle. Así fue que hicimos caminos, se mejoró la energía, se solucionó el tema del abastecimiento de agua en la capital de La Rioja... La relación en ese momento con Néstor Kirchner, presidente de la nación, era plena. Tanto es así, que hasta se fijó que el cinturón verde, el cinturón agrícola, de la capital de La Rioja, había crecido mucho en muy poco tiempo.

En uno de sus viajes a La Rioja, hizo un comentario que antes cuando venía a esta ciudad, desde el avión se veía una ciudad rodeada por «descampados» y ahora la encontraba rodeada por un gran «cinturón verde». Antes había en toda la provincia unas 20 000 ha cultivadas con olivos y después llegamos a unas 200 000 ha plantadas. Y todo con «inversión genuina».

En esos tiempos siempre lo ponía al tanto detalladamente de todos los acontecimientos pasados y del momento. Fue la época de la culminación de una explosión demográfica que había comenzado mucho tiempo atrás, con las expectativas de Menem presidente: la capital tenía 40 000 habitantes y en pocos años pasamos a tener 100 000 vecinos. Todo esto lo charlábamos con Néstor, que tenía una visión clara del desarrollo económico.

Después sobrevino la crisis interna de nuestro gobierno provincial y como ya habíamos hecho mucha confianza con Néstor, yo le contaba todo lo que acontecía políticamente en La Rioja. Aunque él tenía sus propios informes, porque cuando yo le comentaba, él me respondía: «Sí, ya sé lo que pasa con fulano o mengano en La Rioja».

Néstor tenía claro lo que pasaba en La Rioja. Una vez, cuando se había puesto muy dura la cuestión interna, me dijo: «Si te tocan, voy a intervenir la provincia», cosa que al final no sucedió, porque la política tiene esas vueltas. Pero Kirchner tenía conocimiento acabado de lo que sucedía políticamente en cada provincia, en cada rincón del país. Conocía a los dirigentes, se reunía, te llamaba, sabía de acá, de allá; hacía política, en definitiva.

Un par de días antes de las elecciones del 2005, Néstor voló de nuevo a La Rioja para darme su apoyo explícito. Yo me enfrentaba a Menem como candidato a senador nacional. Así fue que en el acto, Kirchner resaltó que «La Rioja, tierra de patriotas, merece todo nuestro apoyo». Aseguró que «es muy importante defender los derechos federales» y que «la patria tiene que entender que provincias como La Rioja necesitan la mano permanente de la nación», culminando: «... les vengo a decir a los riojanos que los apoyo incondicionalmente y que estoy a su disposición. No los vamos a dejar en la estacada».

Ese día vimos que Néstor Kirchner no era un presidente más. Vimos cómo se paró con firmeza ante los organismos de crédito y empezó a definir toda una posición. También subrayó «la mayor atención dada a la educación y la actitud generosa y acompañamiento para con este gobernador. Y este pueblo valeroso y corajudo está dispuesto a acompañarlo y vamos a ganar en las próximas elecciones a la desesperanza, la desazón y la indiferencia». Y así fue, me impuse en esas elecciones de término medio.

Después de mi salida intempestiva como gobernador, en las elecciones del 2007 surgió como alternativa la fórmula Ricardo Quintela-Fernando Rejal, y entonces fuimos los tres a verlo a Kirchner a la Casa Rosada. Y alli surgieron comentarios, salió sobre lo que había sucedido en La Rioja, porque dirigentes locales hacían mucho enredo con varias versiones.

Cuando salieron de la Casa Rosada, Rejal y Quintela destacaron «la confianza que les dispensaba el presidente Kirchner», aunque hayan hablado de temas que probablemente no le hayan gustado. Y creo que él lo aceptó así, porque si bien era un hombre con mucha enjundia, también sabía sopesar lo que se le planteaba.

Puedo decir que tuvimos una amistad templada al calor de la política. Me comentaba que tenía algunos problemas menores de salud, pero que eso no iba a hacer mella en su tarea y menos en su gestión de gobierno. Creo también que el manejo del gobierno de un país tan complicado como la Argentina, en una situación muy particular y también muy difícil como la de entonces, provocó un desgaste en su salud.

Néstor era hablar y hacer política todo el día. Solo de política eran todas sus conversaciones y su preocupación. Su mente la tenía ocupada en cómo armar estrategias, conocía desde el armado más chico hasta el más grande, y conocía a casi toda la dirigencia. Era un verdadero «animal político».

AGUSTÍN ROSSI

Ministro de Defensa de la Nación.

NÉSTOR. Un distinto. Siempre un militante

Néstor Carlos Kirchner. El distinto, el militante, el compañero, el jefe político. El que nos devolvió la capacidad de creer que los sueños colectivos pueden hacerse realidad.

Sin duda, Néstor Kirchner es la figura política que marcó a fuego la primera década de este siglo XXI en Argentina y le dio a la política un verdadero sentido de transformación.

Con él, muchos y muchas de nuestra generación recuperamos sueños colectivos, valores, el sentido de la política, y volvimos a creer que las ideas por las cuales habíamos empezado a militar eran posibles de realizar y concretar dentro de un gobierno. Néstor tuvo la capacidad de trasmitirle al pueblo argentino que la política es una herramienta para mejorar la vida de las personas, mejorar sus expectativas, darle esperanzas y horizonte de futuro.

Néstor siempre creyó en sus ideas y se aferró a sus convicciones. Se enfrentó con quienes tenía que enfrentarse para defender esos valores. Generó una experiencia notablemente transformadora y, sobre todas las cosas, permitió la aparición de una nueva generación de jóvenes que se incorporaron a la vida política dándole sentido de trascendencia y futuro al proyecto nacional y popular. Sin duda, creo que este es uno de sus grandes legados.

Conocí a Néstor a finales del 2002. Él estaba iniciando su campaña presidencial. En ese entonces, yo era concejal de la ciudad de Rosario y junto a un grupo de compañeros le pedimos una reunión. Nos recibió en la delegación de la Casa de Santa Cruz en Buenos Aires, lugar donde atendía en aquella época.

Lo que me atrajo de él fue que era el único dirigente político que tenía un discurso diferenciado de lo que era el discurso hegemónico de los 90.

En su lenguaje revalorizaba conceptos y sentidos.

Néstor comenzó a resignificar palabras que habían perdido trascendencia en aquella década de los noventa, sobre todo en torno al concepto de la militancia. Empezó a hablar de militantes nuevamente, dándole significado. En aquellos años, la militancia había sido reemplazada o suprimida por los operadores. «Operador» es un término que viene del mercado, propio de la lógica neoliberal imperante en ese entonces. Durante muchos años parecía que el militante era un operador de bolsa: cuando le iban bien las cosas, se decía que andaba bien, y cuando no le iban bien, se comentaba que «no cotizaba en bolsa».

Fue así como llegamos a Néstor y después de esa reunión, comenzamos a trabajar su candidatura a presidente. Empezamos a caminar con él cuando no era el ganador indiscutido. Hicimos la campaña del 2003 encargándonos fundamentalmente de la organización en la ciudad de Rosario. En esa campaña, Néstor fue una vez a la ciudad de Santa Fe y después Cristina viajó a la ciudad de Rosario para hacer el cierre.

Siempre tengo presentes las palabas que Néstor dijo la noche del domingo 27 de abril del 2003: «… Un pueblo que vuelva a recuperar las posibilidades de saber que cada día va a poder estar mejor. Y donde la generación que venga pueda estar mejor que la que se va [...] por eso producción y trabajo, ni un paso atrás en nuestro camino». Estábamos ante un dirigente que hizo lo que dijo y decía lo que pensaba.

A diecisiete años de aquellas elecciones presidenciales, puedo recordar el día en que sentí que empezaba otra etapa en la Argentina. Fue el 24 de marzo del 2004 cuando Néstor Kirchner ingresa a la ex-ESMA y pronuncia ese memorable discurso. Para mí fue el día más significativo en términos ideológicos, afectivos y políticos, que me acercó aún más a Néstor. Nadie le había pedido nada y él nos dio tanto y más.

De ahí en adelante, la historia es más o menos conocida. Casi por casualidad, en el 2005 encabecé la lista como diputado nacional en la provincia de Santa Fe. Fui electo diputado y después presidente del bloque oficialista durante todo el mandato de Néstor y hasta la primera mitad del segundo mandato de Cristina.

En todos esos años que fui presidente de bloque, el momento de relación más intensa con Néstor fue, paradójicamente, entre el 2007 y el 2009, cuando Néstor dejó de ser presidente.

Cuando en el año 2009 Néstor fue electo diputado nacional, me propuse la tarea de acercarme más a él porque sabía que Néstor se iba a integrar al bloque y yo tenía una gran expectativa respecto de esa experiencia. Pensaba que iba a poder aprender, porque sin duda, tener al lado al hombre que sacó a la Argentina del infierno, me iba a enseñar muchísimas cosas.

Después de las elecciones del 28 de junio del 2009, fui a Olivos durante muchas semanas y charlábamos largo tiempo en una de las oficinas que ocupaba en un ala de la Jefatura de Gabinete. No eran momentos fáciles, pero nunca me fui de una reunión con él sin la sensación o el sentimiento de que las cosas iban a andar bien o iban camino a andar mejor. Nunca se quebró. Es inmenso el valor que significa tener un jefe político que no se quiebra, que siempre piensa para adelante.

De esta etapa legislativa de Néstor rescato la ley más bella y una foto que siempre me acompaña e ilustra ese particular sentido del humor que tenía. Antes de la sesión en la que íbamos a tratar la ley de matrimonio igualitario hicimos una reunión de bloque. En ese momento alguien integrante del bloque pregunta si hay libertad de conciencia y Néstor responde: «Sí, sí, sí, hay libertad de conciencia, pero tengan en cuenta que el presidente del bloque y el presidente del partido vamos a votar a favor...».

Me acuerdo cómo disfrutó esa sesión en la cual sancionamos la ley. Estaba sentado a mi lado y cuando terminó, me dijo: «Pusimos al peronismo en el lugar en que había que ponerlo. Si queremos construir una fuerza progresista, debemos ser capaces de tener incorporadas las demandas de cada una de las minorías de nuestro país». Durante toda la sesión me decía: «Pensá en los jóvenes cuando hables. Pensá en los jóvenes: ellos van a disfrutar esta ley. Ellos van a poder vivir en una sociedad más tolerante, en una democracia más igualitaria, en una democracia más participativa».

Esa fue la última sesión que pudimos compartir junto a él.

Se fue haciendo todo, no guardándose absolutamente nada para hacer de esta Argentina, un país mejor.

PEDRO SABORIDO
OMAR QUIROGA

Pedro Saborido: escritor, director y guionista.
Omar Quiroga: humorista, director y guionista.

«... apenas se bajó en la explanada de la Casa de Gobierno, Kirchner rompió el protocolo y enloqueció a los custodios, al cruzar la calle Balcarce y acercarse a las vallas que lo separaban del público que intentaba saludarlo. Sin querer, un fotógrafo golpeó a Kirchner en la frente y le abrió una herida que lo obligó a colocarse un apósito y a aceptar, desde esa hora, las recomendaciones del protocolo».

La Nación, 26 de mayo del 2003.

–Uy, se la dio...

Muchos argentinos tuvieron noticias de la existencia de Néstor Kirchner un 25 de mayo del 2003, cuando asumió como presidente de la nación. Algunos, a pesar de haberlo votado, lo vimos por primera vez en TV mientras comíamos ravioles. Sin expectativas: nos habíamos morfado los 80, los 90, el 2001, y «la crisis» que causó dos nuevas muertes. Tal vez por eso intentó impactarnos a todos con sus palabras: un rato antes, apenas fue investido presidente, luego de juguetear con el bastón de mando, lo escuchamos explicar su plan maestro: Néstor, según sus propias palabras, nos proponía ponerle fin a la vergüenza pública que envolvía al país con una simple consigna: «Vengo a proponerles un sueño».

Parecía un discurso para la gilada. Lo que dijo –lo sabríamos al otro día, leyendo los editoriales de los diarios– encendió las alarmas en los despachos y oficinas que hasta entonces controlaban todo. A uno de nosotros –creo que fue a Germán– le disparó otra cosa: «Muy Lennon», sentenció.

Un rato después, lo veíamos llegar a la Casa Rosada, y bajarse del auto para hacer el último tramo caminando. La sensación de frescura fue tal, que nos arrancó una sonrisa eufórica, el extraño rito de ver a un presidente abrazarse con una pequeña multitud de esperanzados que le transmitían su calor, como si festejara un gol. Todo terminó enseguida, cuando, en el fragor del encuentro, se estampó la frente contra el lente de una cámara. «El presidente está herido» fue la placa con que Crónica supo retratar el momento. Y Germán remató: «Bueno, ya está, el sueño terminó».

Sucede que como desde chicos somos todos muy admiradores de Los Beatles, hay una parte en la que nos ponemos a ver todo según Lennon y McCartney. Es decir: hay cosas que son Lennon y otras que son McCartney. Como si todo fuera esa tensión entre lo pragmático, la tierra y la concreción; y el cielo, el delirio y la absoluta libertad. Es una manera de mirar desde los opuestos. El romanticismo y la sensibilidad nos llevan siempre a elegir a Lennon sobre McCartney. Uno de los motivos también es que murió. Pero básicamente es el idealismo y su «soy un soñador, pero no soy el único».

¿Evita es Lennon y Perón, McCartney? ¿El Che Guevara, Lennon; y Fidel, McCartney? Todo puede verse así. Nosotros mismos, incluso. A veces somos Lennon, y a veces, McCartney. De nuevo: los opuestos nos atraen. Pero no hay Lennon sin McCartney. No hay McCartney sin Lennon. ¿Néstor qué es, entonces?

Veamos, Néstor fue el responsable de que luego de la peor debacle en la historia argentina fuera posible restaurar la destrozada autoridad presidencial. También logró volver a enarbolar las ideas de soberanía, justicia social e independencia que una década antes habían sido convenientemente arriadas. En ese país desahuciado, fue el cartonero de la esperanza. Reciclando lo que encontró, desde su llegada al gobierno, reinventó la idea de que el funcionario está ahí jugando para quienes lo votamos, está en su puesto para hacer lo que nosotros necesitamos, nos sirve a nosotros y no a otros, nos sirve y no se sirve de nosotros.

Con la voz desaforada o el tono calmo, supo explicar que era mentira eso de que el mundo había cambiado para siempre, que la historia había llegado a su fin, y que el tren de las reivindicaciones sociales y políticas había pasado por última vez mucho tiempo atrás. Néstor demostró que siempre se puede volver, no importa qué tan lejos hayas tenido que irte, por cuánto tiempo hayas tenido que permanecer escondido a la espera de tiempos mejores, no importa cuán profundas sean las heridas que te deje la lucha, estas pueden restañarse.

Algo de alegría y desobediencia nos mostró también en su forma de vestirse. Absolutamente festejable por la ropa desalineada, los mocasines como si siempre estuviera en un pogo, a punto de perderlos en el desmadre. Como cuando empezó, casi como una metáfora, metiéndose entre la gente, sin pensar en las cámaras. No se privó de la alegría, sobre todo de esa primera alegría, la de ser presidente, necesitaba eso. Tocarse y abrazarse con cualquier otro. Algo como un festejo de gol, como de estrella punk tirándose desde el escenario. Buscando de verdad un pogo. Y ese ánimo lo contagió a una sociedad por entonces bastante dormida. Argentina –o al menos una parte de ella– se animó a entrar al pogo con él. A bailar y moverse. Agitarse. Y no parar de sorprenderse.

La primera sorpresa llegó a los pocos días después de aquel incidente. En uno de sus primeros discursos oficiales, Néstor le hizo un pedido a la Corte Suprema. Fue directo: si no van a estar a la altura de los cambios que vienen, córranse. Parecía algo inédito, porque lo esperable, en aquellos días, era pensar que acogería con beneplácito una Corte Automática, acostumbrada a complacer los deseos de la Casa Rosada. Después fue lo de la ESMA, otra presentación en vivo, Néstor pidiendo perdón a la sociedad por el terrorismo de Estado directamente desde el principal Centro Clandestino de la Marina. Agarrado del atril, tembloroso y emocionado, explicaba que un centro de torturas sería transformado en museo y centro cultural de la Memoria, la Verdad y la Justicia. Fue al colegio militar, hizo bajar el cuadro del dictador Videla, y les explicó a los militares que el tiempo del miedo ya había pasado. Y en gira se repetía. En las Naciones Unidas dijo que todos éramos hijos de las Madres de Plaza de Mayo. En España, les explica a los concesionarios que quiere revisar los contratos, y «los pone a parir», según sus propias palabras.

El tiempo pasaba, y cada vez se hizo más difícil seguir descreyendo. Le paga al FMI, jubila a todos los jubilados que estaban sin jubilar. Redistribuye esto, repara aquello, incluye a estos otros, trabajadores, profesionales, empresarios, amas de casa, los niños, los mayores, los pobres, los olvidados, los ninguneados lo miran y sonríen.

Y los militantes, azorados, lo ven recibir a Fidel, a Chávez, a Evo Morales, y hasta al mismísimo George Bush. Le toca la pierna. «Lo siento, George, pero lo del ALCA no va a andar».

Qué chabón más atrevido. Otra vez el rocker, el punki haciendo lo que no hay que hacer. Tirándose desde el escenario y haciendo pogo, como tanto le gustaba. Nosotros nos habíamos quedado con los balazos a Lennon, con el final del sueño. El sueño del *rock*, el sueño de la política, y el sueño del peronismo terminado, transformado en pesadilla. Ese peronismo hecho jirones, que muchos pensamos que había dejado de ser una herramienta creada para combatir la injusticia. Pero no. Néstor abrió la puerta para salir del cuarto oscuro de la resignación y dejar atrás el cinismo. Ese cinismo que, incapaz de cambiar el mundo, solo se anima a confirmar sus defectos. Confiar solo en el escepticismo que, como esas frazaditas conservadoras que te dan en los aviones, sirve para invierno y también para el verano. Hasta que aparece algo de fe, de ingenuidad, de optimismo. Y de valor, claro.

«Vengo a proponerles un sueño», decía Néstor. «Sé que soy un soñador…», confesaba Lennon. «Los ranchos también se construyen con bosta», adujo alguna vez McCartney. Por eso a Néstor se lo recuerda Lennon, pero también era McCartney. Unir ese delirio de andar con una japonesa artista y, como estaba una vez accidentada, llevarla al estudio y ponerle una cama mientras grababan. Eso hacía Lennon. Y McCartney seguía adelante, *rock*, balada, *country*, *blues*, marchitas escolares, y cada vez que se pueda, tontas canciones de amor. Que siempre hacen falta. Por eso nos gusta recordar a los dos Néstor. Al que propone un sueño, pero también al que se metió en el barro. Haciendo política. Armando una bola de poder. Para que el sueño no termine. Porque los ideales y los sueños son de Lennon. Pero la política para que esto se haga realidad es McCartney.

VICTORIA MONTENEGRO

Legisladora porteña.

Hace diez años que no te veo, hace diez años que pasaste a otro plano; sin embargo, no puedo decir que hace diez años que no estás; básicamente porque no es así. En todo este tiempo me han pasado (y nos han pasado) muchas cosas; sin embargo, hay una pregunta que no puedo terminar de responder: ¿de cuántas formas una persona puede cambiar la vida de otra? Quizás por mi historia personal, esa pregunta se aplique a mucha gente y a varias situaciones, y claramente se aplica a vos también.

Llegaste un 25 de mayo del 2003 reconociéndote como hijo de las Madres y Abuelas de Plaza de Mayo. Recogiste las banderas de las y los 30 000 compañeros desaparecidos. De mis padres. Decidiste que nuestra historia esta vez no iba a empezar de cero. Estabas dispuesto a hacer de ese reclamo de «Memoria, Verdad y Justicia», política de Estado.

En esos tiempos, yo me debatía en asumir la mentirosa vida que me había impuesto el terrorismo de Estado, esa que no solo vulneró mi identidad, sino que intentó adoctrinarme para que jamás cuestione y solo obedezca. En aquella vida, la «política» era entendida desde su peor significado y con sus peores prácticas.

Y ahí llegabas vos pidiendo perdón en nombre del Estado y del otro lado del televisor estaba yo, intentando con todas mis fuerzas negar mi historia familiar: mis padres y tíos desaparecidos, una abuela que había vivido el exilio, otros a los que me negué a conocer después de que ellos me buscaron desde miles de kilómetros de donde finalmente aparecí con mi identidad vulnerada a cuestas. «Había que esperar que pase la moda de los derechos humanos», decían los cómplices judiciales de mi apropiador, pero nada de eso sucedía. En cada acto, en cada actividad institucional estaban las señoras de pañuelo blanco sentadas en primera fila. Y se abrían los juicios por delitos de lesa humanidad y se recuperaban los espacios para la memoria; así se iba construyendo día a día un país que tenía como basamento fundamental el respeto irrestricto por los derechos humanos.

Con cada uno de estos actos me interpelabas cada vez más, pero necesité más tiempo para que esa verdad, a la que me enfrentó la justicia y por la que lucharon las Abuelas, se convierta en libertad. Eso vendría después, cuando entendí que las luchas colectivas valen la pena, que la política vale la pena: porque interpela, cambia, transforma y libera.

Hace diez años que no te veo y en este tiempo nos han pasado muchas cosas. Pero lo que identifico y me emociona es ver un país que a partir de tu irrupción, no permitió que se retroceda en derechos conquistados. Un país que está dispuesto a salir a la calle para defender su dignidad, su libertad, y sostener las banderas de «Memoria, Verdad y Justicia». La resistencia, no sin dolor ni angustia, nos hizo reencontrarnos, abrazarnos, volver a nuestros orígenes y resignificar aquel sueño que nos propusiste el 25 de mayo del 2003. El kirchnerismo se constituye así, no solo como un proyecto político, sino como un sueño colectivo, un estilo de vida para quienes somos militantes. ¡Gracias, Néstor!

HUGO YASKY

Diputado Nacional por la provincia de Buenos Aires. Dirigente sindical.

Con Néstor nos conocimos en el 2003. Era otra Argentina. Todavía el «que se vayan todos» impregnaba el clima político. Los que intentaban gobernar la Argentina, caminaban sobre una capa muy delgada que todos los días se hacía más frágil. Había hartazgo y escepticismo en nuestro pueblo, en cuya memoria perduraba el estallido. Con apenas el 23 % de los votos había un Kirchner en la Casa de Gobierno. Ese tal Néstor, al que los grupos del poder fáctico habían intentado condicionar de entrada. Lo que no había en esa Argentina era el kirchnerismo.

El hombre había avisado el día de su asunción que no estaba dispuesto a dejar sus sueños en la puerta de la Casa Rosada. Pero la verdad es que después del menemato, la mayoría de los peronistas teníamos los oídos tapados con cera para no escuchar más cantos de sirena.

Néstor que era un animal político, lo sabía. Y decidió hablar con la contundencia de los hechos. Por eso, ni bien asumió, fue personalmente a Entre Ríos a pagarle el salario a los docentes. Apeló a un gesto que consistió en meter mano a la caja nacional y ponerle en el bolsillo la plata a los docentes de esa provincia, en la que hacía meses no se cobraba, o se cobraba con papelitos pintados. Inauguraba con la potencia de ese símbolo una nueva etapa, en la que se daba por concluida la Argentina del Ministerio de Educación «sin docentes y sin escuelas», frase que fue el sello distintivo del desguace educativo de los 90.

Fue por esos días, en que a mí me tocó asumir como secretario general de la CTERA, que me llamó Néstor para que fuera a verlo a la Rosada. Fue en respuesta a un llamado que le había hecho, cuando hizo descolgar el cuadro de Videla, para decirle que empezaba a creer otra vez en la política. Quedamos en juntarnos a tomar un café.

Aunque por entonces ya tenía varios años de sindicalista, se contaban con los dedos de una mano las veces que había hablado con un presidente. Durante el menemismo no habíamos pisado ni la vereda de la Casa de Gobierno. Con De la Rúa, la vez que nos recibió, fue como darle la mano a un muñeco de cera. Con Néstor hablábamos como si nos hubiésemos conocido de mucho tiempo antes. Tenía una manera de encarar la conversación que rompía las distancias. «¿Qué es eso de la ley de financiamiento que ustedes proponen para educación?», preguntó como para entrar en tema. Le empecé a explicar el desastre que había significado la provincialización del sistema educativo, la ausencia del soporte del Estado nacional, pero enseguida me di cuenta de que hablaba con alguien que lo había vivido siendo gobernador. Néstor me interrumpió y me dijo: «La semana que viene te venís y nos juntamos con el Pálido». En el momento no le pregunté, pero después me enteré de que «el Pálido» era Lavagna, el ministro de Economía.

Aquel fue un período de dos años largos en que, por primera vez desde el gobierno de Raúl Alfonsín, no hubo paros convocados por la CTERA. Después de un tiempo sin tener noticias del tema, se comunicó conmigo el ministro de Educación Daniel Filmus para decirme que Néstor quería que fuéramos a la Casa Rosada. Así fue que conocí la famosa «libretita negra» en la que anotaba los números de la economía. Esa tarde estábamos Tito Nenna, el ministro Filmus y yo. Después de hablar de bueyes perdidos, Néstor nos dijo que lo había estado pensando y se le había ocurrido cómo entrarle al tema del financiamiento. Daniel Filmus, que estaba sentado a mi lado, me pateó por debajo de la mesa como diciéndome: «Es ahora o nunca».

La propuesta consistía en aumentar durante un quinquenio, a razón de 20 % por año, la inversión educativa de manera que se duplicara el presupuesto al llegar al quinto año. La condición era destinar todos los años una parte del excedente del PBI que generara el crecimiento de la economía. Cuando terminó de hablar, yo tragué saliva y le dije: «Néstor, si vamos con esto a la CTERA, nos sacan cagando». Allí fue cuando sacó la famosa libretita del bolsillo del saco. Me dijo: «Hugo, te puedo asegurar que la economía del país va a crecer por lo menos siete años de manera ininterrumpida y no podemos perder esta oportunidad». Allí fue que Néstor, que hablaba con la vehemencia de un militante, insistió una y otra vez que había que planificar en cinco años la duplicación del presupuesto educativo. Es decir, llegar a los tan reclamados seis puntos del PBI, que por entonces parecía una utopía.

Al final nos convenció. Ya íbamos por el tercer café cuando yo le dije que estaba todo bien, pero que teníamos que garantizar que esa plata que iban a recibir las provincias fuera toda a la educación. En el medio de la discusión sobre cómo hacer para que esos fondos no se destinaran a otros rubros, le pasan a Néstor una comunicación telefónica. Y entonces veo que el presidente agarra un papel amarillento, una vieja hoja de cuaderno escrita con letra cursiva que tenía encima del escritorio, y le empieza a leer al que estaba del otro lado de la línea un texto que hablaba sobre un compañero desaparecido. Me sorprendí viendo como a Néstor se le llenaban los ojos de lágrimas y le decía: «Cómo no me voy a acordar de vos, si tantas veces nos esperabas con la comida hasta tan tarde».

Estaba emocionado Néstor cuando colgó y le costó seguir hablando. «Era la mamá de un compañero mío cuando estudiaba en La Plata, secuestrado por los milicos», nos dijo. Me dieron ganas de levantarme y abrazarlo. Me imagino que debe haber algún lugar donde quedan esos abrazos que uno no se animó a dar en su momento.

Cuestión que después de ese episodio, le seguimos sacando punta al tema y surgió la idea del fondo de financiamiento con blindaje y asignación directa para la educación. Cuando salimos, nos fuimos caminando con Tito hasta la sede de la CTERA, en San Telmo, y me dice: «Te das cuenta lo que es este tipo, este Néstor es de otro planeta». Como quien no quiere la cosa, igual que tantos otros argentinos y argentinas, nos estábamos haciendo kirchneristas.

Después de un par de meses de discutirlo, se hizo el anuncio del proyecto de ley que el presidente de la nación enviaría al Congreso. Me acuerdo de que Daniel Filmus me llamó la tarde anterior al acto que se iba a hacer en la Casa Rosada para decirme que Néstor quería que yo hablara ahí. Todavía veo los ojos saltones de Néstor, brillantes de emoción, en el momento que dije que para la escuela pública ese era un día histórico.

Seis meses después fue la Cumbre de los Pueblos en Mar del Plata. La del rechazo al ALCA, con la movilización en las calles y un George Bush mirando al vacío con el rostro demudado. Aquel Néstor Kirchner que había llegado con apenas el 23 % de los votos después del «que se vayan todos», lograba que millones de argentinos dejaran de ser **la gente** para ser otra vez **pueblo,** y volver a creer en la política como herramienta para impedir el atropello de los poderosos.

CARLOS KUNKEL

Militante peronista. Exdiputado Nacional.
Consejero Nacional del Partido Justicialista.

La resistencia peronista y la universidad

Pese a la gran efervescencia política propia de la época, la militancia universitaria para los grupos afines al peronismo tuvo grandes obstáculos durante la década de 1960. Luego del golpe militar que llevó al poder al general Pedro Eugenio Aramburu, el peronismo había sido proscrito política e institucionalmente. Ya son conocidas las secuelas de condicionamientos militares a los sucesivos gobiernos surgidos de las «elecciones» en las que el peronismo fue impedido de participar.

Por supuesto, los escollos para la participación política del peronismo no excluían al ámbito universitario.

Llegué a la ciudad de La Plata en el año 1964 para estudiar Abogacía. Para entonces, ya tenía algún tiempo de militancia acumulada en Bragado y no pasaron muchos días para que me encontrara inmerso en la convulsionada política de los pasillos de la UNLP. Aunque debo aclarar que mi mayor relación fue con veteranos dirigentes de la Resistencia Peronista como don Juan Agote, «el Gringo» Pierini, Hugo Maldonado y «el Mongelo» Torres, entre los que más recuerdo. En la facultad y el comedor universitario, generé muchos lazos con los trabajadores no docentes, agrupados en ATULP.

Por aquellos años, los sectores de la izquierda destacaban en la universidad por su antiperonismo, particularmente el Partido Comunista. Los peronistas encontrábamos dificultades para expresarnos en discusiones públicas, donde éramos fuertemente hostigados. Con frecuencia, cuando intentábamos sostener la palabra, otras fuerzas políticas intentaban impedirlo. Escenas de gritos, carteles arrancados y alguno que otro intercambio de manos, ambientaban la mayoría de aquellas asambleas. El resto de las agrupaciones realizaban un gran esfuerzo para impedir cualquier expresión del peronismo.

Franja Morada ya se perfilaba como fuerza política hegemónica en la universidad. Aunque no se identificaba formalmente como parte del radicalismo, no negaban que los jóvenes radicales eran mayoría dentro de sus filas. Pero también tenían una integración significativa de socialistas y de otros grupos menores, políticamente independientes. En aquel entonces, nosotros no los caracterizábamos como «gorilas». De hecho, dos figuras que junto con Federico Storani y Silvia Rébora lideraban la Franja en la UNLP, el radical Sergio Karakachoff y el socialista Domingo Teruggi, fueron desaparecidos con sus esposas por la última dictadura cívico militar.[1]

En esos años se fueron multiplicando los grupos filoperonistas en varias de las facultades. Diversos hechos fueron consolidando esta tendencia.

Recuerdo particularmente uno. A mediados de 1965, durante el gobierno de Arturo Illia, se sucedió una huelga de los trabajadores de ATULP. Con su habitual simpatía por las causas populares, las agrupaciones de izquierda de aquel entonces plantearon su acuerdo en respetar el derecho de los trabajadores a realizar el paro, pero sostuvieron que también se debía garantizar el funcionamiento de la universidad. En consecuencia, formaron piquetes para limpiar las facultades e intentaron hacer funcionar el comedor universitario, lo que en los hechos implicaba neutralizar el efecto del paro de ATULP. Fue entonces que las incipientes agrupaciones de estudiantes peronistas organizamos contrapiquetes en solidaridad con los trabajadores y hubo fuertes enfrentamientos. Finalmente, la huelga fracasó y ATULP quedó muy debilitada. Pero la experiencia de acompañar las luchas de los trabajadores en el ámbito universitario fue un enorme estímulo para la convergencia de los estudiantes peronistas, que se fortaleció a partir del año siguiente, durante la «dictablanda» de Juan Carlos Onganía.

1. Sergio Karakachoff (militante de la Unión Cívica Radical) y Domingo Alberto «Mingo» Teruggi (socialista, militante en el Peronismo de Base desde 1971) fueron secuestrados por un grupo de tareas el 10 de septiembre de 1976 en el estudio de abogacía que compartían en la ciudad de La Plata, y sus cuerpos sin vida aparecieron dos días después al costado de la ruta 36. Por esos años, ambos estaban dedicados a la defensa y patrocinio de trabajadores y militantes políticos detenidos y/o desaparecidos.

La experiencia de la FURN

En los años siguientes, se redujo mucho la actividad de los centros de estudiantes. La izquierda universitaria y los «grupos apolíticos» se vieron bastante eclipsados; no así la Franja Morada, que mantuvo siempre su accionar. Incluso, durante aquellos años de resistencia, frecuentemente coincidíamos con ellos en distintas actividades.

Se consolidó la incipiente Federación Universitaria de la Revolución Nacional (FURN), que no participaba de la actividad gremial estudiantil, y se perfiló como brazo universitario de la Juventud Peronista de La Plata. Desde la FURN, sosteníamos que, estando proscrito el peronismo, no debíamos hacer el juego a la ficción de «la isla democrática universitaria», por lo que rechazábamos participar en los centros de estudiantes.

Entre los miembros fundadores de la FURN se encontraban «el Negro» Leguizamón y su esposa Alicia;[2] Rodolfo Achem y Carlos Miguel;[3] Cacho Uriarte; Aleardo «Coya» Laría; Everardo «Negro» Facchini; Roberto «Chacho» Taboada; Leopoldo «el Gallego» García;[4] Carlos Negri y Héctor Moreda;[5] Amalia Ramella; Néstor «Pichila» Fonseca;[6] Carlos «el Ruso» Ivanovich;[7] María Teresa Berardi;[8] Hugo Bacci; Carlos Cafferata; Pablo y Alfredo Fornasari;[9] Eduardo y Aníbal Visus; Daniel Fernando Balbuena; Horacio Truco; y José «Pepe» Sbatella.

---

2. Padres de la exdiputada y senadora nacional María Laura Leguizamón.

3. Rodolfo Achem, secretario de Supervisión Administrativa, y Carlos Miguel, director del Departamento Central de Planificación de la UNLP, fueron asesinados por la Triple A en octubre de 1974.

4. Militante de las Fuerzas Armadas Peronistas.

5. Ambos fueron electos legisladores provinciales en 1973. Negri era integrante de la mesa de conducción de la FURN.

6. Fue uno de los fundadores del Grupo de Cine Peronista de La Plata. Gremialista. Fue desaparecido y asesinado a principios de 1978.

7. El 12 de marzo de 1975 fue asesinado en La Plata por la Triple A (le dispararon desde un automóvil). Era convencional peronista por Buenos Aires y cuñado de Rodolfo Achem. Durante el velorio, otro grupo de la Triple A secuestró y asesinó a Mirta Aguilar y su compañero Roberto Basile, cuando salieron del mismo por un momento, con el fin de buscar una bandera argentina para envolver el féretro de Ivanovich.

8. Fue concejal en 1973. Estaba casada con Manuel María Lojo. Ambos y otra pareja, los cuatro militantes montoneros, enfrentaron a los represores que quisieron tomar por asalto la casa donde vivían el 29 en abril de 1977. El informe de la CONADEP indica que llegó con vida al CCD El Vesubio y allí fue asesinada.

9. Pablo fue secuestrado el 25 de junio de 1976, alojado en el campo de concentración «La Escuelita» de Bahía Blanca. Los militares «blanquearon» su muerte aduciendo un enfrentamiento inexistente el 1/9/1976 en la misma ciudad bonaerense. Alfredo fue secuestrado y asesinado en diciembre de 1976.

Tengo muy presente que en los primeros años, las agrupaciones peronistas de cada facultad querían conservar su identidad política previa y se limitaban a agregar (en tamaño más chico) en sus carteles y publicaciones la sigla FURN.

Algo que hacíamos con frecuencia con otros compañeros, que conocía por ser de pueblos cercanos a Bragado, era viajar juntos a Buenos Aires a ver a Boca. Recuerdo que en varias ocasiones, a la salida de la Bombonera nos juntábamos a charlar con compañeros de las FAP[10], con quienes eventualmente coincidíamos en actividades en capital y en La Plata.

Paulatinamente se fueron incorporando a la FURN más compañeros del interior y se comenzó a asumir públicamente la identidad peronista, a la vez que fueron quedando en desuso los nombres de las agrupaciones de las distintas facultades. Entre ellas, la de la facultad de Derecho, donde yo participaba. Allí la agrupación más tradicional del campo nacional se llamaba Movimiento Universitario Reformista (MUR)... de reformista teníamos poco.

A partir de entonces se consolidó la unidad con la Juventud Peronista. Yo me comprometí de lleno con la militancia universitaria y a fines de 1968, fui designado referente de la FURN en la facultad de Derecho.

La incorporación de Néstor a la FURN

Néstor Kirchner llegó a La Plata en 1969. Junto con José «Pepe» Salvini, que llegaría al año siguiente, comenzaron a conectar a los santacruceños que estudiaban allí y fundaron el Centro de Estudiantes Santacruceños. Pepe era su presidente y Néstor, el vicepresidente. Además se sumaron como secretarios Rafael Flores[11] y Freddy Martínez.[12]

Néstor, Pepe y el Rafa se incorporaron a la FURN en la facultad de Derecho. Aquellos eran ya años de irrupción masiva del peronismo

---

10. Fuerzas Armadas Peronistas. Organización política creada en 1968 bajo el liderazgo de Envar «Cacho» El Kadri.

11. Integrante de la Renovación Peronista. Diputado nacional por Santa Cruz en la década de 1980.

12. Alfredo Anselmo Martínez. Intendente de Río Gallegos por dos períodos (1991-1999). Fue diputado nacional (2001-2005) y senador nacional dos períodos (2005-2017) electo por la provincia de Santa Cruz.

en las universidades. Leíamos de manera intensa y desordenada cuanta publicación consiguiéramos de Juan Domingo Perón, Arturo Jauretche, José María Rosa, Rodolfo Puiggrós, Leopoldo Marechal, José María Castiñeira de Dios, Raúl Scalabrini Ortiz, John William Cook, Juan José Hernández Arregui, Marcelo Sánchez Orondo, Jorge Abelardo Ramos, Manuel Gálvez, Manuel Ugarte y muchos otros líderes e intelectuales del tercer mundo.

En abril de 1971 fui designado secretario general de la Juventud Peronista de La Plata (que abarcaba también a Berisso y Ensenada) y que, a través de los compañeros de la FURN, tenía ramificaciones en distintos pueblos del interior. Por entonces, además de las ramas universitarias estudiantiles, docentes y no docentes, la JP de La Plata estaba creciendo notoriamente en los barrios de la ciudad, sobre todo a partir de sus agrupaciones sindicales, cuyas máximas referencias eran Gonzalo Chaves,[13] Manuel María Lojo[14] y Babi Práxedes Molina.

Al frente de la FURN en Derecho, quedó Carlos «Cuto» Moreno,[15] Cacho Caballero y Marcelo Fuentes.[16]

En estos tiempos, Néstor, Pepe y el Rafa fueron asumiendo paulatinamente más responsabilidades. Recuerdo que por entonces, con quienes más trato cotidiano tenía Néstor era con Carlos Negri, Marcelo Fuentes y el Cuto.

Néstor se recibió de abogado en julio de 1976. Tiempo después, para poder retirar su título, organizaron toda una movida con Carlos Negri y el Cuto. Lo esperaron un lunes temprano en la estación ferroviaria y, caminando por distintas veredas, llegaron a la facultad, para ingresar por la puerta reservada al personal, que tenía menos seguridad. Horas antes, Montoneros había concretado un importante

---

13. Gonzalo Leonidas Chaves. Desde 1963 hasta 1967 formó parte de la dirección Octubre, un órgano de la JP La Plata. En 1974, cuando Gonzalo era parte de la conducción de la Juventud Trabajadora Peronista (JTP), la Triple A secuestró de la casa de Los Hornos a su padre y a su hermano. Pasó a la clandestinidad. En 1978, junto con otros compañeros, publicó *Confluencia Sindical,* prensa clandestina que dirigió hasta fines de 1979 cuando tuvo que exiliarse.

14. Participó del Sindicato de Obreros y Empleados del Ministerio de Educación de la Provincia, una de las bases de la CGT de los Argentinos en La Plata. Fue el compañero de María Teresa Berardi, con quien tuvo un hijo. El 29 de abril de 1977 enfrentándose a la represión, tomó la pastilla de cianuro para no caer con vida.

15. Actual vicepresidente de la Cámara de Diputados bonaerense.

16. Actual secretario administrativo del Senado de la Nación.

operativo militar y los controles eran extremos. En la estación había una multitud de infantes de Marina con fierros pesados pero, afortunadamente, lograron zafar.

La vuelta de Perón

El 17 de noviembre de 1972 se concretaba el tan ansiado retorno de Juan Domingo Perón a la patria.

Por supuesto, nuestros preparativos habían comenzado unos días antes. Encomendamos a algunos compañeros que vivían en la zona que estudiaran la mejor ruta de aproximación al aeropuerto de Ezeiza. Decidimos que concentraríamos la columna de La Plata en Turdera. Otros varios grupos de la zona sur se nos sumarían al anochecer del 16 de noviembre. Los compañeros debían organizarse en grupos y conseguir los medios de transporte, si se podía, por las buenas, si no, utilizando los medios de persuasión que fueran necesarios. Había que garantizar la llegada de todos a Ezeiza.

Era pasada la medianoche y llovía torrencialmente. Partimos por vías y caminos secundarios. Las calles de tierra, incapaces de absorber el aguacero, se transformaban en verdaderos ríos de barro por los que transitaban los cerca de diez mil compañeros que integraban nuestra columna. Néstor, Pepe Salvini y el Rafa Flores oficiaban de guías y de seguridad, distinguiéndose con un brazalete del resto de las miles de almas que marchábamos a recibir Perón.

A media mañana del día 17 llegamos a una ruta junto a las vías del tren Roca, entre Monte Grande y Ezeiza. Detrás podíamos divisar los campos del aeropuerto. Sin embargo, en la ruta, los tanques del regimiento de Azul nos impidieron el paso y nos obligaron a retirarnos hasta la estación Monte Grande. Desde allí, con el resto de quienes estábamos al frente de las columnas, supervisamos el regreso de los compañeros, en tren o en lo que se pudiera.

El Turco Achem fue el último en partir. Yo le dije que me quedaría en la casa de unos tíos y un primo que vivían a seis cuadras de la estación. Mi primo había acompañado a mi padre en el acto realizado en

Retiro cuando Perón nacionalizó los ferrocarriles en 1947. Encontré la casa rápidamente y fui recibido como si me estuvieran esperando. Estaba agotado. Comí algo y dormí varias horas hasta el anochecer. Mi ropa estaba empapada. Por suerte, un sobrino, jugador de la selección argentina de básquet y un poco más alto que yo, me dio algo para vestirme. Regresé solo en tren hasta La Plata. Perón había vuelto.

La asunción de Cámpora

El 11 de marzo de 1973, el peronismo ganó ampliamente las primeras elecciones realizadas sin proscripción desde 1955, con la fórmula presidencial Héctor Cámpora-Vicente Solano Lima. Oscar Bidegain se transformaba en gobernador de la provincia de Buenos Aires. Varios de los miembros de la FURN y de la Juventud Peronista tuvimos el privilegio de ocupar lugares de distinta relevancia institucional. Yo fui electo diputado nacional por la Juventud Peronista Bonaerense. Carlos Negri y Héctor Moreda fueron electos diputados provinciales por sus respectivas secciones electorales.

El 25 de mayo, Héctor Cámpora juró como presidente en el Congreso Nacional. Las calles estaban colmadas de gente. La transmisión de Radio Nacional era reproducida por los altoparlantes colocados desde la Plaza de Mayo hasta el Congreso.

La situación era absolutamente extraordinaria, y un poco confusa. Recuerdo que en un momento, Roberto Bustos, secretario general de la UOCRA de Bahía Blanca y también electo diputado por la Juventud Peronista, me llama hacia una ventana y me dice: «El que está hablando por la cadena nacional es "el Ruso" Ivanovich» (un compañero de la Juventud Peronista de La Plata). Inmediatamente tomé conciencia de que algo se había desbordado en la Casa Rosada. Fui para allí lo más rápido que pude, acompañado por mi padre, que estaba ese día conmigo. Al llegar, encontré un contexto caótico. Los milicos habían sido desplazados de la zona y ya no tenían ningún control de la situación. Me puse en el pecho el distintivo de conducción nacional de la JP y con unos compañeros, entre los que estaba Néstor, fuimos ordenando los cordones de seguridad. Logramos que nos permitieran hacernos cargo del control de acceso a la Rosada por Rivadavia. Pudimos hacer ingresar a las delegaciones extranjeras invitadas, entre ellos, Salvador Allende[17] y Osvaldo Dorticós Torrado.[18]

Tengo muy presente un gesto que para nosotros tuvo un enorme simbolismo: con los compañeros hicimos retirar del Salón de los Bustos a los granaderos con ropa de combate e hicimos poner nuevamente en su lugar a los del uniforme histórico.

En el Salón Blanco, donde se tomaba juramento a los ministros, quien había puesto orden era Juan Carlos Dante Gullo. Fue en ese mismo lugar, el 25 de mayo del 2003, cuando después de tomar juramento a sus ministros, Néstor se me acercó, me abrazó y me dijo: «¡Treinta años, Flaco!». Así era Néstor.

Mi reencuentro con Néstor

La vida y la militancia nos fueron llevando, arrojando casi diría, por diferentes caminos y a distintos lugares de la patria.

Para octubre de 1998, yo hacía años que integraba el gabinete municipal de Florencio Varela. Un día recibí la invitación de Duhalde para concurrir a una reunión en El Calafate, que tenía a Néstor como anfitrión. Por supuesto, acepté la propuesta. Recuerdo que al llegar al encuentro, en la sala éramos poco más de treinta personas, entre ellas, Néstor, Cristina, Eduardo Alberto Duhalde, Alberto Fernández, Rolo Frigeri, Oscar Tangelson, Ernesto Jauretche, Pepe Salvini, Dante Dovena y Ana Jaramillo. También estaba presente Miguel Bonasso, como periodista.

Conversamos largamente con Néstor. En los años que habían transcurrido desde la convulsionada década de 1970, habíamos seguido derroteros paralelos a la distancia y participando activamente en la Renovación Peronista liderada por Antonio Cafiero. Con posterioridad a ese

17. Presidente de Chile desde 1970 hasta su derrocamiento en 1973.
18. Presidente de Cuba de 1959 a 1976.

encuentro, no concurrí demasiado a las reuniones que se celebraron en Buenos Aires.

Sin embargo, a principios de octubre de 1999, se convocó a una reunión nacional del grupo que se había formado en torno a aquel primer encuentro en la ciudad de Tanti, provincia de Córdoba. También participó en esa ocasión el Dr. Ricardo Obregón Cano. Al culminar el encuentro, Néstor me llamó aparte junto con Cristina, y me dijeron: «Es inevitable la derrota, las elecciones las ganan De la Rúa y Chacho Álvarez: trabajemos para obtener el mejor resultado posible en nuestros territorios y después nos encontramos para iniciar la reconstrucción del peronismo». En un momento de esa breve charla, Cristina me recordó que en la época platense yo había sancionado con arresto a Néstor y que ella no había podido visitarlo. Le respondí que no me hacía cargo de su reproche porque después de todo, no era yo quien autorizaba las visitas higiénicas. Bromeamos un poco más sobre el tema aunque, en verdad, no había sido yo quien había aplicado aquella sanción de la que ni siquiera había tenido noticia.

A fines de noviembre del 99 me llama por teléfono Néstor y arreglamos para juntamos a almorzar en Teatriz, un restaurante cerca de su departamento, con Cristina, Pepe Salvini, Dante Dovena y Paco Larcher.

Muy entusiasmado, Néstor expuso sus propuestas, y debo admitir que sabía contagiar muy bien ese entusiasmo. En un momento, salimos los dos a la vereda y le dije: «Hablemos del 2007, porque lo que nos estás contando es un proyecto de tal magnitud que si decimos que es para ahora, no nos va seguir ni Cristina». Néstor se me quedó mirando un poco preocupado, por lo que agregué: «De todos modos, estos radicales no están preparados para gobernar, si se descuidan y queda la puerta de la Rosada mal cerrada, nos mandamos». Y así fue.

La crisis del 2001

Era diciembre del 2001, acababa de renunciar Fernando de la Rúa. Salimos con Néstor de las oficinas que tenía Alberto Fernández sobre avenida Callao, él con rumbo a la Rosada a una reunión, yo, para Florencio Varela a buscar a mi familia. Teníamos programado un viaje a Madrid con la intención de pasar las fiestas navideñas allá. A los pocos días de haber llegado, Néstor me llama para que vuelva a la Argentina, aclarándome que era importante. No hacía falta decirlo e inmediatamente comencé a hacer las gestiones necesarias para intentar cambiar los pasajes, tarea no sencilla de realizar durante esos días del año. A los pocos días, cuando finalmente lo logro, me encuentro cortando la comunicación telefónica cuando escucho que mi hija Macarena, que en ese momento tenía siete años, le pregunta a Cristina, mi esposa: «Mamá, ¿qué es asumir?». Pensando brevemente la respuesta, ella le responde: «Asumir es tomar conciencia, hija». Macarena nos miró y dijo: «¡Ah! Entonces acaban de decir en la televisión que Duhalde está tomando conciencia». A toda velocidad tomé nuevamente el teléfono para suspender el cambio de pasajes, porque advertí que si Duhalde asumía la presidencia, ya no había urgencia para mi regreso.

Volvimos a la Argentina a mediados de enero. La relación con Duhalde no podía estar peor. Nos reunimos en las oficinas de Alberto Fernández. En un momento le pregunté: «¿A Duhalde queremos tumbarlo o sucederlo? Porque tengan presente que acá el que tumba, no sucede». Me tiró con un bollo de papel por la cabeza.

Había que intentar reconstruir los puentes entre Néstor y Duhalde. Con Julio Pereyra nos propusimos aportar a esa tarea, que finalmente se concretó a principios de septiembre del 2002, cuando ambos se reunieron y comenzaron las conversaciones que culminaron con la candidatura de Néstor a la Presidencia de la Nación.

Lo que había armado Néstor, junto con Cristina, no era algo improvisado. Era la culminación del proyecto de una vida y del intenso trabajo de muchos años. Desde mediados del año 2000 habíamos comenzado a multiplicar los viajes hacia diferentes lugares del interior del país. Viajábamos martes, miércoles y jueves, saliendo a media tarde desde la terminal sur del aeroparque. Íbamos Néstor, Pepe Salvini y algún otro invitado, junto con dos camarógrafos que filmaban las reuniones para Crónica TV. Eran muchas reuniones, poco numerosas, pero muy difundidas. Regresábamos sin cenar.

Néstor era un militante incansable. No es fácil seguirle el ritmo a quien marcha con tanta seguridad sobre el plan que se ha trazado. Y

Néstor tenía muy claro ese plan. Recuerdo que Dante Dovena, uno de los presentes en aquel primer encuentro en El Calafate, me contó en una conversación que tuvimos hace unos años que en el verano de 1984, recién recuperada la democracia, Néstor y Cristina lo convocaron a un asado en City Bell. Ellos habían perdido la interna justicialista en Río Gallegos, y Dante no había «jugado» con ellos. Con la enorme convicción que dan las ideas claras, Néstor y Cristina le plantearon que había que preparar un proyecto político a veinte años para lograr llegar al gobierno nacional y poder transformar definitivamente la Argentina. El cálculo no fue tan errado: diecinueve años después, Néstor asumía la presidencia.

Un viaje a Venezuela

A principios del año 2007, viajamos a Caracas con Néstor, Felipe Solá, Alberto Balestrini, José María Díaz Bancalari, Florencio Randazzo, el Pepe Pampuro y Carlos Zannini. Alicia Castro era nuestra embajadora.

Luego de un extenso acto en el salón Simón Bolívar del Palacio Miraflores, Néstor me hace una seña para que me acerque. Nos toma del brazo a Hugo Chávez y a mí y le dice: «Este fue mi jefe en la Juventud Peronista, un autoritario, como todos los jefes montoneros». Me miraron todos y a mí solo se me ocurrió decir: «Tan malo no habrá sido el gallo, según salió el pollo». Entonces Chávez mira un prendedor de la estrella federal que siempre llevo en la solapa de mi saco, y me pregunta con ese tono que tanto lo caracterizaba: «¿Esa es la estrella de la Unión Soviética?». José María Díaz Bancalari que se encontraba cerca pero atento a la conversación no pudo evitar saltar gritando «¡¡Noooo!!! El Flaco Kunkel es de los nuestros, esa es la estrella de la Confederación, de don Juan Manuel de Rosas. Ninguna Unión Soviética». Néstor nos miró a ambos y dijo: «Claro, "de los nuestros", si siempre fueron iguales ustedes, ¿no? ¡Metalúrgicos y montoneros!». No sé cuántos de los venezolanos presentes entendieron el comentario, pero todos nosotros nos reímos mucho.

Corte Suprema

Néstor acostumbraba a pedirnos opiniones sobre diferentes cuestiones, pero tenía un estilo particular. No solía hacerlo de manera solemne esperando recibir respuestas muy meditadas. Creo que valoraba el instinto político, que tiene algo de principista. Generalmente, la primera respuesta que elaboramos frente a un problema está más guiada por nuestras convicciones que por otros factores que intervendrían al ponernos a considerar concienzudamente el asunto. Por supuesto que Néstor evaluaba las implicancias de una acción a la hora de tomar la decisión final sobre un tema, pero más allá de hacer lo que era más conveniente en cada caso, procuraba hacer lo que creía que estaba bien. Desde mi punto de vista, creo que es por este último motivo que le gustaba sorprendernos con alguna pregunta sobre qué hacer en tal o cual caso, buscando la respuesta sobre lo correcto, antes que sobre lo oportuno. Probablemente muchas veces ya tuviera la decisión tomada y pretendiera confirmar su decisión en la opinión de sus compañeros más cercanos.

Recuerdo que pocos días antes de asumir la presidencia, estábamos hablando y de manera repentina me dice: «Me preocupa la Corte Suprema, ¿a vos qué te parece que hagamos?». Sin mucho tiempo para pensar la respuesta, le dije convencido: «Hacé una cadena nacional y enfrentalos a la movilización popular». Me miró y no dijo nada. A los pocos días de asumir, convocó a una cadena nacional solicitando al Congreso de la Nación que iniciara el proceso constitucional previsto para remover a los miembros del tribunal y poner fin de esta manera a la «triste y célebre mayoría automática» de la corte menemista. No sé si tenía resuelta su decisión con anterioridad, yo creo que sí. De lo que estoy totalmente seguro es de que Néstor nunca dudó de que eso fuera lo correcto.

HÉCTOR PATRIGNANI

Exjefe de la Custodia Presidencial de Néstor Kirchner.

Estoy muy emocionado por haber recibido el llamado del «Topo» Devoto, donde me contaba que estaba en sus proyectos hacer un libro sobre los diez años del fallecimiento de Néstor Carlos Kirchner. Y es un honor para mí volcar estas palabras en el libro.

Podría hablar horas sobre mis vivencias con Néstor, a quien recuerdo con un gran cariño y respeto siempre. Pero me voy a limitar a destacar algunas anécdotas que dejaron marcado en mí, la clase de persona para la cual yo trabajaba, su esencia, su calidez y sobre todo su sencillez.

Recuerdo que fui enviado como jefe de la custodia de la campaña a fines del 2002, principios del 2003, porque a los candidatos a presidente se les designaba una custodia más o menos sesenta días antes de la elección.

Ahí llegué a la Casa de Santa Cruz, donde fui recibido por unos secretarios de Néstor. Y analizándolo hoy en retrospectiva, ese puntapié inicial fue un hito en mi vida, tanto en lo personal como en lo profesional.

Me considero un afortunado en haber acompañado desde mi trabajo a un ser humano de una profunda sensibilidad social, un experto en política, economía, un animal político que pensaba en las próximas generaciones nacionales, consciente del otro, amante de la patria.

Siempre me llamó sumamente la atención, observándolo en los distintos actos de campaña que participé, su capacidad para generar empatía con la gente y cómo contagiaba entusiasmo a aquellos que ya venían trabajando con él.

Una vez, el escenario donde se estaba realizando un acto de campaña literalmente se desplomó. Esa circunstancia no le importó, y prosiguió con su actividad, utilizando dicho incidente como un acontecimiento gracioso contagiando a los militantes que allí se encontraban a entonar cánticos favorables, ganadores, para la próxima elección.

Durante la campaña del 2009 para candidato a diputado nacional, el tiempo no había pasado para él, en lo que respecta al fervor, la energía y la predisposición para encarar la campaña, eran iguales a las vividas anteriormente. **Impresionante.**

En esa misma campaña, recorríamos un barrio en la ciudad de La Plata, como a él le gustaba, entre la gente, escuchándolos a muchos y, literalmente, acariciándolos y resolviéndoles los problemas. Durante esa caminata, él no se había percatado de que en su camino había una especie de zanja o pozo, tapado con un tablón. Al notar eso, yo lo corrijo en su andar, para evitar que se caiga, y con tanta mala suerte que el que termina cayendo en el pozo fui yo. En esa oportunidad, Néstor regresó sobre sus pasos, ayudándome a salir y en voz baja me murmura: «La lealtad es de ida y vuelta».

En el mismo sentido, en otro acto en el conurbano bonaerense, él trastabilla sobre el escenario, y por sostenerlo para que no caiga, termino cayendo yo. Una vez que me reincorporo, al subir al escenario, me agarra con las dos manos la cara preguntándome si me había lastimado.

Atento a todo, pendiente de su gente, así era Néstor, siempre exteriorizando sus convicciones a través de situaciones ejemplificadoras.

Tenía una conducta impoluta y era sumamente disciplinado con él mismo.

Cuando nos encontrábamos en Calafate, el tiempo que estuviéramos, no había mañana que no saliéramos a caminar haciendo un promedio de entre 8 y 9 km, subiendo cuestas y haciendo todo tipo de peripecias. Una vez llegamos hasta los 19 km, era un hombre **incansable.**

Demostraba ser un hombre político que amaba lo quc hacía.

Recuerdo que en Washington realizó una charla en un organismo internacional (BID), donde habló con los diferentes integrantes. Fue **impresionante** en su discurso, con un conocimiento realmente superlativo de la economía, no solamente argentina, sino latinoamericana y me di cuenta de que dejó boquiabiertos a quienes lo escuchaban. Eso provocaba Néstor, que los presentes lo escucharan y quedaran perplejos con su discurso.

Iguales circunstancias acaecieron cuando era presidente de la Unasur, y debió concurrir a los congresos de Chile y Paraguay, por ejemplo, en donde exponía las grandezas de esa unidad latinoamericana a través de ese instrumento jurídico, sobrellevando todas las preguntas con impecables respuestas, denotando su gran estructura política y su capacidad de estadista nato.

Escucharlo me hacía sentir orgullo de ser argentino.

Al igual que cuando estuvimos en el proceso de paz cuya mediación fue encarnada por Néstor, como secretario general de la Unasur, que se llevó a cabo en Santa Marta, Colombia; cómo desplegó su actividad política, fue **inolvidable.**

Siempre estaba atento a todo, recuerdo que en esa ocasión nos llevó un chofer civil, colombiano, al lugar donde se iba a realizar la cumbre. Al lado de la ruta se observaban los rieles del ferrocarril con vagones de carga con carbón, y él se puso a conversar con el chofer sobre la producción de carbón en esa zona de Colombia. Yo observaba eso y solo pensaba en la humildad y la sencillez con la que se manejaba en toda circunstancia, así sea en un gran acto político rodeado de personas influyentes, como en un simple recorrido en auto charlando con el chofer.

Una vez, en un acto en Catamarca, donde había candidaturas importantes, recuerdo que nos metimos en la oleada de militantes que se hicieron presente y estuvimos dos horas caminando entre la gente, como era su costumbre. Y esto me resulta destacable, ya que gracias a su presencia y a su forma de hacer política, se ganó en esa provincia.

También recuerdo cuando CFK era candidata a senadora, hubo un incidente en el teatro Cervantes de CABA, que si bien no afectó su persona, fue algo que preocupó a Néstor, por lo que me solicitó que además de supervisar los actos de él, supervise los actos de Cristina, finalizando su pedido con la frase: «Hay que cuidar a Cristina». Esas palabras fueron de gran resonancia para mí, e implicaron un compromiso personal que voy a desempeñar siempre.

En cada acto, en cada circunstancia, en cada momento, él demostraba la clase de persona que era. En la intimidad o ante la presencia de miles de personas, él siempre era igual. Un ser humano puro, atento, previsor, y que será recordado como un gran dirigente político de nuestra época, y por mí, como una **gran** persona, la que tuve el enorme orgullo de acompañar.

HEBE DE BONAFINI

Presidenta de la Asociación Madres de Plaza de Mayo.

Al imprescindible Néstor.
Desde mi cocina, julio del año que quieras.

Querido hijo y compañero, como vos me enseñaste que eras.

Te escribo para compartir algunos momentos que me hiciste vivir intensamente.

Desde bajar los cuadros con aquel «Proceda», hasta darnos una parte de la ex-ESMA, pasando por acelerar los juicios, tu paso por mi vida fue como un huracán que limpió mi cielo.

Quiero que recordemos juntos tu sabiduría al dedicarle tanto tiempo a las pibas y los pibes siempre con una sonrisa, un abrazo, un gesto de amor haciendo crecer en ellos la pasión por la política, sin dejar de vivir su juventud con libertad y sueños.

Estos millones de hombres y mujeres que se formaron con vos, son los que hoy participan en este gobierno con la humildad que te copiaron, la sonrisa en los labios y el dolor por los que menos tienen.

No sé si sabés que ocupan secretarías, ministerios y otros lugares, porque la mayoría dijo «donde hagamos falta», con la fuerza, la humildad, la lealtad... ayudando a los que menos tienen o nada tienen. Eso demuestra que fuiste un gran maestro de la política y la vida.

Yo sigo cumpliendo años, así que en algún momento nos encontraremos en alguna nube tormentosa con rayos y truenos, como fueron nuestras vidas.

Querido mío, tus sueños junto a este gobierno los estamos reconstruyendo de a poco, porque el ataque de distintos virus es permanente. Nos quieren paralizar pero no pueden.

Desde donde estés, ayudanos a pelear por esta amada patria para que se recupere el trabajo, la vivienda y los placeres de la vida que son un derecho de todos.

Néstor, te llevo en mi corazón, te abrazo fuerte, te sueño muy cerca cada noche y te digo:

Hasta siempre, querido hijo, compañero del alma.

Mamá Hebe

I

EVO MORALES

Primer Presidente del Estado Plurinacional de Bolivia.

De Evo para Néstor.
El loro negro saluda al loro blanco.

Así lo dije ese 22 de enero del 2006 en el que era posesionado por primera vez como presidente de Bolivia. Néstor era uno de mis invitados de honor. Luego, jugando, me reclamó por la broma y le dije: «Tú y yo tenemos diferente color de piel pero la misma nariz, en eso somos iguales». Era una broma. Nos unía mucho más.

Años antes, siendo yo dirigente sindical, me informé de que Néstor Kirchner asumía la presidencia de Argentina y sentí que las cosas iban a cambiar en ese país. Que habría transformaciones para bien, en la economía y en lo social particularmente.

También leí que él viajaba al interior de su país y por teléfono daba las instrucciones para solucionar problemas. Algo de eso he implementado en mi gestión.

Me sorprendió también que estando en el poder, Néstor repitiera algo que los dirigentes sindicales denunciábamos, que Estados Unidos consideraba a América Latina como su patio trasero.

Y en la Cumbre Iberoamericana (noviembre del 2003), cuando Carlos Mesa acababa de asumir la presidencia, Hugo Chávez me pidió una reunión en la sede del encuentro, que era el hotel Los Tajibos.

Habíamos organizado en el estadio una concentración grande llamada Cumbre de los Movimientos Sociales, o también conocida como la «Cumbre paralela», pero antes de ir ahí, teníamos que vernos con Chávez. Cuando llegó el presidente de Venezuela, ingresaron también a la sala Lula y Kirchner. Me sorprendí, ya que yo solo era un diputado. Ahí me di cuenta de cómo los presidentes de izquierda del continente eran solidarios y con mucha convicción de que había que liderar el país hacia la igualdad, la justicia social y la dignidad.

Las palabras de aliento del compañero Kirchner eran permanentes. Cuando la nacionalización de los hidrocarburos, las empresas amenazaron con irse y el presidente argentino me dijo: «Evo, que la prensa escuche: si las empresas no invierten, Argentina va a invertir en Bolivia».

Finalmente, las transnacionales se quedaron calladas. Con una llamada telefónica las callamos.

Argentina siguió comprándonos el gas y con ella tuvimos mejores precios que con Brasil.

Claro que para que el desequilibrio de la balanza comercial no sea muy grande, nosotros también compramos a la Argentina camiones para los militares y ambulancias, entre otros productos.

También recuerdo el apoyo argentino cuando el problema de la línea aérea Lloyd Aéreo Boliviano. Los trabajadores querían que la nacionalicemos haciéndonos cargo de los más de 170 millones de dólares de deuda.

Finalmente, Néstor Kirchner mandó a técnicos en aeronáutica, que junto con miembros de la Fuerza Aérea Boliviana, hicieron un plan en tres días. La recomendación era crear una nueva línea de bandera. Así surgió Boliviana de Aviación (BOA).

Los técnicos argentinos vinieron a Bolivia de manera solidaria, no hubo ni que pagar alojamiento, comida, nada de nada.

También nos apoyaron ese primer año a enfrentar el problema de las inundaciones. Esa vez, Argentina mandó aviones para ayudarnos. Lamentablemente, una de esas naves se estrelló al retornar.

En el tema del trigo también nos ayudó porque los intermediarios especulaban con la comida y nos chantajeaban, y Argentina nos dio el cereal para evitar esto.

Después de la nacionalización, tuvimos diferencias con Lula y nuevamente intervino Kirchner con Chávez para organizar una reunión en la frontera tripartita, donde están las Cataratas del Iguazú.

La reunión fue larga, entre cuatro y cinco horas. Ahí aclaramos una serie de temas en torno a la nacionalización. Faltaba información. Al final, salimos los cuatro mandatarios unidos y más comprometidos con el pueblo.

Lo propio con la Unasur, donde se resolvían los problemas. Ahora todos los diferendos se llevan a la OEA o a Naciones Unidas. Una pena.

Gracias a la Unasur pudimos derrotar el golpe de Estado del 2008.

Cuando regresábamos de un viaje a Europa, en pleno vuelo nos informaron de la muerte de Néstor Kirchner. Inmediatamente pedí que en vez de aterrizar en Brasil, se vaya a Argentina. En pleno vuelo cambiamos la ruta y pudimos acompañar. Me impresionó el velorio porque la gente lloraba y eran filas de filas de filas.

Néstor Kirchner fue muy solidario, muy humano, sus conversaciones al margen de los acuerdos bilaterales siempre mostraban su preocupación por Bolivia. En cada encuentro supo hacerme sentir su profundo afecto por el movimiento indígena. Nosotros lo recordaremos siempre con entrañable cariño.

VÍCTOR SANTA MARÍA

Presidente del Partido Justicialista Porteño. Dirigente sindical.

Diez años sin Néstor

Recuerdo a Néstor Kirchner con la emoción memoriosa con la que siempre vuelve un dirigente como él, un compañero de ideales, un patriota. No fue solo un hombre, sino que ahora, a la distancia, luego de una década de su ausencia, estoy seguro de que fue también una multitud, un pueblo en busca de su destino. Lo conocí a mediados de los 90, cuando él todavía era un dirigente santacruceño poco conocido a nivel nacional. Por entonces, luego de la llegada de Carlos Menem a la segunda presidencia en 1995, el peronismo había entrado en una etapa de profundas redefiniciones. Junto con un grupo de dirigentes peronistas de la ciudad de Buenos Aires, decidimos irnos del Partido Justicialista porque no solo estábamos en desacuerdo con las medidas económicas del gobierno de Menem, de marcado cuño neoliberal, sino también, y definitivamente, con los intolerables indultos que beneficiaron a los genocidas de la última dictadura militar. Formamos entonces una nueva coalición que se llamó Nueva Dirigencia, encabezada por Gustavo Béliz.

Lo cierto es que en la tarea de conformar ese nuevo espacio, en el verano de 1996 viajamos junto con un grupo de compañeros a la costa para reunirnos con Néstor. Nos recibió junto con Cristina y compartimos una extensa charla acerca de lo que ocurría en la Argentina neoliberal: desempleo creciente, privatizaciones, desindustrialización y altos índices de pobreza. Le dijimos cuál era nuestra mirada sobre esa realidad, y la necesidad de rearmar la política del peronismo para volver a las fuentes. Néstor compartió nuestro análisis y nuestra decisión de salir del corsé del PJ porteño, una traba entonces para que los postulados históricos del peronismo fueran el motor transformador de la realidad de nuestro pueblo.

Ahora sé que aquel intenso encuentro político con Néstor, atravesado por enormes coincidencias, no solo marcó mi vida en el futuro, sino que marcó un rumbo claro a nuestra coalición, que a los pocos meses realizó un acto en Villa Lugano, con el apoyo de muchos compañeros, entre ellos Víctor Pandolfi, con quien compartimos el espacio durante mucho tiempo. Junto con Béliz, Jorge Argüello y Eduardo Valdés formábamos la base de Nueva Dirigencia y ya teníamos a Néstor como líder nacional. Fue en ese momento de gestación de nuestro movimiento que me tocó la responsabilidad de ser elegido como el convencional constituyente más joven de la ciudad de Buenos Aires. Entre julio y octubre de 1996, discutimos con fervor la forma y el contenido de la primera Constitución de la ciudad.

Imposible, sin embargo, no estremecerse al recordar el vértigo de esos años de fines del siglo xx en que nació, ahora lo sabemos, el kirchnerismo. Porque estábamos en las vísperas de años caóticos para la Argentina. El estallido del modelo neoliberal acelerado por la persistencia de la especulación financiera y la deuda externa, por el abandono del desarrollo productivo nacional, y el arrasamiento, privatización y saqueo de la seguridad social, entre otros males, detonó la crisis política y social, y el estallido popular de diciembre del 2001. Había entonces que rearmar la política en la emergencia del *default* no solo económico del país, sino de las enormes heridas dejadas en la vida de nuestro pueblo. Fue un año dramático, un año en el que vivimos en peligro de disolución nacional.

La gran crisis no solo había arrasado un modelo económico y social neoliberal injusto, sino también había puesto en cuestión antiguas dirigencias. En las calles solo se escuchaba el «que se vayan todos», y nosotros, militantes curtidos en cierta manera, también estábamos un poco incrédulos de la potencia de la política para resolver tamaña crisis; también entre nosotros reinaba la desconfianza. Pero la esperanza y la búsqueda de salidas era lo último que debíamos perder. Así que cuando en 2002, Néstor lanzó su candidatura a presidente siendo aún gobernador de Santa Cruz, «la patria helada del sur», un grupo de peronistas porteños lo buscamos. Queríamos escucharlo, conocer sus propuestas. Recuerdo que entre quienes fuimos estaba mi padre, José «Pepe» Santa María, dirigente histórico del peronismo y de los trabajadores de edificios. Néstor nos recibió con la calidez de siempre, de un compañero que se acaba de ver aunque hubiera pasado tiempo, en la Casa de la Provincia de Santa Cruz. Nos prometió, sí recuerdo nítidamente, dos cosas: arreglar el pago de la deuda externa e interna y que el PAMI funcionara al servicio de los jubilados. Con mi viejo nos miramos. Dudábamos de la seguridad con la que Néstor prometía lo que parecía una misión imposible. Mi padre me dijo cuando estábamos ya lejos de la reunión: «Los políticos siguen haciendo promesas que no van a cumplir». Pensé que tenía derecho al escepticismo.

No repasaré ahora los detalles de cómo se resolvió lo prometido por Néstor. Pero la historia me permite decir que dijo la verdad. Que ya como presidente de la nación a partir del 25 de mayo del 2003, cuando prometió no dejar sus convicciones en la puerta de la Casa de Gobierno, cumplió y encaminó el pago de la deuda externa y el PAMI comenzó a ser eficiente. Y no solo eso: inició una refundación política como líder de un peronismo del siglo XXI. Mi padre no tardó en decirme, entonces: «La verdad, con Néstor me equivoqué: es un hombre que tiene palabra, tiene los mismos principios que uno, que son lo más importante que tiene el peronismo». De la mano de Néstor, nuestra patria comenzó a reconstruirse, entonces, a levantarse, a entusiasmar a millones de compatriotas, a hombres y mujeres, a niños, jóvenes y ancianos, y a convertirse en un faro para América Latina. Estaba claro que se abría un nuevo ciclo no solo económico, sino profundamente político.

¿Cómo recordar, sin olvidar los detalles, de cada uno de los numerosos encuentros que tuve con Néstor durante su presidencia? Aparecen rápidamente algunas imágenes en los tempranos meses del invierno del 2003, como aquel su primer acto en la Casa Rosada con nuestro sindicato, el SUTERH, junto con el Banco Nación, cuando se anunciaron por primera vez en años créditos para los trabajadores. Cómo olvidar cada encuentro con un dirigente excepcional, y un compañero entrañable, con una particular forma de ser cálido y un humorista incansable. Todos mis encuentros con Néstor, ahora lo sé, son luminosos, regados con alegría y humor.

Algo más, algo muy importante. Para mi generación, y especialmente para mí, Néstor significó la posibilidad de volver a soñar con la política como llave definitiva para transformar la vida. Es que mi generación, por una cuestión biológica, no conoció a Perón y a Evita. Y entre los peronistas, siempre hay un dejo de melancolía entre quienes no formamos parte de la generación de los setenta a la que Néstor perteneció, que creyó en la política y dio la vida por el país, por sus convicciones. Algo que se repite, también, en esa mirada melancólica de nuestros padres sobre los recuerdos del primer gobierno peronista que abarcó desde 1946 a 1955. Por eso, creo que Néstor fue para nosotros, los que nacimos con la refundación democrática desde 1983, la posibilidad de creer que un país distinto era posible, que la política es la herramienta de transformación de la sociedad. Que no se deben abandonar las convicciones nunca. Y que amar a la patria es transformarla. Justamente, esto es lo que Néstor Kirchner nos legó.

ALICIA CASTRO

Exembajadora ante la República Bolivariana de Venezuela y ante el Reino Unido.

Cuando asumió Néstor Kirchner el 25 de mayo del 2003, la bandeja de invitados del Congreso ya presentaba los cambios. Entre otros mandatarios, Lula, Chávez, Fidel Castro; era un paisaje nuevo y esperanzador. El cambio era el signo del día y de los tiempos. «Un profundo cambio cultural y social», prometió quien dijo: «Quiero que se concreten los sueños perdidos». Chávez llegaba a Buenos Aires esperanzado con «los cambios necesarios», ya que estaba comenzando un siglo; Fidel desplegó entre nosotros su estatura de prócer latinoamericano. Y así arrancó Néstor, con alegría, con el mundo y el siglo por delante, y dispuesto a reivindicar las ilusiones de la generación diezmada.

Muy poco tiempo después de asumir, realizó su primer viaje a Brasil; me incluyó en una pequeña comitiva de diputados y senadores, junto con Leopoldo Moreau, Julio Solanas, los senadores Jenefes y Gómez Diez, el gobernador De la Sota, el embajador Lohlé, el canciller Bielsa. Néstor conversó un largo rato con nosotros en el avión, parado, con su aire distendido y campechano. Nosotros estábamos ansiosos por saber cuál sería el rumbo, que él definió como «ir gobernando segundo por segundo, minuto por minuto, hora por hora...». El encuentro en Brasilia, el almuerzo con Cristina y Marisa, la compañera de Lula, los discursos inaugurales en la tarima sobre el césped del Palacio de la Alvorada, tuvieron, mientras se estaban conociendo, el aire de amigos que se unen para trazar un destino nuevo.

Por entonces, yo integraba como diputada la Comisión Parlamentaria Conjunta de Mercosur en el Congreso, y estábamos elaborando los protocolos para crear el Parlamento del Mercosur. Me había interesado tempranamente por la revolución bolivariana y viajado a Venezuela varias veces desde el año 2002 para entender, después del golpe de Estado, cómo el pueblo salió a rescatar a su gobierno, a su revolución, a su nueva

Constitución, ejerciendo un nuevo modelo de democracia participativa y protagónica. En el 2003 presenté un proyecto para que Venezuela se incorporara al Mercosur, consciente del dinamismo político y económico que esa incorporación aportaría al bloque.

En febrero del 2004 volví a ser convocada para integrar la comitiva que viajaba en el Tango 01 a Caracas con el presidente para la Cumbre del Grupo de los 15. Esta vez fuimos con el diputado Miguel Bonasso y los senadores Ramón Puerta y Mabel Müller, Carlos Zannini y el gobernador de la provincia de Buenos Aires, Felipe Solá. La reunión se desarrolló en el gran teatro Teresa Carreño y abordó principalmente el tema de la seguridad energética. También se trató el desequilibrio de la cobertura mediática global y la necesidad de crear sistemas de información alternativos a las corporaciones de los medios. Ojalá hubiéramos atendido oportunamente ese problema.

Eran tiempos de enorme creatividad, ebullición de ideas para construir una agenda nueva y original. «O inventamos, o erramos», nos inspiraba la magnífica frase de Simón Rodríguez, el maestro de Bolívar. En esas reuniones donde fluía la cooperación y la amistad, esos hombres se reconocían, se hacían bromas, se divertían, mientras reinventaban la integración de América Latina y el Caribe que habían soñado nuestros libertadores.

En julio del 2004 convencí a Chávez de que viajara a la Cumbre del Mercosur en Foz de Iguazú; estaba desanimado porque creía que Paraguay complicaría la incorporación de Venezuela al bloque. A la salida de la Cumbre, imprevistamente, Néstor Kirchner tuvo la genial idea de llevar a Chávez a conocer Astilleros Río Santiago; nos subió a un helicóptero en aeroparque y aterrizamos en Ensenada. Los trabajadores del astillero, que habían resistido a la privatización menemista y hacía años que sufrían que el astillero estuviera sin actividad, ya estaban reunidos y expectantes. Allí, ya cayendo la noche y en medio de una gran emoción, Chávez anunció que encargaba la construcción de dos buques tanqueros petroleros para Venezuela.

Así Néstor resolvía las cosas. Así, también espontáneamente, se reconfiguraba la complementariedad del bloque regional.

En diciembre del 2004 se realizó en Cuzco –el ombligo del mundo para la cultura incaica– una reunión de doce presidentes de América del Sur, y se constituyó la Comunidad Sudamericana de Naciones, que fue el germen de la Unasur. Allí confluirían todas las iniciativas; era una pista de aterrizaje para los sueños postergados de nuestro continente: tener una moneda común, sacar las reservas del extranjero y manejarlas en moneda propia, el Banco del Sur, formar una OTAN del sur –la OTAS–, ejercer la plena soberanía energética y alimentaria. La Unasur llegó a tener, más tarde, una institucionalidad supranacional muy sólida y articulada, y un Consejo Sudamericano de Defensa que logró evitar dos golpes de Estado en la región.

En noviembre del 2005 se celebró en Mar del Plata la Cumbre de las Américas, en medio de grandes expectativas y tensiones por el afán de Estados Unidos de imponer el Acuerdo de Libre Comercio. Las presiones eran, como suelen ser, muy grandes; las dudas de algunos, también. Y allí Néstor Kirchner, con un gesto adusto frente a George Bush, de brazos cruzados, dio un excelente discurso –para algunos, inesperado– que presagiaba el rechazo al ALCA que sellaron los «tres mosqueteros», como llamó Chávez, jocosamente, a esa conjunción de ideales, a esa alianza indestructible y eficaz que habían construido con Néstor y Lula.

Este acto, profundamente antiimperialista, ha llegado a ser calificado como «la derrota estratégica más importante que sufrió el gobierno de Estados Unidos después de Vietnam».

Una noche de marzo del 2006 me llamaron de Casa de Gobierno para citarme de inmediato; creí que Néstor quería hablarme de un tema aerocomercial que me preocupaba, pero, en cambio, me designó embajadora en la República Bolivariana de Venezuela. Pedí instrucciones: «No tengo nada que decirte, ni indicar, andá», me dijo, sabiendo que ya habíamos conocido, en esos años intensos, el registro de lo que esperábamos, de lo que podríamos lograr.

Venezuela durante esos años cooperó con Argentina, aumentaron nuestras exportaciones e intercambios. El reconocimiento de Chávez y los venezolanos por Néstor Kirchner creció al punto de poner su nombre y decorar con su retrato, después de su partida, la sala de ministros del Palacio de Miraflores.

Cuando evoco a Néstor Kirchner en Brasilia, en Caracas, lo recuerdo apurando el paso, animado y feliz. Nos queda el legado de volver a construir la integración de nuestra región, con la libertad y la alegría que Néstor y Cristina lo forjaron, y los argentinos y argentinas merecemos.

EDUARDO FELLNER

Exgobernador de Jujuy.

Conocí a Néstor Kirchner allá por finales del año 1998. Yo acababa de asumir la gobernación de Jujuy, por una decisión de la legislatura de la provincia, reemplazando a Carlos Ferraro, que a su vez había reemplazado a Guillermo Snopek, fallecido en un accidente a los pocos meses de comenzar su mandato. (Vale mencionar que entre 1990 y 1998, Jujuy llegó a tener ocho gobernadores, nadie lograba terminar siquiera un mandato, lo que claramente hablaba de una terrible inestabilidad institucional, política, social y obviamente económica).

Ya por aquel entonces, Néstor cargaba una solvencia y experiencia política muy firme y mostraba una fuerte presencia en el grupo de gobernadores que actuaba en el último año del «menemismo». Lo recuerdo en esas instancias con ciertas actitudes díscolas frente al grupo y a la sumisión que muchos mostraban al poder central de ese gobierno nacional.

De alguna manera, muchos de los gobernadores peronistas concordábamos con sus planteos de rebeldía y lo íbamos tomando como una referencia nueva frente a una estructura política que se iba agotando.

Ya desde entonces demostraba de alguna forma que Santa Cruz y su gobierno «le quedaban chicos» y que él estaba «para más».

Sin embargo, mi relación de afecto y amistad con Néstor Kirchner comenzó a gestarse recién después de las elecciones de octubre de 1999, durante el gobierno de De la Rúa. Particularmente durante los años 2000 y 2001.

Yo resulté electo en esas elecciones, por un escaso margen, como gobernador de Jujuy y Kirchner había sido reelecto por tercera vez como gobernador de Santa Cruz. Por ese entonces, Néstor ya funcionaba como referente importante del Grupo Calafate, constituido como un «nuevo espacio» dentro del peronismo.

Utilizando esa base, después de la derrota de Duhalde, a partir del año 2000 y de una forma progresiva, Kirchner comenzó a incrementar sus viajes a la ciudad de Buenos Aires y a tener una mayor presencia en los medios de comunicación nacionales; a las vez, y de una forma muy modesta, comenzó a recorrer distintas provincias con el objeto de ir «haciéndose conocer» y estructurar una base de organización política de alcance nacional.

Así llegó en aquel año 2000 el gobernador de Santa Cruz a Jujuy y me visitó en la Casa de Gobierno. Kirchner fue hasta la gobernación acompañado por Pepe Salvini y mantuvimos una amable conversación.

En un momento de la misma, Néstor explicó que representaría un nuevo espacio de renovación en el peronismo, que iba a recorrer el país, que sería presidente de la nación y que tenía tiempo hasta el 2007. Entonces me dijo: «Ruso, quiero que me acompañes».

Yo le contesté con toda sinceridad: «Mirá, Néstor, me encanta la idea, pero vos vas en un Fiat 600 y yo tengo que ir más rápido y seguro, tengo una provincia endeudada, con miles de desocupados, sin financiamiento y casi no puedo ni pagar los sueldos de la administración».

Años más tarde, en diciembre del 2002, en plena efervescencia del peronismo por las candidaturas presidenciales ante la renuncia anticipada de Eduardo Duhalde, con los nombres de Menem, Rodríguez Saá, Juan Carlos Romero, Reutemann y De la Sota también en danza, participé de una reunión en la Casa Rosada con el entonces presidente, el gobernador de Formosa y presidente del Congreso Nacional del PJ Gildo Insfrán, el senador y presidente provisional del Senado José Luis Gioja, el secretario general de la presidencia José Pampuro y Juan Carlos Mazzón.

En esa reunión realizada en un pequeño salón frente al despacho presidencial se decidió nada más y nada menos, que nuestro candidato a presidente de la nación para las elecciones de abril del 2003 fuera Néstor Carlos Kirchner. Se trataba obviamente de una decisión que implicaba al propio gobierno nacional, parte de los gobiernos provinciales del PJ, y la mayoría del aparato peronista de la provincia de Buenos Aires y del oficialismo del Partido Justicialista Nacional. La decisión se haría pública unos días después por declaraciones del propio presidente Duhalde.

Inmediatamente después de esa reunión, con Gioja, Pampuro y Mazzón nos dirigimos a unas pocas cuadras de allí a la Casa de la Provincia de Santa

Cruz. Allí nos recibió Dante Dovena, quien nos hizo pasar a una sala de reuniones. En minutos entró en la misma Néstor Kirchner acompañado de Alberto Fernández (con un diario en la mano sobresaliendo un artículo de Aníbal Ibarra de apoyo al primero), y les contamos las buenas nuevas. Fue entonces que le dije a Kirchner recordando lo de Jujuy: «Néstor, Duhalde te cambió el Fiat 600 por un Scania, ahora sí vamos a trabajar para llenarlo de compañeros…». Ahí comenzó nuestra tarea de aglutinar voluntades en todo el país para poder hacer realidad la presidencia de Kirchner.

Asumido Néstor como presidente de la nación en mayo del 2003, lo invité para que visitara la provincia de Jujuy el 1 de agosto y participara de un acto de presentación de la Quebrada de Humahuaca como Patrimonio Cultural y Natural de la Humanidad, y de una ceremonia a la Pachamama.

Después de varios años de trabajo de mucha gente, a días de haber asumido Duhalde como presidente, presentamos la postulación de Humahuaca ante la Unesco para que sea declarada patrimonio de la humanidad. En julio del 2003 y luego de muchas gestiones y tareas, el Comité de Patrimonio aprobó los dictámenes y efectuó la declaración. Había entonces que presentar esa declaración ante el pueblo de la Quebrada, de la provincia, y en definitiva generar un hecho público que repercutiera en los medios nacionales e internacionales para conocimiento de la gente.

El presidente aceptó el convite y llegó a Jujuy en la mañana del 1 de agosto acompañado por su vicepresidente Daniel Scioli, su antecesor Duhalde, el presidente de la Cámara de Diputados Eduardo Camaño, y varios ministros y funcionarios. También llegaron los entonces gobernadores de Salta, Juan C. Romero, y de Tucumán, Julio Miranda. Trasladados al norte de la provincia, al paraje histórico de la Posta de Hornillos, cercano a la localidad de Maimará, con una importante cantidad de gente, cerca del mediodía, comenzaron las actividades oficiales.

Abiertas las mismas, Néstor se emocionó con la interpretación del himno nacional con instrumentos andinos interpretados entre otros por Tomás Lipán, Fortunato Ramos e instrumentistas de viento locales.

Luego de los discursos, pasamos todos a realizar la ceremonia a la Pachamama, que es una ancestral tradición de nuestros pueblos originarios y que consiste en dar de comer y beber a la madre tierra depositando en un pozo hojas de coca, chicha, alcohol, comida y cigarrillos, agradeciendo lo recibido durante el año y pidiendo prosperidad. La ceremonia fue hermosa y emocionante; participaron los gobernadores invitados, los funcionarios nacionales, los referentes de las comunidades y un presidente de la nación como actor principal.

Terminado el ritual, el presidente saludó a la gente y decidió emprender viaje al aeropuerto de Jujuy para tomar el vuelo de regreso a Buenos Aires. Junto con Duhalde, Camaño y algunos de sus secretarios, Kirchner y el gobernador Romero se subieron a un helicóptero de la gobernación de Salta que estaba apostado a unos 1500 metros del lugar del acto.

Encendidos los motores y puestos a su máximo, el helicóptero comenzó a elevarse y a los pocos metros se deslizó hacia adelante y descendió abruptamente sobre el lecho de un río seco levantando una enorme nube de polvo. Enseguida se vio aparecer a sus ocupantes, entre ellos a Kirchner que fue ayudado por policías a desplazarse entre las piedras y la tierra. Según confirmaron después los especialistas, el helicóptero no pudo ascender por las condiciones atmosféricas y por exceso de peso. Pasado el «sofocón» y el susto de varios, Kirchner y comitiva emprendieron el viaje al aeropuerto por vía terrestre.

Lo cierto es que con toda esa importante «movida» que fue la presencia del presidente de la nación, vicepresidente, gobernadores y referentes de las comunidades originarias, el ritual de homenaje a la Pachamama y la alegría que rodeó a todo el evento con presencia de la gente del lugar, creímos haber generado un hecho de trascendencia tal como para imponer en los medios la noticia de que la Quebrada de Humahuaca era Patrimonio de la Humanidad, declarado por la Unesco.

Sin embargo, no fue así, radios, noticieros nacionales y prensa nacional e internacional se ocuparon del «accidente» del helicóptero y solo tangencialmente, algunos, del evento y de Humahuaca.

«El gran diario argentino», en su tapa del 2 de agosto del 2003, tituló: «Minutos de angustia en el helicóptero de Kirchner», y acompañó una fotografía de Néstor subiendo un morro de tierra con ayuda de policías. Del resto, ni «mu».

Pero hay una anécdota que siempre recuerdo y que relaté por primera vez en público en una sesión especial de homenaje al Dr. Néstor Carlos Kirchner en la HCDN, el 3 de noviembre del 2010, y que, por lo menos a mí, me convenció de que era el hombre de las convicciones y fuerza necesarias para llevar adelante el proyecto político y de país por el que habíamos soñado y apostado.

Hacia fines del mes de mayo del 2003, a los pocos días de haber asumido, visité a Néstor en su despacho presidencial y él me contó entusiasmado que había recibido llamadas de todo el mundo deseándole suerte y felicitándolo por haber asumido la presidencia. Y particularmente recuerdo que me confió que el presidente de EE. UU. y del gobierno de España, en una aparente actitud de solidaridad por lo que estaba atravesando el pueblo argentino en esos tiempos, le ofrecieron gestionar un plazo de gracia de cuatro años, la duración de su mandato, para que la Argentina comenzara a regularizar los servicios de la deuda externa, que había sido declarada en *default* por el gobierno de Rodríguez Saá.

Recuerdo que me sentí contento con lo que me expresaba y pensé que era una suerte, que una actitud así de los mandatarios extranjeros nos daría tiempo para ocuparnos de tantos y tantos problemas internos. Ahí alcancé a decirle algo como: «Qué bueno, qué actitud…»; y Néstor siguió: «¿Cómo qué bueno…? Les agradecí el gesto, pero les rechacé la oferta, porque yo vine al gobierno a solucionar los problemas de la Argentina y no a patearlos para adelante…».

DIEGO CARBONE

Exjefe de la Custodia Presidencial de Cristina Fernández de Kirchner.

La primera vez que oí el nombre de Néstor fue en el año 2002, yo estaba destinado en la Delegación Villa María. Había tenido un problema con el jefe de la Delegación, discutimos... y bueno, me trasladaron a Buenos Aires. Como Kirchner iba a ser candidato presidencial, estaban buscando personal que tuvieran en su haber cursos de custodia, y yo había ganado experiencia con un embajador israelí, varios ministros y comitivas extranjeras, entonces me propusieron para el puesto. Recuerdo ahora con mucha gracia que el comisario que estaba en esa época a cargo de la selección, me decía: «Quedate tranquilo que no va a ganar nunca este tipo, va a ganar Menem».

Le fallaron los cálculos al muchacho, porque Néstor ganó y fue un presidente que sorprendió a todos. Ya desde el día de la asunción nos puso a prueba de asombros. Me parece ayer verlo cómo se metía entre la multitud rompiendo totalmente con el protocolo. El 25 de mayo del 2003, nos dijo: «Abran las vallas». Claro, nadie las quería abrir. Pegó dos gritos y las vallas se abrieron, y ahí una serie de sucesos que se me aparecen en cámara lenta como una película: la custodia corre hacia la gente, una señora mayor se cae, todos se frenan, también se cae un fotógrafo, Néstor se trastabilla con la señora y cuando se reincorpora se lastima la frente con la cámara del fotógrafo que se estaba levantando. Enseguida saca un pañuelo y se lo lleva a la cabeza para frenar la sangre. La imagen en todos lados, habrán sido dos minutos… pero yo ya pensaba: «Qué mal estoy haciendo el laburo, se golpeó el presidente. Chau, acá nos rajan a todos, duramos solo cuatro horas».

Pero al final del día me sentía contento, la misión estaba cumplida. La jornada fue una fiesta y se notaba en el aire que algo estaba cambiando.

Con Néstor Kirchner trabajé un año y medio nada más, el resto de los años que siguieron estuve junto con la presidenta Cristina Fernández. Todo ese tiempo siempre me sentí muy cómodo por el trato que me propinaban ambos y además muy orgulloso porque compartía sus ideas.

Cuando uno toma cursos para custodio, siempre piensa que los modelos ideales son el de los americanos, israelíes o rusos, que funcionan como una maquinita. Frena el auto, el jefe de seguridad toca el techo, otro abre la puerta, mientras dos más miran alrededor y el presidente te pregunta, «¿Puedo bajar?». Pero con Néstor era todo lo opuesto, te abría la puerta él prácticamente. Y ni se te ocurra decir: «No. espere, tienen que aguardar un instante». ¡Pum!, te cerraba la puerta y arrancaba, como Cristina, directo para la gente. Fue en esas oportunidades cuando observaba cómo rompía con los protocolos tradicionales que percibí que Néstor era un tipo común con funciones especiales. Él llegaba, compartía un mate, caminaba tranquilo, la gente lo abrazaba y era uno más entre ellos. Nadie nunca le hizo daño, todos le querían demostrar agradecimiento y cariño.

También pienso que era el tipo de presidente que necesitábamos en ese momento, una figura presidencial fuerte, un jefe político con un toque divino. Se notaba que lo traía de la cuna. Era un apasionado. A veces uno no dimensiona porque estás trabajando para que todo salga bien y entrás en una lógica cotidiana, pero muchas veces pienso que Néstor y Cristina van a ser en el futuro lo que son hoy San Martín o Belgrano, gente que cambia la historia. Una bisagra en la vida de la Argentina.

Recuerdo en los primeros años, estábamos en El Calafate, hacía un frío tremendo y se había cortado el gas. Estaba por salir para hacer unos mandados y al pasar por la residencia del gobernador, en la puerta veo a un colaborador que me dice: «Pará, vení». Me hace entrar a la habitación y ahí encuentro a Néstor acostado y la veo a la Jefa, que en esa época yo no tenía un trato directo con ella, y me dice: «Vení, querido. Mirá, tenemos que llevarlo al hospital»; me comenta que Kirchner tenía problemas de úlcera. Vamos al hospital, el médico me consulta qué grupo sanguíneo soy, le digo A+, el mismo que el presidente. La Jefa me pregunta si podía dar sangre. Obviamente le respondí que sí. Ahí nos quedamos diez días en el hospital de Río Gallegos. Cuando salimos, la Jefa me llama y me dice: «Cuál es tu nombre», entonces yo atino a contestar con el protocolo de «Soy el inspector...». «No, tu nombre», me interrumpe... «Diego». «Bueno, Diego, vamos a hacer una cosa, nos vamos del hospital, que no salga ninguna foto ni nada de Néstor en camilla porque te echo». Al final salió todo perfecto, yo entendí que ella quería cuidarlo en todos los detalles, ya que la prensa –y lo sigo comprobando al día de hoy– se portaba muy mal con Néstor y su familia, y era importantísimo cuidar la privacidad de esos momentos delicados. A los pocos días me llama su secretario y me dice que la doctora quería hablar conmigo. Lo primero que me preguntó: «¿Vos podés ser mi jefe de seguridad?». Ese día me asignaron la custodia de la presidenta, que era primera dama en ese momento, de Florencia y de Máximo. Y desde ahí al día de hoy llevo dieciséis años a su lado.

Esta anécdota tiene un recorrido... Pasó el tiempo de aquel momento en el hospital. El 9 de julio del 2007 fuimos a Tucumán, Cristina era candidata. Yo estaba cuidando la puerta del vip para que no ingrese nadie. De repente siento que me pegan dos piñas de atrás, por instinto respondí con un codazo y cuando me di vuelta lo vi a Néstor que me empieza a decir de todo. Aníbal Fernández lo agarra y se lo lleva. Yo me quería morir. Empieza la ceremonia del acto y desde mi lugar veo a Néstor que lo llamaba a Aníbal, que era el ministro de Justicia, del que dependía la Policía Federal. Aníbal le hace señas al secretario de Cristina, que se me acerca y me dice: «¿Qué hiciste? ¿Vos le pegaste un codazo al presidente?». «Sí, pero yo pensé que era otra persona». Bueno, termina el acto, nos volvemos todos en el Tango 01. Llegamos a la casa y subo al chalet a entregarle a Cristina los regalos que le habían dado. Cuando entro, estaba Néstor mirando cómo nevaba. Me dice serio: «¿Vos me pegás a mí así? ¿Mirá si hubiese sido cualquier otra persona?». Desde ese día siempre en los actos, cuando nos cruzábamos, me ligaba algún que otro golpe, en chiste. En una oportunidad, Cristina me dice: «Kirchner te quiere matar». Se escucha de fondo la voz de Néstor que dice: «Ahí está tu custodio, ese me pegó». Seguía con la bronca en joda pero metiendo fichas y en eso salta la Jefa y dice: «El mismo que te salvó la vida en el sur, ¿te acordás?». Néstor replicó: «Es un buen muchacho entonces». A partir de ahí se encaminó la cosa. Ahora parece gracioso, pero en ese momento, a mí me ponía muy nervioso porque muchas veces sentía que hacía mal mi trabajo.

Son muchos los momentos vividos, y no me alcanzaría un libro para contar tantas anécdotas. Llevo treinta años de policía y casi veinte custodiando orgullosamente a Néstor, Cristina y su familia. Todavía recuerdo cuando la exministra Bullrich me citó y me dijo: «Usted tiene que quedarse a colaborar con la custodia del presidente Macri». La miré y le dije sin vueltas que no, que me iba a ir a residual de la presidenta (es el nombre para los custodios de los expresidentes). Le quería hacer entender que se trataba de una cuestión de lealtad, que no me iba a ir en las malas, que mis códigos me decían que la tenía que seguir acompañando a Cristina, que ese era mi deber. Bullrich me replicaba: «Usted tiene la obligación de aceptar los cargos que le da la policía», a lo que le respondí que efectivamente era así, pero que yo también tenía derechos adquiridos, entre los cuales estaba poder retirarme a partir de los veinticinco años de servicio ordinario (en ese momento tenía casi veintiséis). Entre tires y aflojes comprendió que yo no iba a ceder en mi postura y me terminó advirtiendo que iba a tener un achique de personal. Al mes me pidió un informe de la seguridad de la Jefa y de su familia, que publicaron en todos los diarios. Salió en todos los medios. No le importó vulnerar la seguridad de una exmandataria. A eso le siguió una reestructuración donde me dejaron fuera de la custodia de la presidenta, pero sí viajando al exterior con ella, donde lo hacía sin la autorización del Ministerio de Seguridad, que siempre me la otorgaban cuando ya habíamos regresado al país.

Haciendo una revisión de mi profesión, pienso que mi destino ya estaba signado de antemano, que mi vida es así, que voy a seguir con ella en la residual, si la policía después me retira, me retiraré. Yo llevo casi treinta y un años en la policía y estoy hace veinte años con ella. El setenta por ciento de mi carrera lo hice con ella. Esa es mi forma también de cumplir con el pedido que nos hizo Néstor, cuando nos pidió que la cuidemos.

Mi vida cambió completamente cuando conocí a Néstor Kirchner, aquel hombre que nadie pensaba que iba a llegar a ser presidente. Espero que, desde donde esté, se sienta tranquilo de saber que somos muchos los que cuidamos a su compañera.

ESTELA DE CARLOTTO

Presidenta de Abuelas de Plaza de Mayo.

Gracias, Néstor

El 20 de octubre del 2003, a cinco meses de haber asumido la presidencia en un país arrasado por más de una década de neoliberalismo, nos recibió en la Casa de Gobierno. De inmediato, descubrimos en él a un hombre sencillo, acogedor, afectivo, comprensivo y, lo más importante, con respuestas.

Un mes más tarde, se convirtió en el primer mandatario en recibir a nuestros nietos y nietas, quienes le solicitaron que se agilizaran los exámenes genéticos de los posibles hijos de desaparecidos; que se incluyera en los planes de estudio el relato de lo ocurrido durante el terrorismo de Estado; que se indemnizara a los menores que nacieron o estuvieron en centros clandestinos de detención, y que se abrieran los archivos que pudieran aportar información sobre el destino de los desaparecidos. Cumplió con todo.

El 24 de marzo del 2004, cuando ordenó bajar los cuadros de los genocidas en el Colegio Militar y pidió perdón, en nombre del Estado, por los delitos cometidos por la dictadura, protagonizó el gesto más potente de la historia democrática argentina. La impunidad de los criminales de lesa humanidad se había terminado. La palabra «política» comenzaba a recuperar su valor.

Así como hizo de la «Memoria, la Verdad y la Justicia» una política oficial, tras décadas de lucha y reclamo de los organismos de derechos humanos, también atendió a cada uno de los sectores cuyos derechos habían sido pisoteados durante tantos años desde el poder. Abrió las puertas de la Casa Rosada para el pueblo, abrazó a los humildes, besó a los niños, convocó a los jóvenes. Y allí está su legado, porque instaló en las y los jóvenes la esperanza, la participación y el compromiso. Y abrió las puertas a la verdad histórica, la de los depredadores y sus víctimas. Así, cada lugar de encierro, de tortura y de muerte se volvió un espacio de memoria. Prometió y cumplió.

Nos devolvió la dignidad, defendió nuestra soberanía, nos desendeudó, sembró la semilla del trabajo colectivo en una sociedad devastada por el individualismo y el «sálvese quien pueda», hizo lo que dijo que iba a hacer y aún más. Su partida fue un duro golpe, no solo por lo temprana, sino además porque era un hombre imprescindible. Pero la llama que encendió sigue y seguirá viva como viven los sueños de nuestras hijas y nuestros hijos, sus 30 mil compañeros detenidos desaparecidos. Y la dimensión de su obra –ya se ha visto– continuará acrecentándose por la valentía y la inteligencia que demostró como gobernante. Gracias por siempre, Néstor.

JORGE TAIANA

Senador Nacional por la provincia de Buenos Aires. Exministro de Relaciones Exteriores, Comercio Internacional y Culto de la Nación Argentina (2005-2010).

El Néstor de los viajes

Viajar con Néstor me permitió ir descubriendo sus distintas miradas y facetas, en un mundo que no solo se revelaba como nuevo para él en su rol de presidente, sino que también parecía cambiar aceleradamente el pulso de una región que apostaba, en conjunto, a definir su presente y moldear su futuro.

El Néstor de los viajes era una persona impulsada por la curiosidad de explorar territorios ajenos, pero presentes y contemplados en función de realidades cada vez más interconectadas. Antes de su presidencia, no había viajado demasiado por el exterior, salvo algunas visitas a Estados Unidos y otros destinos fuera de nuestras fronteras.

La epopeya de dar vuelta una Argentina castigada por años de crisis, se vio reflejada también en otros territorios y liderazgos latinoamericanos. No es casualidad que la primera visita que realizó como jefe de Estado haya sido a Brasil, a entrevistarse con Lula, quien había estrenado su presidencia y la esperanza de construir un país distinto, cinco meses antes.

A poco más de un mes de haber asumido, en julio del 2003, emprendió una importante gira por Europa en la que se entrevistó con los principales líderes de la región. En septiembre, participó de la Asamblea General de las Naciones Unidas, donde pronunció un discurso que quedará en la historia como los trazos del proyecto de país que comenzaba a plasmarse.

Los viajes eran para Néstor una fuente interesante de novedades y descubrimientos. Nunca se concibió como un turista. Su atención se concentraba en las personas, en las distintas formas de vida y de entender el mundo, y en la manera en que se articulaba y se ejercía la política en distintos puntos del planeta. Solía repartir su tiempo en tres momentos bastante diferenciados. La actividad oficial, regida por agendas por demás abultadas y exigentes, era cumplida desde su rol institucional, pero sin deslumbramientos por los oropeles, los grandes palacios o la parafernalia que suele girar alrededor del poder. Se veía a sí mismo como una persona común con grandes responsabilidades, y desde ese lugar, cumplía con las actividades protocolares que le demandaba su investidura.

Por otro lado, estaba el Néstor interesado en la política interna de los países, su historia e idiosincrasia. Le gustaba analizar la lógica política de cada una de las sociedades y el origen y consolidación de los diferentes liderazgos. Solíamos conversar largamente sobre las distintas experiencias políticas que nos íbamos encontrando en nuestros viajes a América Latina, Europa y Asia.

A la noche, después de terminar con las actividades oficiales, le gustaba quedarse en alguno de los salones del hotel en el que nos hospedábamos para repasar y evaluar las experiencias del día, las historias o situaciones particulares de los países visitados e intercambiar ideas sobre su gran pasión: la política argentina. Procuraba que la comitiva estuviera siempre integrada por dirigentes nacionales de diferentes ámbitos, legisladores, gobernadores, intendentes y líderes sociales, para poder escuchar y debatir desde las distintas prácticas y perspectivas. Eran conversaciones muy interesantes y enriquecedoras, en las que se mezclaban cuestiones diversas con las impresiones recogidas en las múltiples reuniones y recorridos. A Néstor le gustaba tomar té o compartíamos un *whisky*, y era un tiempo de libre intercambio, en el cual aparecía el amigo, el compañero llano –al que la función pública le absorbía mucha energía y tiempo– y que disfrutaba la charla relajada y el intercambio humano. Eran encuentros muy lindos, muy cálidos, entretenidos y divertidos, porque Néstor era muy pícaro y estaba a sus anchas en esas rondas que se extendían hasta altas horas de la noche.

Debemos admitir que, por lo general, eran encuentros muy masculinos. Cristina solía retirarse a descansar y él se quedaba con los «muchachos» en una suerte de café para conversar de la vida, de fútbol, de su pasión por Racing y, por supuesto, de política e historia. Creo que en cierta forma lograba recuperar parte de la cotidianidad que el ejercicio de la presidencia le había vedado. Funcionaba como un mecanismo para relajarse y liberar tensiones, pero también era su forma de revisar o actualizar información sobre distintos sucesos del día.

Además, había un tercer Néstor al que le apasionaba poder recorrer como un ciudadano más las calles de las ciudades que visitaba, mimetizándose con los lugareños en algunas de sus rutinas. Por eso prefería alojarse en hoteles céntricos, para ver y conocer la vida urbana, tomar un café o ir a restaurantes. Recuerdo los viajes casi rituales que realizábamos a Naciones Unidas en septiembre. Era una asamblea que le generaba particulares expectativas por la posibilidad de realizar reuniones con líderes internacionales y personalidades destacadas, pero también caminar por una Nueva York que siempre le resultaba fascinante.

En el ejercicio de la presidencia, Néstor rápidamente confirmó la importancia de las relaciones exteriores y en particular de las visitas, las cuales facilitaban la construcción de empatías y vínculos más estrechos y personales. En los primeros años de su mandato, Argentina necesitó construir confianza, conocimiento, credibilidad, acercamientos. Recordemos que en ese momento atravesábamos la peor crisis económica y social de las que se tenga memoria y el *default* significaba en ese contexto una pesada carga, siempre presente. El país atravesaba el infierno –como le gustaba decir a Néstor– y había que trabajar duro para poder llegar al purgatorio.

Compartí la experiencia de un Néstor que, a medida que pasaba el tiempo, iba dejando de lado ciertos prejuicios acerca de la práctica diplomática mientras se acrecentaba intensamente su interés en temas de política exterior. Fue internalizando que más allá del ceremonial y el protocolo, había discusiones políticas a partir de ciertos intereses, alianzas o visiones de la realidad bastante similares al debate doméstico. Se entusiasmó con la posibilidad de operar espacios de diálogo, de poder defender el interés nacional y mostrar el potencial de la Argentina ante el mundo.

Ese proceso quedó evidenciado en la importancia que empezó a otorgarle al proceso de integración regional, no tanto como concepto, sino como algo práctico en su accionar político. Desde el principio de su mandato, la región demandó su atención e intervención. Apenas asumido, en el 2003, se dieron una serie de conflictos en Bolivia que requirieron de los buenos oficios de Argentina y Brasil. Estos acontecimientos lo condujeron a interactuar más fluidamente con Lula. Al comienzo, la relación entre ambos tenía un dejo de cautela al venir de la mano de Duhalde, en momentos en que Néstor comenzaba a distanciarse de este último. Los primeros encuentros arrojaban la impresión de que el vínculo entre ellos no sería fácil debido a que eran personalidades con prácticas políticas muy diferentes. Fue muy interesante ser testigo de un proceso en el que la relación personal creció hasta transformarse en fuerte amistad y sólido entendimiento mutuo.

A medida que pasó el tiempo, Néstor fue percibiendo los matices y potencialidades de un mapa exterior interrelacionado y complejo. En ese sentido, un ejercicio acelerado fue el proceso del «No al ALCA». En Argentina –como país anfitrión– recayó el protagonismo y la responsabilidad de poner freno al proyecto de libre comercio de las Américas. En esa época tuve mucha relación e intercambio de ideas con Néstor, porque me había designado como Coordinador Nacional para la cumbre. Desde este rol tuve la responsabilidad de garantizar la parte organizativa de la cumbre, como así también la discusión del documento político y la estrategia negociadora.

El freno al ALCA permitió reafirmar una negociación en conjunto de gran parte de la región, privilegiando la defensa de intereses y de un proyecto conjunto con miras a futuro. En lo personal, la cumbre significó para Néstor el fortalecimiento del vínculo con Lula, robustecido por aprendizajes e intercambios, y también con Hugo Chávez, Nicanor Duarte y Tabaré Vázquez.

Con Chávez tenían personalidades completamente distintas. Dos personas que parecían el día y la noche. Néstor era tímido, medido, tenía ese aire patagónico; Chávez expandía exuberancia caribeña.

Néstor siempre estuvo muy agradecido por la franqueza y la apertura con la que el presidente venezolano ayudó a la Argentina en el 2003 y 2004, cuando aún atravesábamos una situación muy crítica desde el punto de vista financiero. Siempre dijo que debíamos ser agradecidos y, en ese sentido, Chávez sintió que tanto Brasil y la Argentina lo sacaban del aislamiento al que había sido sometido por ser el «diferente» de la región. Tenía la convicción de haber encontrado en Lula y Néstor a dos compañeros, dos iguales que lo sacaban de la soledad política en la que se encontraba.

Para la estrategia del ALCA, el entendimiento con Néstor fue absoluto; compartíamos la visión y estábamos completamente convencidos de que debíamos apostar a la integración regional. La salvedad es que no la concebíamos de manera subordinada a los planteos de Estados Unidos, sino que la entendíamos como una integración entre iguales, que debía tener como base el Mercosur y lo que luego sería la Unasur.

Me acuerdo mucho de conversar durante los viajes sobre la importancia de profundizar y consolidar el proceso de integración regional. Si bien siempre estaba pendiente de todo lo que ocurría en Argentina –aprovechaba cada hueco en la agenda para comunicarse con el país y seguir la gestión diaria–, tenía más tiempo para reflexionar y debatir sobre este tema. Hablábamos mucho sobre las particularidades de los procesos políticos y la historia recorrida de cada uno de los países latinoamericanos. Se interesaba en la experiencia que yo había tenido como secretario ejecutivo de la Comisión Interamericana de Derechos Humanos de la OEA, la cual me había permitido conocer en profundidad distintas realidades de América Latina, sus principales conflictos, así como el funcionamiento de los organismos regionales. Su interés solía enfocarse en cómo habían transcurrido los procesos de transición democrática con las particularidades propias de cada uno de los países y los acuerdos de paz en Centroamérica.

Teníamos coincidencias muy profundas que partían, en primer lugar, de la experiencia generacional en común. Ambos habíamos militado en la Juventud Peronista y compartíamos infinidad de códigos, además de un gran militante y amigo en común que es «el Flaco» Kunkel, que había sido su referente en la FURN, la agrupación estudiantil peronista de La Plata, donde militó y fue compañero mío de militancia y resistencia.

A Néstor también le gustaba contarme anécdotas sobre mi padre, a quien había conocido durante la campaña electoral de 1973. Mi padre,

Jorge Alberto Taiana, en ese momento era miembro del Consejo Superior Peronista y del Comando para el retorno de Perón. En el marco de la campaña había asumido la responsabilidad de participar en actos proselitistas en la Patagonia, mientras que la Juventud Peronista de la zona sur lo había destacado a Néstor para oficiar de escolta de los dirigentes que viajaban. Néstor estuvo en dos actos con mi papá, uno en Comodoro Rivadavia y otro en Neuquén; siempre recordaba con mucho cariño y orgullo esos momentos compartidos.

Cuando Néstor dejó la presidencia, tuvimos la oportunidad de seguir realizando juntos algunos viajes y misiones. Yo había sido su canciller y en ese momento continuaba siendo el de Cristina. Recuerdo con particular cariño una experiencia que nos acercó mucho. Fuimos rumbo a Colombia con la misión de tratar de lograr la liberación de un grupo de rehenes en poder de las FARC. Creo que todo lo vivido fue un punto de inflexión en la visión de Kirchner acerca de las relaciones internacionales.

Las FARC habían anunciado, mediante un comunicado fechado el 9 de diciembre, la entrega de tres rehenes que tenían en su poder antes de la Navidad del 2007: Consuelo González, Clara Rojas y Emmanuel, su hijo de tres años que había nacido en cautiverio.

Cristina se sentía muy involucrada en esta causa. Antes de ser presidenta y apenas asumir, se reunió en varias oportunidades con la madre de otra rehén, Ingrid Betancourt, Yolanda Pulecio, con la que se comprometió a desplegar acciones diplomáticas tendientes a su liberación. Es así que la presidenta decidió sumar a la Argentina en esa misión humanitaria y lo hizo al más alto nivel, designando a Néstor como su representante especial.

El 27 de diciembre del 2007 partimos hacia una negociación que *a priori* era muy complicada y de la que participaban Argentina, Brasil, Ecuador, Cuba, Venezuela, Colombia –lógicamente–, la Cruz Roja y también Francia, debido a que Ingrid Betancourt era ciudadana francesa. Así se armó una comitiva internacional de garantes humanitarios encabezada por Néstor por Argentina; el embajador francés en Venezuela, Hadelin de La Tour du Pin; el embajador cubano en Venezuela,

Germán Sánchez; Gustavo Larrea, delegado del gobierno de Ecuador; Marco Aurélio Garcia, delegado de Lula; Sacha Llorenti por Bolivia; y Luis Carlos Restrepo, quien era el Comisionado para la Paz en Colombia.

Las negociaciones se llevaban a cabo en la localidad de Villavicencio, que es la capital del departamento de Meta –una provincia muy importante de Colombia– y también una zona con mucha presencia de las FARC. Tenía todo el color que suelen acompañar esas situaciones complejas: desde Oliver Stone, el aclamado director de cine, que quería filmar todo el proceso, hasta los presuntos «informantes», que en la práctica actuaron como «desinformadores seriales», pasando por los enviados del entonces presidente Álvaro Uribe.

La situación era tensa. La negociación de las liberaciones había sido llevada a cabo de manera minuciosa y con muchas medidas de seguridad exigidas por las FARC. Los helicópteros despegarían con coordenadas desconocidas, que serían provistas una vez estuviesen en el aire, pero las coordenadas no llegaban. Las FARC debían enviarlas pero acusaban al mal clima por el retraso.

Chávez quería desdramatizar la situación. Iba y venía, miraba mapas, conversaba con Néstor: «Imagina a San Martín y Bolívar con helicópteros como estos cuando lucharon por la independencia». Néstor se reía pero continuaba nervioso. Las comunicaciones no eran fluidas y el objetivo de la misión se veía cada vez más lejano.

El 29 de diciembre del 2007 estábamos con Néstor Kirchner esperando para abordar un helicóptero que nos llevaría a un lugar incierto de la selva colombiana, como garantes de la entrega de tres rehenes de las FARC. Recuerdo con particular afecto la presencia del querido amigo Marco Aurélio Garcia, que había viajado como delegado de Lula para la misión.

El episodio finalmente tuvo su desenlace el 31 de diciembre. Uribe nos sorprendió a todos durante un almuerzo en una base de la fuerza área. Anunció que Emmanuel, el niño que iba a liberar las FARC, se encontraba en una institución gubernamental.

A pesar de que la misión no pudo llevarse a cabo con éxito, creo que fue una experiencia útil. Si bien no logramos la liberación de los rehenes, sirvió para poner en evidencia en el escenario internacional la necesidad de resolver el conflicto armado interno de Colombia. Pienso que contribuyó al inicio de las negociaciones internacionales para alcanzar un acuerdo de paz y a la liberación de Ingrid Betancourt y Clara Rojas tiempo después.

Sin duda fue una experiencia muy enriquecedora en la que estuvimos viviendo algunos días bajo el mismo techo, sometidos a algunas presiones por momentos muy extrañas. Ahí pude ver a un Néstor mucho más cotidiano, que se adaptó con gran facilidad a una vida casi castrense. Pasamos los días en una casa del ejército sin lujos ni comodidades, sintiendo el peso de la incertidumbre y la responsabilidad de lograr un resultado positivo.

En esa misma casa rodeada de camiones del ejército y soldados, recibimos en dos oportunidades la visita del presidente Uribe, que se había trasladado a Villavicencio. La segunda visita fue en la tarde del 31 de diciembre, cuando la operación de liberación de los rehenes ya había fracasado. Uribe nos ofreció ir a pasar la noche de fin de año a la residencia presidencial en Cartagena, pero Néstor con mucha amabilidad desechó la invitación. Es así que emprendimos la vuelta el 31 y brindamos por el Año Nuevo en el Tango 01.

Las noches en Villavicencio eran largas y nos quedábamos hasta la madrugada a la espera de una señal para emprender la misión, también analizábamos cuál podría ser la próxima jugada y tratábamos de entender el papel de la Cruz Roja, que aparecía bastante confuso. Con Néstor nos quedábamos conversando sobre mis vivencias en la cárcel. También hablábamos de política, de nuestras experiencias en la militancia y de la vida. A Néstor le impresionaba que yo hubiese estado más de siete años como preso político y se interesaba sobre la realidad en las distintas cárceles por las que había pasado –Devoto, La Plata, Sierra Chica y Rawson–, así como de las experiencias de varios de los compañeros que teníamos en común. Pudimos reflexionar sobre esa época, dramática y heroica, que es parte de la historia de muchos argentinos y argentinas que pelearon por un país más justo.

En particular se sentía muy atraído con la historia de Dardo Cabo, sobre quien conversábamos largo y tendido. Era una figura que le interesaba especialmente a Néstor por su coherencia, por su construcción en la Juventud Peronista, por su reivindicación de la causa Malvinas en el Operativo Cóndor, por su vinculación con el sindicalismo, por su nacionalismo peronista-antiimperialista. Dardo era una figura atrayente, su entereza en prisión y su fortaleza cuando lo llevaron para ejecutarlo extrajudicialmente fueron un ejemplo conmovedor. Tengo muchas anécdotas con Dardo –compartimos muchos años de militancia y también de cárcel– que a Néstor le gustaba escuchar porque mostraban una visión y una experiencia de vida muy interesantes. Dardo era mayor que nosotros, había estado preso varias veces y tenía una sabiduría y madurez que el resto no habíamos alcanzado.

A él le interesaban mucho las vivencias en la cárcel y de qué forma habíamos logrado procesarlas quienes estuvimos privados de la libertad por tanto tiempo.

Tuve la oportunidad de conocer al Néstor de los viajes en distintos momentos. Los primeros viajes de Néstor recién llegado a la presidencia, el «presidente sorpresa», que insistía en el paso a paso y que era consciente de ser el presidente de un país inmerso en una profunda crisis que había que sacar a flote. En esa época, en todas las visitas y cumbres, percibíamos que nos miraban como un país condenado por muchos años a la crisis y al desastre económico, pero Néstor jamás se cansaba de intentar convencer a todos de que ese no era nuestro futuro y que íbamos a ser capaces de ponernos de pie. Lograba transmitir esa convicción a propios y ajenos, y aún más importante, lo hizo realidad.

Néstor, a largo de su presidencia y como expresidente, fue tomando la política exterior más en el sentido que le daba Perón, como la Gran Política, entendiendo que mucho de lo que pudiera suceder en la política interna era consecuencia de lo que se pudiera construir en la política exterior.

Cuando uno recuerda al Néstor que empezó su presidencia en el 2003 y ve al Néstor que termina consagrándose como secretario general de la Unasur, observa un proceso de su evolución política y de creciente interés en la política exterior, y en particular, en la integración regional.

Néstor comprendió muy rápidamente que parte de la recuperación del poder de decisión tenía que ver con una salida colectiva, es decir, con la unidad sudamericana. Siempre decía que el objetivo principal era recuperar como país autonomía de decisión para poder defender el interés nacional con firmeza y con dignidad, en un marco de integración regional, y en un mundo que sabíamos en pleno cambio.

El tiempo y las experiencias compartidas con Néstor son imborrables por muchas razones de tipo político, personal e histórico. Pero en mi fuero íntimo, mi mejor recuerdo es al compañero que con mucho esfuerzo, constancia y patriotismo devolvió la dignidad a una patria humillada y la esperanza a una juventud desesperanzada.

TATY ALMEIDA

Madre de Plaza de Mayo Línea Fundadora.

Con motivo de la venida a Bs. As. del entonces presidente de Ecuador, Rafael Correa, Néstor y Cristina invitaron a los organismos de DD. HH., y a mucha gente más, a un almuerzo en el Museo del Bicentenario para homenajear al presidente ecuatoriano. Una vez que terminamos el almuerzo, decidimos Madres, Abuelas y familiares, pasar a saludarlo. Yo estaba en la cola, me ve Néstor, se acerca, me toma del brazo y me lleva adelante de todos, y le dice: «Mirá, ¡no sabés lo que es esta Madre!». Correa me saluda, nos damos la mano y me dice: «Querida señora, ¡mucho gusto! Mañana voy a la universidad de ustedes». Lo miro a Néstor, que se había tapado la boca, muerto de risa, y lo único que me salió fue una sonora «¡Jaaa, ja, ja, ja!», y seguí caminando. Néstor me alcanzó y me dijo matándose de risa, pero tratando de disimularla: «¡¡¡Una *lady*, Taty. Una *lady*...!!!». ¡Claro, era la universidad de Hebe!

JOSÉ MANUEL ZELAYA

Expresidente de Honduras.

Néstor Kirchner es el estadista que marcó una época, una era en Argentina, que junto al pueblo resultó triunfador frente a una crisis. Recibió el país en su peor momento y logró hacerlo despegar cuando nadie tenía absolutamente nada más que malos presagios para la economía y el desarrollo de Argentina.

Venían saliendo de la gestión de Menem que había privatizado casi todas las actividades, se entregó el país al Fondo Monetario Internacional y el pueblo argentino era víctima de una política macroeconómica que les había bajado profundamente el nivel de vida y había creado un grave problema de la deuda.

Bajo el liderazgo de Néstor y Cristina, Argentina se convirtió en un ejemplo, la experiencia argentina que pagó la deuda al FMI, y abrió a Argentina hacia América Latina y creó una escuela política que tiene como centro la unidad latinoamericana, la unión de los países latinoamericanos para enfrentar el monstruo del comercio internacional y de la globalización económica.

Fue significativo su papel en contra del ALCA, lo que se hizo en Mar del Plata cuando llegó Chávez, llegó Bush, llegó Fidel, es algo histórico porque eran los países de latinoamericanos deteniendo un proceso de entrega de la economía latinoamericana a la globalización económica que solo favorece a las grandes transaccionales.

Néstor después de su gran etapa como presidente de Argentina, se desarrolló como secretario de la Unasur, el primero de este importante espacio. Como líder latinoamericano siempre tuvo una visión en esa década que se conoció como «la década ganada», que es la época de la primera década del siglo XXI, que es donde aparecieron Rafael Correa, Evo Morales, Néstor Kirchner y Lula; yo mismo participé en esa década.

Yo fui víctima de un golpe de Estado precisamente porque las tendencias en América Latina en esa década fueron hacia un socialismo, frente al capitalismo devorador de economías y de pueblos.

El socialismo se convirtió en un movimiento ciudadano muy fuerte en América Latina en esa década, este servidor, como Jefe del Estado de Honduras, se sumó a Petrocaribe, al Alba, a la gestión de la creación de la Celac con Chávez y Néstor, y asistimos a muchas reuniones en ese sentido con la Unasur, con toda la organización de unión de países latinoamericanos que salían desde el sur; entonces abrimos a Honduras hacia el sur por primera vez en la historia.

En las oportunidades que tuve de abordarlo, siempre estuvo claro en dos aspectos: primero, lograr autosuficiencia e independencia de nuestros países frente a la globalización económica, o sea, entrar a la globalización económica, pero con capacidad de competir en ella y no dejarse absorber por el sistema capitalista; y lo segundo, la unidad de Latinoamérica, que siempre él lo pregonaba.

La primera vez que pude hablar ampliamente con él fue durante la toma de posición de Cristina, y recuerdo muy bien que me dijo: «Zelaya, tú tienes un gran futuro porque has caído en un movimiento muy oportuno para los pueblos de América Latina y el hecho de que tú te unas a este proceso que ha nacido en toda la región, significa mucho para Centroamérica y para la región del Caribe, así que bienvenido, que no se te olvide que lo más importante para nuestros pueblos es la unidad latinoamericana, y además la autosuficiencia en materia productiva y económica para poder enfrentar al monstruo de la globalización».

Esas palabras eran prácticamente el símbolo de su perfil, su imagen en América Latina; no puedo desconocer que en la época que me tocó tratar a Néstor fue también a la par de una mujer valiosa como Cristina Kirchner, una mujer que yo considero es la mujer más simbólica a nivel de liderazgo de América Latina en la primera década del siglo XXI.

Cuando el golpe de Estado en Honduras, Cristina y Néstor nos acompañaron en todo momento. Cristina siendo presidenta de Argentina se desplazó a Centroamérica, a Honduras, pero no la dejaron entrar y tuvo que aterrizar en El Salvador. Vino precisamente a defender el sistema democrático contra la afrenta que significó la entrada del militarismo con un golpe de Estado.

Cristina se desplazó a Honduras a defender la democracia, asunto de ella personalmente, nadie le pidió en ese momento y fue sumamente importante. La presidenta de Argentina, el mismo día del golpe, anunció que se iba a enfrentar a ese golpe de Estado, y su manifestación de desplazarse la cumplió, se vino en un avión, vino a Centroamérica a defender la democracia y cuando yo dije: «Voy a entrar a Honduras», dijo Cristina: «Yo te acompañó, Mel, desde Argentina, yo te acompaño para que entremos a Honduras, y si tenemos que hacer un sacrificio, lo hacemos en Honduras». Una mujer con una valentía que no cede en ningún momento; esa es Cristina y ese es Néstor.

Esa es la imagen que yo tengo de Néstor y Cristina, que encabezaban un proceso de democratización de América Latina con Correa; el presidente Lugo de Paraguay; y aquí en Centroamérica, Daniel Ortega; en América del Sur, Lula, Hugo Chávez Frías, Evo Morales; junto a Cuba de Raúl Castro. Son un símbolo de lo que todo latinoamericano debe de aspirar hacia el mundo futuro, que nosotros soñamos.

Ellos, Néstor y Cristina, son símbolos de este mundo posible por el que estamos luchando y desarrollando en nuestros pueblos.

La primera vez que lo conocí fue específicamente en la toma de posesión de Cristina, siendo yo presidente de Honduras. Luego del golpe de Estado pude ir muchas veces a Argentina y Néstor siempre me atendía personalmente, andábamos en su carro platicando y moviéndonos de una reunión a otra.

Más de una vez lo acompañé a concentraciones donde él tomaba la palabra; tengo fotos con él en esas concentraciones, la gente lo quería muchísimo, lo respetaba, le agradecía y lo admiraba.

El de Néstor fue un gobierno muy popular, muy querido y aplaudido. No tenía que salir a las calles protegido por militares, porque era suficientemente resguardado por la gente. Cristina salía a la calle y la gente le aplaudía, igual que a Néstor; yo anduve con ellos en la calle y asistí a concentraciones políticas junto a Néstor, un hombre querido, respetado, la gente se le acercaba y tenía ese don que tiene un político que es apreciado por el pueblo que ya había gobernado y al que le dio una gran respuesta.

Yo creo que para entonces, Néstor sabía que ya había dejado huella en la historia de Argentina, en la historia de Latinoamérica, pero no dejaba de trabajar. Néstor es un símbolo y un ejemplo de la lucha.

Creo que puedo describir la personalidad de Néstor usando el nombre de su partido político, era «justo», creía antes que todo en la justicia. Era un hombre muy justo, con un altísimo nivel de educación y un trato de hermano latinoamericano, siempre me dio un lugar muy distinguido y yo tuve un trato con él de la misma forma. Reconocí en él a alguien con quien comparto ideales, con quien comparto un sentimiento revolucionario en defensa de los pueblos.

Cuando dejó la presidencia, fue el primer secretario de la Unasur, y demostró una gran capacidad, simpatía, agilidad mental y ser muy próximo a las personas con quienes trataba; un ejecutivo y un líder político.

La Unasur a estas alturas está totalmente desmantelada porque si hay algo que combate el imperialismo, son las formas de unidad de Latinoamérica, siempre ha sido uno de los propósitos, no fomentar la unidad de estos pueblos, en ninguna de las instancias.

La Unasur se convirtió en una organización de Estados del sur, con suficiente personalidad para defenderse frente a la agresión del comercio mundial y de la globalización, eso molestaba mucho a los Estados Unidos y entiendo yo que a Europa, y la terminaron desmantelando.

Néstor es un símbolo de esa unidad con Chávez. A Néstor como líder de la Unasur lo conocí bien, siempre estaba en vanguardia y en guardia. Siempre estaba resolviendo dos, cinco, diez cosas al mismo tiempo, en una actividad permanente; tenía muy pocos espacios para relajarse frente a los enemigos que agreden de forma permanente, que es la derecha continental que se restaura precisamente después del 2009.

Esa derecha continental se restauró para detener estos movimientos sociales a través de lo que hoy llamamos *lawfare* (la judicialización de la política) para procesar presidentes, para derrocar presidentes; así derrocaron a Dilma, a Lugo, a este servidor. Nosotros que fuimos los primeros, fue un golpe de Militar, después fueron perfeccionando eso para usar los congresos y usar el poder judicial para destituir, procesar y perseguir presidentes de izquierda, presidentes latinoamericanos con el fin de que la derecha pudiera ascender al poder.

Pero eso también es limitado, por ejemplo, el caso argentino, Macri con la derecha no duró más de cuatro años; ahora Fernández, que está a cargo de Argentina, que sigue los pasos de Néstor y de Cristina, vuelve precisamente porque los pueblos demandan un proceso social coherente con la realidad y no aceptan injerencias tan fuertes como las que hace el FMI y Estados Unidos en el comercio, en la economía que todo lo privatizan, y esto empobrece las grandes mayorías.

Ellos (Néstor y Cristina) son peronistas y justicialistas, entonces ya hablar del peronismo en Argentina es hablar de una escuela política y de una vocación social política en defensa del pueblo argentino y en defensa de la mayoría de los pueblos. Es una filosofía política que surge de la lucha de Juan Domingo Perón y de Eva Perón. Hay una motivación histórica nacida de la propia lucha del pueblo contra las dictaduras que se dieron ahí, contra la represión que se dio, que busca justicia frente a los crímenes y asesinatos que se dieron ahí.

El argentino Néstor Kirchner es el símbolo de la unidad latinoamericana.

ANDRÉS CASTILLO

Secretario Gral. Adjunto de la Asociación Bancaria.

Pensar en Néstor Kirchner me hace recordar toda mi vida como militante peronista. A lo largo de tantos años he tenido buenos y malos momentos. Los más importantes los guardo en mi memoria.

Conocí la cárcel por mi militancia comprometida y lo peor: conocí el horror. Me refiero así a la ESMA (Escuela de Mecánica de la Armada), donde permanecí casi dos años secuestrado en calidad de detenido desaparecido.

Nunca olvidaré ese lugar ni lo que padecí.

Tampoco olvidaré que volví como hombre libre a la ESMA junto a otros sobrevivientes, el 19 de marzo del 2004. Nos acompañó el presidente de todos los argentinos: Néstor Kirchner.

Ese momento constituye la mayor satisfacción política que me dio la vida y un gran orgullo militante, como se lo dije ese día a Néstor, junto con un abrazo que aún guardo en el corazón.

También volví con Cristina presidenta a la ESMA. Esta vez con motivo de la inauguración del Museo Malvinas.

Allí hay un sector que recuerda que el 28 de septiembre de 1966, un grupo de jóvenes Cóndores desviaron un avión y aterrizaron en las islas.

Qué gesto de invitarme. Fui uno de los Cóndores que junto a Dardo Cabo y otros compañeros reivindicamos la soberanía argentina, cantamos el himno e hicimos flamear siete banderas, las que están en varios lugares emblemáticos como este museo y el mausoleo donde están los restos de Néstor, entre otros. Para la historia oficial no existíamos, y Cristina nos metió en la historia.

ALBERTO DESCALZO

Intendente de Ituzaingó.

Pensar en Néstor Kirchner me sigue emocionando, fue de esas personas que pasan por la vida de uno y la transforman, y él llegó a la mía para quedarse. Néstor no fue un presidente más y entre tantas otras virtudes que podría destacar de su personalidad, puedo mencionar la importancia que le dio a la opinión de nosotros, los intendentes. Para hablar de la relación de los intendentes con Néstor Kirchner, tenemos que hacer referencia a la confianza. Había una mutua confianza entre el presidente y los jefes comunales, que por primera vez nos sentíamos escuchados, y sobre todo, muy bien representados.

No hay que olvidarse que Néstor en su exitosa carrera política, fue intendente de Río Gallegos, entonces sabía muy bien lo que es manejar un municipio.

Muchos de nosotros no lo conocíamos personalmente antes de la campaña que lo llevó a la presidencia en el 2003. Por supuesto que dentro de la vida interna del peronismo era un dirigente conocido y respetado, con una muy buena gestión en la provincia de Santa Cruz.

Ya desde la campaña presidencial se fue fortaleciendo esa unión con nosotros, que con el tiempo se fue consolidando aún más. Recordar a Néstor en aquel momento es pensar en la Argentina que siempre soñamos, con justicia social, con trabajo, con inversión en salud, en educación; él motivó a los más jóvenes a hablar de política, a debatir, a participar, sin duda fue un enorme motor para ellos.

Recuerdo que por aquel entonces éramos un grupo de cuatro los intendentes que estábamos en permanente contacto con Néstor: Julio Pereyra, de Florencio Varela; Alberto Balestrini, de La Matanza; Hugo Curto, de Tres de Febrero; y yo.

Trabajamos mucho para ganar la elección del 2003 y a partir de ahí, la confianza de la que hablaba al principio se fortaleció.

En mi caso personal, gracias a Néstor entré por primera vez como intendente a la Casa de Gobierno. Llevaba ya un par de años al frente de la intendencia de Ituzaingó, pero nunca había sido convocado a la Casa Rosada. Y este gran gesto fue acompañado de muchos otros, porque Néstor siempre nos hizo sentir parte del gobierno. Nos causaba mucha gracia cuando algunos medios decían que íbamos solamente para aplaudir. Cada vez que un intendente iba a la Casa de Gobierno, volvía a su distrito con una obra, con una nueva escuela, un jardín de infantes, con obras de cloacas, agua corriente, con trabajo para nuestros vecinos.

Y eso no pasaba de forma aislada, por lo menos dos veces por semana, Néstor nos llamaba a los cuatro y nos convocaba a su despacho para hablar temas de actualidad e intercambiar opiniones y puntos de vista. Solía preguntar mucho, él sabía escuchar. Eso sí, ¡no había que hacerlo enojar! Era muy duro cuando se enojaba.

De esas reuniones salió la idea, por ejemplo, de poder fortalecer la relación directa entre la presidencia y los municipios, por eso nos pidió que relanzáramos la Federación Argentina de Municipios (FAM), que después de llevarlos a una elección, quedó en manos de Julio Pereyra la FAM a nivel nacional, y a mi cargo, la FAM bonaerense

Así fue como Julio recorría el interior del país y a mí me tocó la tarea de recorrer la provincia acercando diversos proyectos que después se convertían en realizaciones, a través, por supuesto, de la gestión de Néstor.

Néstor era diferente, no le gustaban los protocolos, si quería hablar con vos, te llamaba él mismo al celular. Por la razón que fuera. No puedo olvidarme del primer llamado que me hizo. Contesté con un: «Hola, señor presidente», y recibí como respuesta: «Qué señor presidente, Néstor habla». Seguía siendo el mismo, más allá del cargo. O para la Navidad del 2003, cuando hacía pocos meses que había asumido y tuvo la gentileza de llamarme para desearme felices fiestas. Son gestos que marcaban la relación que tenía con nosotros.

Néstor tenía esos guiños que lo hacían distinto a los demás. A veces te consultaba cosas que ni siquiera estaban en carpeta, pero que después se transformaban en decisiones vitales para la gente. Una vez nos preguntó qué pensábamos de la Corte Suprema, y cada uno de nosotros cuatro, dijo lo que pensaba. Todos coincidimos en que era necesaria una reforma. Él escuchó nuestras opiniones y solo asentía... Pero creo que más allá de lo que nosotros decíamos, ya tenía pensado lo que iba a hacer.

El día que hizo el anuncio, que fue a través de un mensaje de televisión a la noche, nos llamó y solo nos dijo: «Miren esta noche lo que voy a anunciar en la tele». Aquel presidente que enamoró con su proyecto de país a los argentinos y argentinas iba a fondo con las cosas, sus decisiones eran pensadas y siempre en beneficio de las mayorías. Recuerdo que con Balestrini le dijimos que una de las cosas que más nos costaba era conseguir que la empresa que tenía la concesión de Aguas Argentinas, empresa francesa llamada Suez, hiciera obras de cloacas y agua en el conurbano. Le contamos que cada vez que nos juntábamos con los representantes, ellos hablaban en francés, y nunca nos íbamos con las respuestas necesarias. Necesitábamos las obras con premura, el Flaco nos miró, se quedó pensando y nos prometió que se iba ocupar de que las obras llegaran. ¡¡¡Y cumplió!!! En el conurbano hoy tenemos agua corriente y cloacas porque Néstor tomó la decisión de estatizar la empresa y a partir de ahí empezaron las obras. Me cuesta tener que seleccionar las mejores anécdotas o momentos juntos porque fueron muchos, Néstor te hacía sentir parte de su gobierno. No eras un invitado, eras un integrante más, por eso en cada viaje al exterior siempre íbamos algunos intendentes. A mí, por ejemplo, me tocó por suerte acompañarlo a un viaje a Venezuela, donde se reunían distintos presidentes de Latinoamérica: Chávez, Lula y Evo, entre otros... Esos enormes detalles, sin duda marcaron la diferencia.

El cariño que tenía con la gente era espectacular. Ituzaingó fue el distrito de la zona oeste, para hacer su primer acto para la campaña del 2003. Era la primera vez que compartíamos un acto. Primero hicimos una reunión con comerciantes en un salón en Villa Udaondo, y de ahí nos fuimos al gimnasio del Club GEI.

El lugar estaba repleto de compañeros y compañeras. Recuerdo el intenso calor, pero la gente no se movía, querían verlo, escucharlo...

y cuando llegó Néstor, ¡¡¡fue una explosión!!! Terminó su discurso con la camisa toda empapada por la transpiración, y se bajó del palco y se mezcló con la gente. Siempre sonriente, predispuesto… y no fue un hecho aislado, lo siguió haciendo siempre, para desgracia de su seguridad cuando ya era ¡¡presidente!!

Como dije antes, él no cumplía protocolos, siempre estaba dispuesto a escuchar a quien se le acercaba… En fin, podría contar cientos de anécdotas de los distintos encuentros, de los chistes que nos hacía, de las bromas.

Para ir cerrando, yo diría que hasta que llegó el Flaco, nuestro país no tenía salida con el FMI; era difícil, te diría casi imposible pensar en una reforma para la justicia. Muchas cosas eran impensadas, sentíamos desgano, nos sentíamos derrotados, pensábamos que ya nada podía cambiar. Pero llegó el Flaco y nos dio el empuje, nos devolvió la esperanza, nos contagió una suerte de épica de sentir: «Vamos que se puede, juntos vamos a cambiar las cosas». Nos puso de pie, nos dio la fuerza y las ganas de sentir que podíamos todo, que no había imposibles, ni aunque el adversario fuera enorme y del exterior. Nos volvimos a sentir peronistas y parte de un proyecto nacional, popular y, sobre todo, revolucionario.

Pero no quiero terminar estas líneas sin destacar que para mí fue un Presidente Gigante, pero además fue un Gran Compañero y un Gran Amigo. Lo quiero mucho, lo recuerdo siempre y hasta el día de hoy, me emociona cuando los pibes y las pibas me piden que les cuente de él… Porque Néstor Kirchner llegó un día a nuestras vidas y se quedó para siempre.

JULIO PEREYRA

Exintendente de Florencio Varela (1992-2017).

Néstor Kirchner, el hombre que cambió la manera de pensar y hacer en política

«Lo más importante es cumplir la palabra: y acá está el hospital».

Fue la frase que usó el día que inauguramos el Hospital de Alta Complejidad en Florencio Varela. Lo recuerdo porque fue eso lo que hizo, cumplió su palabra como ser humano fiel a sus principios y como dirigente político. Lo recuerdo como si fuera ayer, Néstor me había recibido un 1 de mayo del 2001 en un hotel de Capital Federal. Fue ahí donde, por primera vez, hablamos largamente. Yo venía de años luchando por mejorar el sistema de salud del distrito. Tenía una estructura de hormigón para la construcción de un hospital abandonada en pleno Cruce Varela, para mí era un monumento a la ineficiencia y que costaba mucho mantener para que no fuera ocupada. Nuestra idea siempre fue construir un hospital de alta complejidad ahí, nuestros vecinos se morían camino a los hospitales que estaban alejados.

Entonces, Néstor me compartió cómo hizo en Santa Cruz y las gestiones sanitarias que realizó, y dijo: «Si algún día llego a ser presidente, vamos a hacer el mejor hospital en Florencio Varela».

Néstor nos propuso pensar distinto a los intendentes. Así lo rememoro a diez años de su partida. Fue él quien nos insistió en salir del alumbrado, barrido y limpieza para darle un marco más nacional a nuestras acciones. Él fue intendente y conocía como nadie lo que era estar en esa trinchera y gestionar. Pero siendo presidente no se olvidó nunca de ser intendente y fue con él que los jefes comunales comenzaron a entrar a la Casa Rosada, porque entendía a la política más allá de la burocracia y las competencias, la entendía como una herramienta transformadora, y así lo practicó.

Sus promesas cumplidas, su carisma, humildad y autenticidad, marcaron la forma de relacionarse no solo con la gente, sino también con todos los dirigentes. Era un animal político, pero ante todo, un ser humano increíble, que podía sentir la empatía con el otro. Recuerdo su alegría cuando llegó a Varela por primera vez, y también en cada acto que compartimos.

Néstor modificó en cada uno de los intendentes la manera de ver la gestión local, nos amplió el horizonte, y les dio acción política a todas las propuestas y debates de la Federación Argentina de Municipios (FAM). Fue más que obras y mejoras en cada municipio, nos cambió el paradigma para el crecimiento de cada una de nuestras administraciones.

El 16 de enero del 2003, Néstor Kirchner fue presentado como candidato a presidente en la provincia de Buenos Aires, en un significativo acto hecho en la quinta de San Vicente. «No quiero nunca más un justicialismo aliado con el capital concentrado», dijo.

Entre tantos actos y eventos compartidos, recuerdo como si fuera ayer el del 19 de septiembre del 2005. Se inaugura la Novak en el acto más concurrido que haya ocurrido en la historia de Florencio Varela. Daba la sensación de que estaban todos los varelenses.

Cuando se espera un comunicado de la empresa francesa Suez y su posible salida de la concesión de Aguas Argentinas, el presidente Kirchner dijo: «Que le quede claro a esa empresa Suez que dice que si no subimos la tarifa se van a ir. El presidente de la Argentina les quiere decir hoy tres cosas para que quede bien claro: no he recibido presión de ningún presidente, no la hubiera aceptado; segundo, que la empresa Suez por más plata que gaste en los medios de comunicación para victimizarse, ha llevado a la desinversión total; y este presidente no va a permitir que dejen al pueblo sin cloacas y ni agua».

Explotó Varela luego de: «Desde acá, desde Florencio Varela, al pueblo argentino todo, le digo: si se quieren ir, que se vayan, el pueblo va a saber lo que tiene que hacer. Vamos a tomar las medidas correspondientes para no tener ningún tipo de problemas». Ese día también trajo: «Estamos cumpliendo con la palabra empeñada; en el hospital Mi Pueblo está el tomógrafo que dijimos que iba a estar para Florencio Varela». Para poner una placa en la Novak: «Para mí es un tremendo honor poder recordar a Jorge Novak, que tantas vidas salvó, que tanto dejó por su pueblo, que tanto dejó por su patria. Los argentinos, querido monseñor, de donde nos estés mirando, desde el cielo, te decimos gracias por haberte jugado cuando muchos se escondían, muchas gracias, la patria te lo agradece».

Me resuena su voz: «A veces parece un sueño poder venir a Florencio Varela a inaugurar una planta de estas calidades, de este estilo, que genera inversión en la Argentina, que genera motopartes argentinas, que genera mano de obra de argentinos que tienen la posibilidad de insertarse en trabajos dignos; que consolida el perfil industrial que los argentinos queremos darle a este país, un perfil industrial fuerte, consolidado, con una industria nacional en pleno crecimiento, con una reconversión productiva y con una consolidación del campo, de la agroindustria, con valor agregado que nos permita darle el perfil plural y de crecimiento que nuestra economía necesita y que está teniendo con el esfuerzo de todos los argentinos. Siempre digo que hay que dedicar todos los esfuerzos a la actitud creativa, a la actitud imaginativa, a seguir generando trabajo, a vivir con alegría, con ganas, con amor, con fuerza, con decisión y convicción en las cosas que estamos llevando adelante».

El vínculo de Néstor con el pueblo varelense nunca dejó de crecer. Más obras. Se firmaron contratos y convenios para hacer mejoramientos de infraestructura en avenidas, calles, iluminación, construcción de viviendas, y obras de cloacas y agua. «Me encuentro absolutamente feliz de estar con ustedes y poder cumplir lo que dijimos en nuestra campaña electoral. Damos una respuesta concreta», afirmó Kirchner al iniciar su mensaje.

Los años de Néstor fueron años para nosotros cargados de grandes transformaciones, y no solo por las obras públicas o por el desarrollo económico del país, sino porque Néstor nos hizo protagonistas, al menos un poco, de esa transformación. Tenía una idea o una propuesta y te llamaba a las 6 a. m. o a la 1 a. m., era muy proactivo, pero sobre todo, contaba con los intendentes.

Antes de dejar la presidencia se hicieron muchas recorridas en varias provincias. Néstor siempre hablaba de políticas de Estado y de lo que los dirigentes debían hacer para el país. Eran recorridas con diputados, senadores, donde transcurrieron largas horas, entre encuentros y cenas, donde el único eje era hablar sobre el futuro de nuestro país.

JUAN CARLOS ALDERETE

Dirigente social de la CCC.

Recordar a Néstor Kirchner automáticamente lleva a pensar qué tipo de relación construimos esos años: a pesar de varias diferencias, siempre primó un trato amigable, cordial y de mucho respeto. Guardo en la memoria algunas anécdotas que dan cuenta de esto.

Lo conocí cuando él ya había asumido la presidencia, en una reunión en donde desde la Corriente Clasista y Combativa le dimos a conocer todo nuestro programa de trabajo. En esa entrevista hablamos entre varias cosas sobre los planes sociales. Conversamos sobre la necesidad de generar trabajo y enseguida nos pusimos de acuerdo para comenzar a armar las cooperativas para la construcción de la red de cañerías de agua y para la construcción de viviendas.

Ese mismo año, antes de diciembre, nos visitó en la Escuela Amarilla, nuestra sede en La Matanza. Cuando bajó el helicóptero a dos cuadras, los compañeros de la organización le hicieron el cordón de seguridad, como todos saben, él era poco amigo de los protocolos tradicionales. Esa fue una visita casi sorpresa, de esas que tanto lo caracterizaban, y en el momento inventamos un palco con tirantes y tablones. Queríamos realizar un pequeño acto, pero se corrió rápido la voz y la gente se empezó a acercar, cada vez más se fueron arrimando y desbordó el lugar. Todos pedían trabajo. Veníamos de tiempos muy difíciles.

En uno de los varios actos que vino a La Matanza, se puso la gorrita de la Corriente Clasista y Combativa, nos decía que tenía un gran respeto por nosotros por las luchas que habíamos emprendido, luchas duras y largas. Eso quedó muy grabado en el Barrio Elena, que lo recuerda con orgullo.

En una oportunidad lo visité en Casa Rosada junto a Mártires López, un compañero cacique qom del Chaco que fue asesinado en el 2011.

Comenzamos a hablar de las necesidades de los pueblos originarios. Recuerdo que Néstor llamó a Alicia Kirchner al Ministerio de Acción Social y le dio directivas para que nos ayude en la recuperación del algodón.

Después de eso viajamos con la ministra a Pampa del Indio, en Chaco, para recuperar 3000 hectáreas para la producción de algodón. Al lado, pegado a esos campos, Eduardo Eurnekian era propietario de varias tierras con riego propio. Veíamos casi imposible sostener la producción en ese contexto. El gobierno nacional realizó un gran aporte entregando tractores y bombas de agua. Pero cuando se hizo el acto, los compañeros nos comentaron que no sabían manejar esas maquinarias y que preferían que les entreguen molinos de agua y bueyes para arar. Le contamos todo esto a Néstor y enseguida la llamó a Alicia nuevamente y se entregaron todas las herramientas que necesitaban los trabajadores.

Con Néstor Kirchner siempre tuvimos mucho respeto en la diferencia, siempre le dijimos que no estábamos de acuerdo con el pago al FMI, ese fue un gran debate entre nosotros, pero más allá de los opuestos puntos de vista, él siempre nos escuchaba.

Con el gobierno de Néstor pudimos hacer obras de vivienda en el Gran Buenos Aires, Jujuy, Gualeguaychú y Salta, entre otros lugares. Él fue un convencido del rol de la mujer en la sociedad argentina y siempre defendió nuestra idea de cooperativas de mujeres para la construcción, como las que por ejemplo se hicieron en Gualeguaychú y en varias regiones de nuestro país.

Cuando teníamos reuniones con Oscar Parrilli, Néstor se asomaba por la puerta y entraba a conversar, a tomar un café. Lo recuerdo muy divertido, le gustaba hacer bromas, siempre tuvo un humor pícaro y respetuoso.

Néstor Kirchner fue un hombre valiente, nunca tuvo miedo de estar entre la gente y siempre fue muy osado en la política. Tuvimos nuestras diferencias, la política agraria y la sojización, la política petrolera y minera, el pago de la deuda externa, las alianzas con China y Rusia que según nuestro punto de vista condicionaban el desarrollo nacional. Pero no puedo dejar de mencionar, y así me gusta recordarlo, que siempre tuvimos su reconocimiento y un gran respeto mutuo.

JORGE SAPAG

Exgobernador de Neuquén.

En este año se cumplen diez años de la partida de Néstor Kirchner. Es una muy buena razón para recordarlo y memorar hechos, tiempos compartidos, y hacerlo con el único propósito de retratar con palabras sencillas, pero cargadas de sentimientos, vivencias personales que muestran sus convicciones, su férrea voluntad, su inquebrantable perseverancia y el gran sentido del humor que lo animaba.

Ambos teníamos en común el hecho de haber nacido en la Patagonia, más o menos en los mismos años (1950-1951), y ser hijos y nietos de familias de pioneros inmigrantes.

Estudiamos Abogacía lejos de nuestros pagos, en distintas universidades, pero dimos nuestra última materia el mismo año: 1976.

La ironía del destino quiso que nos graduáramos en el estudio de leyes en el año del golpe de Estado y de la ruptura del Estado de derecho. Un año que nos marcó a fuego a tantas generaciones y que representó un antes y un después en la historia argentina.

Néstor fue gobernador de la provincia de Santa Cruz desde 1991 al 2003. Yo fui vicegobernador de Neuquén desde 1999 al 2003, y gobernador en dos períodos: 2007-2011 y 2011-2015, coincidiendo mi mandato provincial con los dos mandatos de Cristina, funciones que cumplimos siempre en un marco de mutuo respeto, pues en la convivencia democrática no debe importar la pertenencia de cada persona a partidos políticos diferentes.

Cuando Néstor estrenaba su primera gobernación en 1991, yo desempeñaba funciones en Buenos Aires como representante de la provincia de Neuquén. Y coincidimos en reuniones en la sede de la Organización Federal de Provincias Hidrocarburíferas (OFEPHI) en la calle Perú de la ciudad de Buenos Aires. Compartíamos también algunos almuerzos en los que soñábamos juntos que debíamos hacer realidad la federalización de los recursos naturales de las provincias (ríos, bosques, riquezas del subsuelo).

Una vez, Néstor me recordó una reunión en la que discutíamos y redactábamos las notas de reclamos al gobierno nacional, en especial reclamos referidos a las regalías mal liquidadas sobre los valores del gas y del petróleo. En esa reunión estaba también presente mi padre Elías, senador nacional por Neuquén (1963-66, 1973-76, 1983-1993), que con sus más de ochenta lúcidos años participaba de las deliberaciones. Se discutían los textos y también los montos importantísimos de los reclamos. Néstor, rápido de reflejos y muy atento siempre a todos los movimientos, notó que mi padre, que estaba sentado a su lado, había cerrado los ojos como dormitando. Néstor me guiñó un ojo y a quien estaba redactando las notas le dictó: «Y a la provincia de Santa Cruz le corresponde por todo concepto, la percepción del ciento por ciento de lo que reclaman las provincias patagónicas, a lo que estas provincias prestan su conformidad». Mi padre, que tenía una mano muy grande, sin abrir los ojos, apoyó esa mano en la pierna de Néstor y le dijo: «Pare la mano, compañero y amigo Néstor, que mis ojos descansaban un rato, pero mis oídos están bien abiertos». Todos celebramos con una carcajada la ocurrencia de Néstor y la respuesta de mi padre. Era con ese espíritu de camaradería, de sano sentido del humor y de solidaridad federal, con el que se iba sellando un ambiente de trabajo y de lucha para ir logrando los objetivos.

De esas reuniones y de muchas otras fueron surgiendo los reclamos y también se fue creando el clima necesario para la convocatoria a elecciones generales para reunir, en la ciudad de Santa Fe, la Convención General Constituyente, con el objetivo de reformar la Constitución Nacional. Néstor y Cristina fueron elegidos convencionales por Santa Cruz y mi hermana Luz María por la provincia de Neuquén. Ellos, junto con otros convencionales constituyentes, tuvieron la iniciativa de la redacción del texto del artículo 124 de la Constitución Nacional, en la que con tan solo quince palabras se sentaron las bases de un federalismo real y tangible: «Corresponde a las provincias el dominio originario de los recursos naturales existentes en su territorio». Entonces pudimos decir:

¡tarea cumplida! Obviamente nos volvimos a juntar en Buenos Aires en la sede de la OFEPHI para festejar estas quince maravillosas palabras.

A partir del 22 de agosto de 1994 y con este artículo 124, los provincianos empezamos a sentir y a percibir que dejábamos de ser extraños en nuestra propia tierra y a ser artífices de un destino federal diferente. Los ríos, los bosques, el agua, el gas, el petróleo, los recursos minerales, en una norma de jerarquía constitucional, pasaron a ser dominio exclusivo y excluyente de las provincias en cuyos territorios se encuentren. ¡Un hito histórico para el federalismo!

Con Néstor gobernador, ya en el año 2001, en plena crisis nacional (yo era vicegobernador), nos encontramos en Buenos Aires; esta vez en la Casa de Santa Cruz. Con una clara visión de lo que sucedía me dijo: «Jorge, te quiero contar que hemos decidido gobernar la república. Esta situación no puede seguir más; no podemos tirar por la borda nuestras convicciones y ver cómo se destruye el país y se empobrece a sus habitantes. No queremos ser espectadores de la ruina. La pobreza y el subdesarrollo no pueden ser nuestro destino. Ya estamos trabajando para presentarnos en las próximas elecciones nacionales para conducir el país». Yo le pregunté si desde Santa Cruz tendría la fuerza suficiente para lograrlo. Néstor tenía una carpeta con papeles y documentos, la abrió y mientras buscaba me dijo: «Te voy a leer una frase de tu padre Elías en el Senado de la Nación» (mi padre había fallecido el 21-6-1993). Y leyó: «Los tímidos nunca parten, los débiles se quedan en el camino, solo para hombres y mujeres de coraje se han hecho las grandes empresas». Nos emocionamos y brindamos por un mejor destino para la república.

El 25 de mayo del 2003, Néstor jura como presidente de nuestra nación. Un objetivo al que aspiró con convicción quizás desde el mismo instante en que fue electo intendente de la ciudad de Río Gallegos en 1987. Y en su discurso del acto de asunción, que tuve oportunidad de presenciar, dijo: «Venimos a gobernar para construir Argentina con un modelo de producción, de trabajo y de crecimiento sustentable que asegure la justicia social y la defensa de la dignidad de cada habitante y de todos los habitantes».

Con este concepto se refinanció la deuda externa argentina, con Alberto Fernández como jefe de Gabinete: «Los acreedores tienen que entender que solo podrán cobrar si a la Argentina le va bien; creciendo nuestra economía, crecerá nuestra capacidad de pago. Sabemos que la deuda es un problema central; no se trata de no cumplir; no se trata de no pagar. Se trata de crecer para asegurar la vida con dignidad de todos nuestros habitantes y se trata de crecer para poder pagar y para poder cumplir».

En el año 2005 fui a ver a Néstor a Olivos; él presidente de la nación, yo precandidato a gobernador en las internas de mi partido (el Movimiento Popular Neuquino). Me recibió con el afecto de siempre. Yo le conté que estaba trabajando para ser gobernador de la provincia de Neuquén; me alentó y me entusiasmó para que continuara en ese camino y me recordó aquellas palabras de mi padre en el Senado. También me dijo: «Te quiero dar una copia de un proyecto de ley nacional que enviaré al Congreso de la Nación». Miré el papel acostumbrado a ver en el Senado los largos proyectos y de lejos vi que era una redacción muy breve, un proyecto de un par de artículos. No parecía una noticia muy alentadora. Él era muy perceptivo y me dijo con su sentido del humor: «Y si no me tenés fe...». Y continuó: «Pero te vas a poner contento, porque vas a ser gobernador y esta ley les va a asegurar a las provincias la vigencia del nuevo artículo 124 de la Constitución Nacional y ser autoridad de aplicación de la ley de hidrocarburos, además de ser titulares las provincias del dominio sobre el gas y el petróleo». Y agregó: «A ver, leela y me das tu opinión». Cuando terminé de leer los dos artículos del proyecto de lo que al año siguiente fue la ley conocida hoy como «Ley Corta de Hidrocarburos», la Ley Nacional 26.197, me emocioné y nos dimos un abrazo. Me miró y me dijo: «¿Te acordás cuando te dije que debíamos llegar a la Casa Rosada si queríamos federalismo en serio? Bueno, acá está». Se sonrió y remató: «No son pa' cualquiera las botas de potro». Y nos volvimos a reír, con el recuerdo bien presente de aquellas largas tardes en la OFEPHI, cuando soñábamos tener voz y voto, y capacidad de decisión como provincias, sobre los recursos de los provincianos.

El lema era: «¡Provincias sí, colonias no!».

El 28 de septiembre del 2006, Néstor (presidente) viajó a Neuquén para un acto multitudinario por la inauguración del Monumento de Homenaje a los combatientes de las Islas Malvinas. Se armó una tribuna y un palco muy importante con asientos para autoridades. Las invitaciones las cursaron desde el gobierno provincial e intendencia de la ciudad. Yo en ese año estaba en el llano en campaña como precandidato a gobernador. A Néstor lo acompañaban en el palco los funcionarios provinciales y municipales. Néstor estaba siempre una o varias jugadas adelante de todos los demás. Desde lejos me reconoció y me vio excluido fuera y debajo del palco y de la tribuna que se había armado. Mientras se hacían los preparativos para los discursos, Néstor rompió todos los protocolos, como era su estilo, descontracturado y simple, pasó por encima de los cordones que dividían el palco de otros sectores, saltó un par de tarimas hacia abajo y para el asombro de todos los presentes me tendió la mano para que yo la tome, me agarró fuerte, me hizo subir las tarimas y pasar las sogas. Luego me ubicó a su lado en la tribuna con afecto sincero y sin especulación alguna, para el mal humor de algunos y la sonrisa de la mayoría, sin importarle si yo era o no el candidato de su partido para la próxima elección, que iba a tener lugar unos meses después. Creo que este hecho lo pinta de cuerpo entero. Para Néstor lo que valía era el afecto y la relación humana, sin formalismos, sin especulaciones, sin protocolos. Siempre iba de frente y al pan, pan, y al vino, vino.

El 7 de julio del 2010, en horas de la madrugada, una noticia triste y trágica sacudió a toda la provincia y en particular a nuestra familia. Luz María, mi hermana intendenta de San Martín de los Andes, había sufrido un accidente automovilístico en la ruta casi llegando a la ciudad cordillerana y había fallecido en el hospital local. La tristeza no tenía fin. Yo estaba en Neuquén conmocionado por la trágica partida de Luz cuando en horas de la madrugada sonó mi teléfono. Lo atendí como pude y del otro lado eran Néstor y Cristina que fueron los primeros en saludarme y acercarme palabras de congoja y de consuelo, en especial para los hijos y nietos de Luz.

Poco tiempo después y en ese mismo año 2010, cuando Néstor estaba recién operado, compartimos un acto popular en Río Gallegos. A días de su compleja operación decidió subirse al palco y hablar. Luego ya de noche nos invitó a una comida en la que algunos gobernadores y otras personas allí presentes le pedimos que se cuidara y que hiciera reposo. ¡Lo llenamos de consejos! Nos miró, sonrió, levantó la copa y nos dijo: «Muchachos, ¡salud! Los árboles siempre mueren de pie».

OMAR PLAINI

Secretario General del Sivendia, Senador Provincial, Exdiputado Nacional.

Néstor y los canillitas

A Néstor lo conocí en una charla organizada por el Sindicato de Farmacia. Él era un joven gobernador con trayectoria; yo, un militante sindical peronista que disputaba la conducción del gremio de los canillitas. Transcurría el año 1999 y en el salón de la Sociedad Parroquial de Vedra, en el barrio porteño de Boedo, una multitud de compañeros y compañeras desbordaban las instalaciones. Horacio Mujica, Alfredo Ferraresi y «el Pepe» Azcurra nos habían convocado a escuchar a Néstor y a Cristina. Esa noche fuimos varios compañeros que integrábamos la Central Latinoamericana de Trabajadores (CLAT). Muchos de nosotros nunca lo habíamos escuchado; era la primera vez que tenía frente a mí a ese hombre flaco, alto, sencillo, de palabras fáciles y profundas que hilvanaban un discurso firme que describía la angustiante realidad, y por otro lado, tenía expresiones esperanzadoras, convencido, nos señalaba un largo camino que indefectiblemente los argentinos debíamos transitar para construir un país donde todos y todas tuviéramos las mismas oportunidades. Lo saludamos y nos fuimos con una gran impresión, ya que sus ideas iban en la misma dirección que nosotros concebíamos: recuperación de la soberanía económica, trabajo y producción.

A partir de ese día, comienza una relación con Néstor. Donde podía verlo y escucharlo, estaba presente. En cada una de sus intervenciones conocía un poco más sus ideas e intuía que la historia grande de nuestra patria tenía reservado un lugar para este hombre patagónico que traía un aire fresco a la política. Pasaron cuatro años y de repente me encontraba militando, como a él le gustaba, intensamente y con alegría, su candidatura presidencial. Todavía retumban en mis oídos sus palabras en el

Congreso de la Nación: «Formo parte de una generación diezmada, castigada con dolorosas ausencias; me sumé a las luchas políticas creyendo en valores y convicciones a las que no pienso dejar en la puerta de entrada de la Casa Rosada». Néstor presidente y en la Argentina comenzaban a cambiar las cosas. Tres años después y con más de veinte años de lucha, ganamos nuestro gremio. De esta manera, los canillitas nos sumábamos a una época de grandes transformaciones. Sentimos por primera vez que había un hombre en la Rosada dispuesto a acompañarnos. Sabíamos que teníamos que dar la lucha para recuperar todo lo que *Clarín* y los gobiernos anteriores nos habían arrebatado, y que en esta pelea no íbamos a estar solos. **Contábamos con Néstor.**

En la primera visita que le hice a la quinta presidencial de Olivos, y en pleno enfrentamiento de los trabajadores canillitas con el Grupo Clarín, nuestro gremio venía de hacerle un paro de cuarenta y ocho horas, entré a verlo junto a Hugo Moyano, con gesto serio, y él haciendo una demostración del humor y la ironía que lo caracterizaban, para quitarle mi tensión al momento, nos recibe y me dice: «Qué hacés, Magnetto, cómo te va». Las risas, dos palmadas en la cara y un fuerte abrazo, dieron inicio a una reunión que marcó para siempre la relación de Néstor con los canillitas. Tengo tan presente ese encuentro porque me hizo sentir que nuestra lucha era la suya, la de los trabajadores contra los poderes preestablecidos, la de David contra Goliat, una cualidad que solo los grandes líderes tienen. Catorce paros históricos le tuvimos que hacer al grupo para ser escuchados. Néstor nos ayudó a recuperar la tutela y los derechos laborales de los canillitas para que no se vendieran más los diarios y las revistas en los hipermercados y en las estaciones de servicio. Luego fue Cristina la que concluyó, en el año 2009, lo que habíamos iniciado con él, firmando un decreto que volvió a regular nuestra actividad restituyendo derechos.

Con Néstor decíamos: quien se enfrenta a *Clarín*, ya no le teme a nada.

Esos años de lucha, de compartir un proyecto, de una alianza estratégica con el Movimiento Obrero Organizado, nos valió a los vendedores de diarios y revistas un reconocimiento de su parte. Por primera vez en la historia, un canillita iba a ocupar una banca en el Congreso de la Nación. Y eso también se lo debemos a Néstor. Ese lugar con el que me honró, siempre lo sentí como un reconocimiento al valor de los trabajadores y trabajadoras en su construcción política. Años después de su desaparición física, una de las sorpresas más grandes que me llegó directamente al corazón, me emocionó y me dejó sin palabras, fue cuando Máximo me contó que Néstor les decía a aquellos jóvenes que inauguraban una nueva época en la política, que cuando quisieran interiorizarse sobre el Movimiento Obrero Argentino, hablaran con el canillita.

Néstor fue un trascendente, un valiente que no dudó nunca en enfrentarse con quienes se opusieran a los intereses de la patria. A diez años de su partida, nos queda su legado, una juventud maravillosa organizada, abrazada a la política, y un proyecto de país por el que debemos luchar siempre, que lo quiero sintetizar con sus palabras: «Vengo a proponerles un sueño, quiero una Argentina unida, quiero una Argentina normal, quiero que seamos un país serio, pero, además, quiero un país más justo. Anhelo que por estos caminos se levante a la faz de la Tierra una nueva y gloriosa nación: la nuestra». Este fue Néstor Kirchner, el que vive en el corazón de millones de argentinos y argentinas por siempre, y en el mío eternamente.

TERESA PARODI

Cantautora. Exministra de Cultura de la Nación (2014-2015).

Dedico estos versos que no tienen nombre al compañero que camina con el pueblo, al que lleva la antorcha levantada, Néstor Kirchner.

Él estaba cargado de futuro.
Sus alforjas repletas de esperanza.
Sonreía a los cuatro puntos hondos
de la múltiple y límpida distancia.

Porque estaba seguro de ser libre,
porque había apostado a todo o nada.
Porque supo escuchar y hablar en criollo
porque supo creer lo que soñaba.

Los que no comprendieron sus certezas,
los que no comprendieron sus palabras
se llevaron las manos al oído
aturdidos y heridos por su magia.

Ese fuego incesante que él traía
los quemaba por dentro, los quemaba.
No pudieron con él ni con su sueño.
Se esforzaron por ver si lo callaban.

A destajo a destiempo a quemarropa,
sin lograr silenciar su voz que hablaba
del amor del futuro y la memoria
despertando a los miles que escuchaban.

Desde el punto más puro de la historia,
desde el hondo país que lo nombraba
comenzaron su marcha victoriosa
los motores de antiguas esperanzas.

Y ya no hubo quien pueda con su fuego.
Él se puso a vivir con toda el alma.
Él se puso a vivir ya para siempre
en las miles de flores que brotaban
desde todos los rumbos del olvido,
desde el fondo profundo de la patria.

ÍNDICE